高等学校管理类专业核心课程系列教材
GAODENG XUEXIAO GUANLI LEI
ZHUANYE HEXIN KECHENG XILIE JIAOCAI

人力资源管理

RENLI ZIYUAN GUANLI

主　编　罗哲
副主编　段海英　徐琳

四川大学出版社

责任编辑：王　锋
责任校对：唐一丹
封面设计：徐著林
责任印制：王　炜

图书在版编目(CIP)数据

人力资源管理／罗哲主编．—成都：四川大学出版社，2010.3
ISBN 978-7-5614-4777-2

Ⅰ.①人… Ⅱ.①罗… Ⅲ.①劳动力资源－资源管理－高等学校－教材 Ⅳ.①F241

中国版本图书馆 CIP 数据核字（2010）第 045505 号

书　名	人力资源管理
主　编	罗　哲
出　版	四川大学出版社
地　址	成都市一环路南一段24号 (610065)
发　行	四川大学出版社
书　号	ISBN 978-7-5614-4777-2
印　刷	郫县犀浦印刷厂
成品尺寸	185 mm×260 mm
印　张	17.25
字　数	355 千字
版　次	2010 年 3 月第 1 版
印　次	2021 年 3 月第 7 次印刷
定　价	48.00 元

◆读者邮购本书，请与本社发行科联系。
　电话：(028)85408408/(028)85401670/
　(028)85408023　邮政编码：610065
◆本社图书如有印装质量问题，请
　寄回出版社调换。
◆网址：http://press.scu.edu.cn

版权所有◆侵权必究

前　言

　　笔者从1994年开始从事人力资源管理的研究和教学至今，已经有十余年的时间。在这段时间里，有幸见证和参与了中国人力资源管理理论和实践的发展。从人力资源管理还是新鲜事物到今天各类人力资源管理理念百花齐放、百家争鸣，从计划经济时代的人事管理到社会主义市场经济条件下科学、系统的人力资源管理，这些变化无不让人感到欣慰，无不说明我国人力资源管理已经取得了长足的进步和发展。人力资源，作为第一资源和组织赢得竞争优势的关键，已经被越来越多的组织和管理者所重视，可以说，中国已经进入真正重视人力资源的价值、重视人力资源管理的时代。

　　编写人力资源管理教材的想法已经很久了，特别是近几年，国际国内宏观经济社会环境发生了显著变化，各类组织的人力资源管理实践有了新发展，而笔者对人力资源及人力资源管理也有了新的认识，希望能通过编写这本教材，对自己多年来从事人力资源管理研究和教学的心得做一个回顾和提炼，也尽可能为高校学生、科研工作者、政府和企业人员提供人力资源管理的理论体系和实践方法。本书中的很多观点与方法既有学习和借鉴国内外学者及管理实践者的成果，也有自己多年来管理实践的感悟和体会，希望能通过本书与同行们展开广泛而深入的讨论。

　　基于以上考虑，本书各章均以结构图的形式向读者简明扼要地介绍本章的内容和相互的逻辑联系，通过设定学习目标指导读者有针对性地学习和阅读，在写作中坚持管理理论紧密联系管理实践，各章的内容以理论体系为骨架，通过大量知名企业的管理实践和广为认可的图形、表格，生动形象地向读者介绍什么是人力资源管理以及如何实践人力资源管理。在每章结束的时候，通过设立思考题和案例分析题帮助读者消化本章所学的知识和方法，培养读者的系统思维能力。在内容上，本书共分为八章。第一章"人力资源管理导论"系统阐述了人力资源的含义和特征，人力资源管理的含义、职能和国内外不同的发展阶段以及人力资源管理面临的挑战。第二章"工作分析"重点阐述了工作分析的原则和作用，工作分析流程，工作分析的方法，工作说明书的编写，工作设计，其中工作分析的方法和工作说明书的编写选用了大量表格，具有很强的可操作性。第三章"人力资源规划"重点阐述了人力资源规划的内容和作用，人力资源规划的程序，人力资源需求预测，人力资源供给预测，人力资源规划的综合平衡和评价。第四章"员工招聘"重点阐述了员工招聘的计划、人员甄选、人员录用与招聘评估。第五章"员工培训"重点阐述了培训的作用，培训需求分析，员工培训的设计，员工培训的实施，培训效果评估以及员工培训的新发展。第六章"职业生涯管理"重点阐述了职业生涯管理的相关理论，个人职业生涯管理，组织职业生涯管理以及个人职业生涯管理和组织职业生涯管理的匹配问题。第七章"绩效管理"重点阐述了绩效管理的含义，绩效管理与绩效评估的区别，绩效管理的过程和绩效管理的方法。第八章"薪酬管理"重点阐述了薪酬的职能、构成和影响因素，薪酬管理的原则和发展阶段，基本薪酬和可变薪酬的种类和设计，员工福利的内容与管理，薪酬管理的新发展。

希望本书能对丰富人力资源管理理论，指导人力资源管理实务有一定的帮助，能对提高组织的人力资源管理水平具有一定的指导意义。但由于学识所限，书中难免有一些观点需要商榷，恳请同行们批评指正，共同为我国人力资源管理的发展作出应有的贡献。

罗　哲

2010 年 2 月

目 录

第一章 人力资源管理导论 ……………………………………（1）
 第一节 人力资源概述 ………………………………………（3）
  一、人力资源的概念 ………………………………………（3）
  二、人力资源的特征 ………………………………………（5）
  三、人力资源的数量和质量 ………………………………（6）
 第二节 人力资源管理概述 …………………………………（8）
  一、人力资源管理的含义 …………………………………（8）
  二、人力资源管理的主要职能 ……………………………（9）
  三、人力资源管理的发展 …………………………………（9）
 第三节 人力资源管理面临的挑战 …………………………（15）
  一、经济全球化的挑战 ……………………………………（15）
  二、价值多元化的挑战 ……………………………………（15）
  三、人才市场化的挑战 ……………………………………（16）
  四、管理柔性化的挑战 ……………………………………（16）
  五、管理信息化的挑战 ……………………………………（16）

第二章 工作分析 ……………………………………………（19）
 第一节 工作分析概述 ………………………………………（20）
  一、工作分析的含义及内容 ………………………………（20）
  二、工作分析的相关术语 …………………………………（21）
  三、工作分析的原则 ………………………………………（22）
  四、工作分析与人力资源管理其他环节的关系 …………（23）
 第二节 工作分析流程 ………………………………………（24）
  一、明确工作分析目的 ……………………………………（24）
  二、制订工作分析具体计划 ………………………………（25）
  三、确定并培训工作分析小组 ……………………………（25）
  四、收集工作信息 …………………………………………（26）
  五、分析工作信息 …………………………………………（26）

六、形成工作分析产出……………………………………………（27）
　　七、工作分析结果应用……………………………………………（27）
　第三节　工作分析的方法………………………………………………（28）
　　一、资料分析法……………………………………………………（28）
　　二、观察法…………………………………………………………（29）
　　三、访谈法…………………………………………………………（30）
　　四、问卷调查法……………………………………………………（32）
　　五、工作日志法……………………………………………………（44）
　　六、关键事件法……………………………………………………（45）
　第四节　工作说明书的编写……………………………………………（46）
　　一、工作描述………………………………………………………（46）
　　二、工作规范………………………………………………………（49）
　　三、工作说明书的科学编制………………………………………（50）
　第五节　工作设计………………………………………………………（53）
　　一、工作设计的含义………………………………………………（53）
　　二、工作设计的内容及步骤………………………………………（54）
　　三、工作设计的方法………………………………………………（55）

第三章　人力资源规划……………………………………………………（63）
　第一节　人力资源规划的概述…………………………………………（65）
　　一、人力资源规划的含义…………………………………………（65）
　　二、人力资源规划的主要内容……………………………………（65）
　　三、人力资源规划的作用…………………………………………（66）
　　四、人力资源规划的种类…………………………………………（67）
　　五、人力资源规划与人力资源管理其他环节的关系……………（68）
　第二节　人力资源规划的程序…………………………………………（69）
　　一、调查分析阶段…………………………………………………（69）
　　二、预测供需阶段…………………………………………………（70）
　　三、制订规划阶段…………………………………………………（70）
　　四、规划实施、评估与反馈阶段…………………………………（70）
　第三节　人力资源需求预测……………………………………………（71）
　　一、人力资源需求预测的含义……………………………………（71）
　　二、影响人力资源需求的因素……………………………………（72）
　　三、人力资源需求预测的方法……………………………………（73）
　第四节　人力资源供给预测……………………………………………（79）
　　一、人力资源供给预测的含义……………………………………（79）

二、组织内部人力资源供给预测…………………………………（79）
　　三、组织外部人力资源供给预测…………………………………（84）
　第五节　人力资源规划的综合平衡和评价……………………………（85）
　　一、人力资源规划的综合平衡……………………………………（85）
　　二、人力资源规划的评价与控制…………………………………（86）

第四章　员工招聘……………………………………………………（89）
　第一节　招聘概述………………………………………………………（91）
　　一、招聘的含义……………………………………………………（91）
　　二、招聘的原则……………………………………………………（91）
　　三、招聘的意义……………………………………………………（92）
　　四、员工招聘的程序………………………………………………（92）
　第二节　员工招聘的准备………………………………………………（93）
　　一、制订招聘计划…………………………………………………（93）
　　二、选择招聘方式…………………………………………………（95）
　　三、发布招聘信息…………………………………………………（103）
　第三节　人员甄选………………………………………………………（104）
　　一、人员甄选的概述………………………………………………（104）
　　二、人员甄选的主要方法…………………………………………（105）
　第四节　人员录用与招聘评估…………………………………………（112）
　　一、人员录用………………………………………………………（112）
　　二、招聘评估………………………………………………………（113）

第五章　员工培训……………………………………………………（116）
　第一节　员工培训概述…………………………………………………（118）
　　一、员工培训的含义………………………………………………（118）
　　二、员工培训的分类………………………………………………（119）
　　三、员工培训的作用………………………………………………（119）
　　四、员工培训与其他人力资源管理环节的关系…………………（121）
　　五、员工培训系统模型……………………………………………（121）
　第二节　培训需求分析…………………………………………………（122）
　　一、培训需求分析系统……………………………………………（122）
　　二、培训需求分析方法……………………………………………（125）
　第三节　培训计划设计…………………………………………………（127）
　　一、明确培训目的…………………………………………………（127）
　　二、确定培训内容与培训对象……………………………………（128）

三、遴选培训师……………………………………………………(128)
　　四、安排培训时间和地点………………………………………(129)
　　五、选择培训方式………………………………………………(129)
　　六、编制费用预算………………………………………………(134)
　　七、培训计划的注意事项………………………………………(135)
第四节　培训项目实施……………………………………………(136)
　　一、培训环境和培训工具的准备………………………………(136)
　　二、课程实施……………………………………………………(137)
　　三、培训实施控制………………………………………………(138)
第五节　培训效果评估……………………………………………(138)
　　一、培训效果评估的主要模型…………………………………(138)
　　二、培训效果评估指标的设计…………………………………(141)
　　三、培训效果评估的方法………………………………………(142)
第六节　员工培训的新发展………………………………………(143)
　　一、注重对员工团队精神的培训………………………………(143)
　　二、采用虚拟化的培训组织……………………………………(144)
　　三、倾向联合办学的培训模式…………………………………(144)

第六章　职业生涯管理……………………………………………(147)

第一节　职业生涯管理概述………………………………………(149)
　　一、职业与职业生涯管理………………………………………(149)
　　二、职业生涯管理理论…………………………………………(150)
　　三、职业生涯管理中的角色……………………………………(156)
　　四、职业生涯管理与人力资源管理其他环节的关系…………(159)
第二节　个人职业生涯管理………………………………………(161)
　　一、职业生涯规划概述…………………………………………(161)
　　二、个人职业生涯规划的制订…………………………………(163)
　　三、个人职业生涯的阶段管理…………………………………(169)
第三节　组织职业生涯管理………………………………………(171)
　　一、组织职业生涯管理的概述…………………………………(171)
　　二、组织职业生涯管理的实施…………………………………(173)

第七章　绩效管理……………………………………………………(177)

第一节　绩效管理的概述…………………………………………(179)
　　一、绩效………………………………………………………(179)
　　二、绩效管理…………………………………………………(181)

第二节 绩效管理的过程·····(184)
一、绩效计划·····(185)
二、绩效执行·····(191)
三、绩效评估·····(195)
四、绩效反馈·····(200)
五、绩效评估结果的运用·····(203)

第三节 绩效评估的方法·····(207)
一、相对评估法·····(207)
二、绝对评估法·····(210)
三、目标管理·····(215)

第八章 薪酬管理·····(219)

第一节 薪酬概述·····(221)
一、薪酬的含义及构成·····(221)
二、薪酬的功能·····(223)
三、薪酬的影响因素·····(224)

第二节 薪酬管理概述·····(227)
一、薪酬管理的内容和原则·····(227)
二、薪酬管理的发展·····(229)

第三节 基本薪酬·····(230)
一、薪酬模式·····(230)
二、基本薪酬体系设计流程·····(233)
三、职位价值评价·····(234)
四、薪酬调查与薪酬定位·····(242)
五、薪酬结构设计·····(248)

第四节 可变薪酬·····(250)
一、个人可变薪酬计划·····(250)
二、群体可变薪酬计划·····(251)
三、短期可变薪酬计划·····(252)
四、长期可变薪酬计划·····(253)

第五节 员工福利·····(254)
一、员工福利的概述·····(254)
二、员工福利管理·····(256)

第六节 薪酬管理的新发展·····(257)
一、战略性薪酬管理·····(257)
二、宽带薪酬·····(258)

三、全面薪酬战略……………………………………………………（259）
　　四、弹性员工福利……………………………………………………（259）

参考文献……………………………………………………………（263）
后　　记……………………………………………………………（265）

第一章 人力资源管理导论

本章结构图

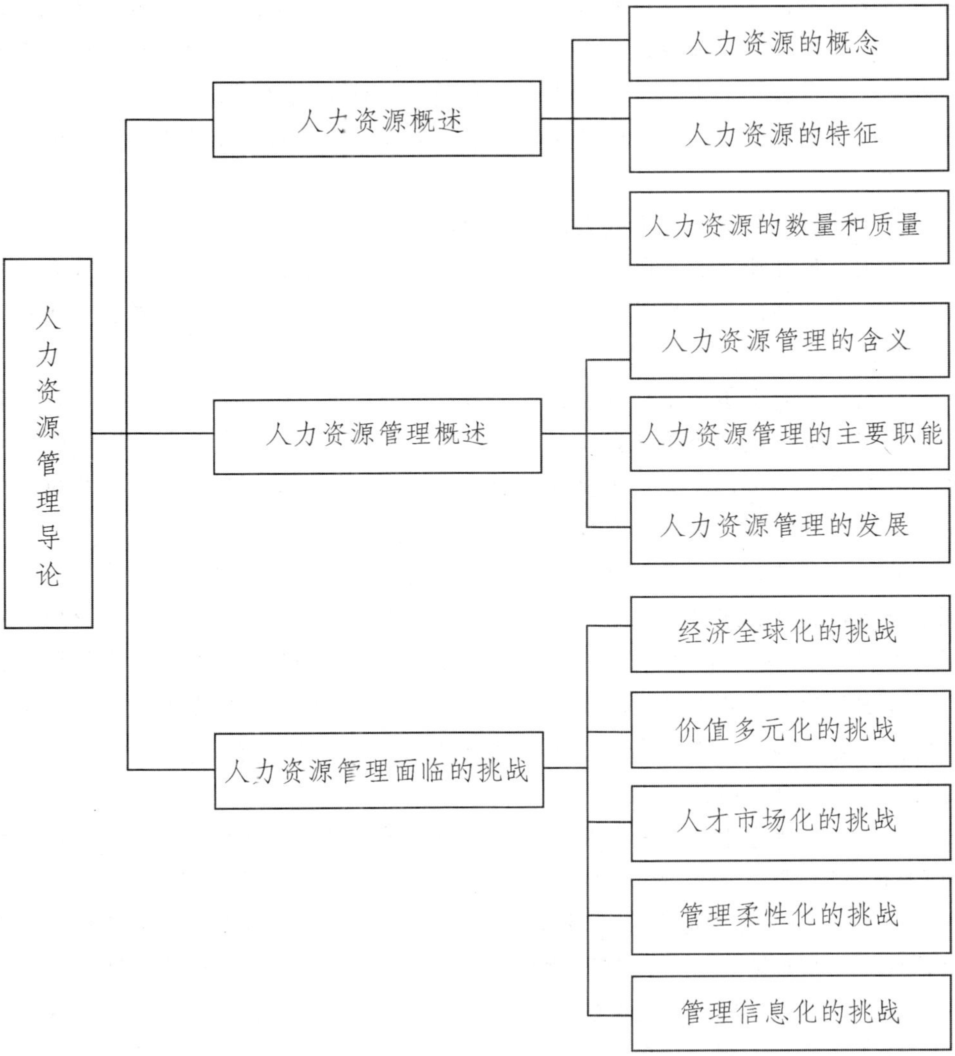

```
                          ┌── 人力资源的概念
              ┌ 人力资源概述 ┼── 人力资源的特征
              │           └── 人力资源的数量和质量
              │
              │              ┌── 人力资源管理的含义
人力资源管理导论 ┼ 人力资源管理概述 ┼── 人力资源管理的主要职能
              │              └── 人力资源管理的发展
              │
              │                  ┌── 经济全球化的挑战
              │                  ├── 价值多元化的挑战
              └ 人力资源管理面临的挑战 ┼── 人才市场化的挑战
                                 ├── 管理柔性化的挑战
                                 └── 管理信息化的挑战
```

本章学习目标

※ 掌握人力资源的含义、特征和人力资源的数量、质量及分类

※ 掌握人力资源管理的含义与主要职能
※ 熟悉人力资源管理的发展
※ 了解人力资源管理面临的挑战

开篇案例

阿里巴巴公司的人力资源管理

"我十年以来一直在忽悠,我倡导互联网的精神,倡导电子商务,倡导网商的精神。六年前,我跟一个很要好的商人朋友交流,我说刚刚推出了淘宝网,希望他将生意搬到网上做。他说,再说吧,有很多的时间。四年前,我又说,请将生意搬到网上,他说行了,现在忙不过来。两年前,他找到我激动地说,为什么不早说,我现在的生意都被淘宝网上的孩子抢走了。目前看来,被忽悠的人现在已经得到了好处。"

把互联网说到这个份上并做到极致的,只有阿里巴巴的掌门人马云。

阿里巴巴在业务成长的同时,马云坚信人员的成长同样重要。公司致力于协助员工与公司共同成长和发展,他提倡建立开放的学习平台,增强公司在市场中的竞争优势。

阿里巴巴对员工的培训分为3种类型:管理培训、通用培训和专业培训。管理培训按照层级分成3个级别,每级别由3~4门核心课程组成;通用培训由核心课程和基础课程组成,帮助员工提高职业能力;专业培训是帮助员工提高岗位技能的培训,让专业人员"术业有专攻"。

除了培训外,公司还建立了有序的人员发展机制,帮助员工规划在"阿里"的职业发展,也为公司储备技术和管理人才。阿里巴巴的人才分为P(专业序列)和M(管理序列)两大序列,无论是P序列人才还是M序列人才,都能在阿里巴巴找到最佳发展途径。P序列人才可以选择在本岗位上走得更深更专业,也可以结合自身特点和能力强项,在符合工作满2年且业绩良好的前提下申请到其他部门工作,迎接新职能带来的挑战。

此外,有管理潜力且业绩良好的员工还会被选拔进公司的管理储备库,称之为"创业计划",提早预热管理培训和实践,为未来成为基层的团队领导打好基础。2008年起公司启动"接班人计划",通过一系列培养手段帮助中高层管理者拓宽视野,提升管理境界,让"阿里"的管理之道得以传承,让"阿里"领导力得以发扬。2007年至2008年,在新任基层管理人员中,有92%源于内部晋升。纵向和横向,专业和管理,阿里巴巴鼓励员工开放地成长。

在阿里巴巴,"教"是最好的"学"。员工的成长,不仅靠以吸收输入为主的"学",也靠主动输出为主的"教",鼓励员工在部门内外积极分享,以开放的心态交流学习。在公司的每个角落经常可以看到上司、下属如朋友般围坐在一起,学技术、辩观点,年轻的心在碰撞中交流,创新的火花在互动中绽放。

在做好本职工作的前提下,公司还提倡公司内跨团队的"教学相长"。2008年启动的"阿里牛师项目"就是一例,它将散落在阿里各处的珍珠(知识财富)和一群乐于分享的人("牛师")结合,从而实现三个"一":一个体系,提炼阿里巴巴的核心能力,完善阿里巴巴内部课程体系;一群牛师,培养一批阿里巴巴的内部讲师,授业各有专攻;一种气氛,积累知识、教学相长的学习气氛。

资料来源:改编自阿里巴巴官方网站(http://china.alibaba.com/)

第一节 人力资源概述

一、人力资源的概念

(一)人力资源的含义

"人力资源"(Human Resource,HR)这一概念曾先后于1919年和1921年在约翰·R·康芒斯(John R. Commons)的两本著作《产业信誉》和《产业政府》中使用过,康芒斯被认为是第一个使用"人力资源"一词的人,但康芒斯所指出的人力资源含义与现在我们所理解的含义有很大差异。

我们目前所讲的人力资源,是由彼得·德鲁克(Peter F. Drucker)于1954年在其著作《管理的实践》中提出并加以阐述的。德鲁克认为,人力资源与其他资源相比,唯一的区别是这种资源是人,并且是经理们必须考虑的具有"专用性资产"的资源。

新中国建立后,最早提到"人力资源"这一概念的文献是毛泽东于1956年为《中国农村社会主义高潮》所写的按语。在按语中他写道:"中国的妇女是一种伟大的人力资源,必须发掘这种资源,为建设一个社会主义而奋斗。"

到目前为止,对于人力资源的含义,学者们给出了很多不同的解释,但主要是从人的角度和从能力的角度这两大方面出发进行的解释。

1. 从人的角度出发

(1)所谓人力资源,就是指人所具有的对价值创造起贡献作用,并且能够被组织所利用的体力和脑力的总和。[①]

(2)人力资源一词,是指一定范围内的人所具备的劳动能力的总和。[②]

---

① 董克用:《人力资源管理概论》(第二版),北京:中国人民大学出版社,2007年版,第8页。
② 姚裕群:《人力资源开发与管理概论》(第二版),北京:高等教育出版社,2005年版,第4页。

(3) 人力资源是指一定社会区域内所有具有劳动能力的适龄劳动人口和超过劳动年龄的人口的总和。①

(4) 人力资源是指人拥有的知识、技能、经验、健康等"共性化"要素和个性、兴趣、价值观、团队意识等"个性化"要素以及态度、努力、情感等"情绪化要素的有机结合。"②

2. 从能力的角度出发

(1) 人力资源是指能推动整个经济和社会发展的劳动力的能力，即处在劳动年龄的、已直接投入建设和尚未投入建设的人口的能力。③

(2) 所谓人力资源，是指能够推动整个经济和社会发展的劳动者的能力，即处在劳动年龄的已直接投入建设和尚未投入建设的人口的能力。④

(3) 所谓人力资源，是指包含在人体内的一种生产能力，它是表现在劳动者的身上，以劳动者的数量和质量表示的资源，对经济起着生产性的作用，并且是企业经营中最活跃、最积极的生产要素。⑤

(4) 所谓人力资源，是指劳动过程中可以直接投入的体力、智力、心力总和及其形成的基础素质，包括知识、技能、经验、品性与态度等身心素质。⑥

综上所述，我们认为：人力资源是指具有能够创造价值，推动经济和社会发展的劳动人口的总和。

(二) 人力资源与人口资源、人才资源

人口资源，指一个国家或地区所拥有的人口总量，主要表现为人口的数量，是一个最基本的底数。一切人力资源、人才资源都产生于这个最基本的资源中。

人才资源，指一个国家或地区中具有较多科学知识、较强劳动技能，在价值创造过程中起关键或重要作用的那部分人。人才资源是人力资源中优质的那一部分。

从本质上来看，人口资源突出的是一种数量概念，而人才资源更多的是一种质量概念。

从数量上来看，人口资源的数量是最多的，它是人力资源形成的数量基础。人口资源中具备一定脑力和体力的那部分是人力资源，而人力资源中质量最高的那部分为人才资源。三者的数量关系如图1-1所示。

(三) 人力资源与人力资本

"人力资本之父"西奥多·W·舒尔茨（Theodore W. Schultz）认为，人力资

---

① 陆国泰：《人力资源管理》，北京：高等教育出版社，2000年版，第9页。
② 于桂兰，魏海燕：《人力资源管理》，北京：清华大学出版社，2005年版，第3页。
③ 郭洪林，吴克禄，王霆：《企业人力资源管理》，北京：清华大学出版社，2004年版，第1页。
④ 张德：《人力资源开发与管理》，北京：清华大学出版社，2001年版，第1页。
⑤ 朱舟：《人力资源管理教程》，上海：上海财经大学出版社，2001年版，第2页。
⑥ 萧鸣政：《人力资源管理》，北京：中央广播电视大学出版社，2001年版，第2页。

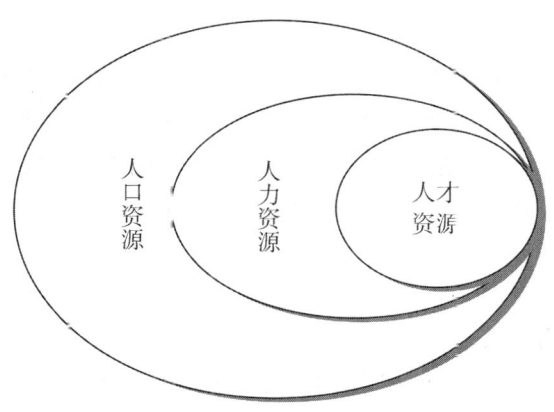

图1-1 人口资源、人力资源与人才资源三者数量关系图

本是体现在人身上的技能和生产知识的存量。人力资本是劳动者身上所具备的两种能力：一种能力是通过先天遗传获得的，是由个人与生俱来的基因所决定的；另外一种能力是后天获得的，是由个人努力经过学习而形成的。

人力资源与人力资本是两个既相互联系又相互区别的概念。

1. 两者的联系

人力资源和人力资本都是以人为基础产生的概念，研究的对象是人所具有的脑力和体力。而且现代人力资源理论大都是以人力资本理论为根据的，人力资本理论是人力资源理论的基础部分和重点内容。

2. 两者的区别

(1) 在与社会财富和社会价值的关系上不同：人力资本是由投资而形成的，强调以某种代价获得的能力或技能的价值，投资的代价可在提高生产力过程中以更大的收益收回。劳动者将自己拥有的脑力和体力投入到生产过程中参与价值创造，是要据此来获取相应的劳动报酬和经济利益的。而人力资源作为一种资源，劳动者拥有的脑力和体力对价值的创造起了重要的贡献作用。人力资本与社会价值是一种由因索果的关系，而人力资源与社会价值是一种由果溯因的关系。

(2) 人力资源和人力资本的计量形式不同：资源是存量的概念，而资本兼有存量与流量的概念，人力资源和人力资本亦是如此。人力资源是一定时间、空间范围内，人所具有的能够创造价值的体力和脑力的综合。人力资本往往可以表现为经验的不断积累、技能的不断增进、产出量的不断变化和体能的不断损耗，这些都是与流量相联系的；同时，投入到教育培训、迁移、健康等方面的资本是在人身上凝结的，这些又都是与存量相联系的。

二、人力资源的特征

作为一种特殊的资源形式，人力资源主要具有以下五方面的特征。

（一）能动性

能动性是人力资源最重要的特征，是人力资源与其他一切资源最根本的区别。人是有思想、有感情的，具有主观能动性，总是有目的、有计划地使用自己的脑力和体力。自然资源在价值创造过程中总是被动的，处于被利用、被改造的地位，而人的能动性表现为人能够自我强化、选择职业、积极劳动等。

（二）时效性

人力资源存在于人的生命中，因此它与人的生命周期紧密联系。人的生命周期一般可以分为发育期、成年期、老年期三个大的阶段。人进入成年期后，体力和脑力的发展都达到了可以从事劳动创造的程度，形成了现实的人力资源。而人在发育期还处于成长与积累阶段，在老年期的体力和脑力都会不断衰退，所以都不能称为人力资源。人力资源和人的生命周期的这种关系决定了人力资源的时效性。

（三）增值性

与自然资源相比，人力资源具有明显的增值性。一般来说，自然资源是不会增值的，它只会因为不断地被消耗而逐渐贬值。人力资源则不同，人力资源在使用过程中身体体质虽然随着年龄的增长有下降的趋势，但其知识和技能却可以不断地提高。更为重要的是，由于知识的积累和传承，人们的生产活动经验越来越丰富，从而提高生产技术，改进管理方式，使人力资源的总体价值也逐步增加。

（四）社会性

自然资源具有完全的自然属性，它不会因为所处的时代、社会的不同而发生改变。而人力资源在其形成与发展过程中会受到时代和社会的影响，具有社会性。由于每个人受自身生长的社会环境的影响不同，其自身的价值观等也会存在不同，那么人在从事生产经营活动、参加与人交往等一系列社会性活动后，必将导致人力资源质量的不同。

（五）可变性

人力资源在使用过程中发挥作用的程度可能会有所变动，从而具有一定的可变性。人力资源必须以人为载体，而人在劳动过程中又会因为自身心理状态不同从而影响到劳动的效果。所以，人力资源作用的发挥具有一定的可变性，在相同的外部条件下，人力资源创造的价值大小可能会不同。

三、人力资源的数量和质量

作为一种资源，人力资源同样也具有一定质和量的规定性。人力资源是由质和量两个方面的内容构成的，其总量由人力资源的数量和质量的乘积表示。

（一）人力资源的数量

人力资源的数量的构成，从宏观上看，指一个国家或地区中具有劳动能力人口的总数。它是一个国家或地区劳动适龄人口减去其中丧失劳动能力的人口，加上非劳动适龄人口之中从事社会劳动的人口，分为现实和潜在两大部分。主要由以下各项构成：

(1) 处于劳动年龄之内，正在从事社会劳动的人口，它占据人力资源的大部分，可称为"适龄就业人口"。

(2) 尚未达到劳动年龄、已经从事社会劳动的人口，即"未成年劳动者"，或"未成年就业人口"。

(3) 已经超过劳动年龄、继续从事社会劳动的人口，即"老年劳动者"，或"老年就业人口"。

(4) 处于劳动年龄之内、具有劳动能力并要求参加社会劳动的人口，这部分可以称为"求业人口"或"待业人口"，它与前三部分人口构成经济活动人口。

(5) 处于劳动年龄之内、正在从事学习的人口，即"就学人口"。

(6) 处于劳动年龄之内、正在从事家务劳动的人口，即"家务劳动人口"。

(7) 处于劳动年龄之内、正在军队服役的人口，即"服役人口"。

(8) 处于劳动年龄之内的其他人口，即"其他人口"。

(1)~(4)是现实的人力资源供给，(5)~(8)未构成现实的社会劳动供给，是潜在形态的人力资源，如图1-2所示。

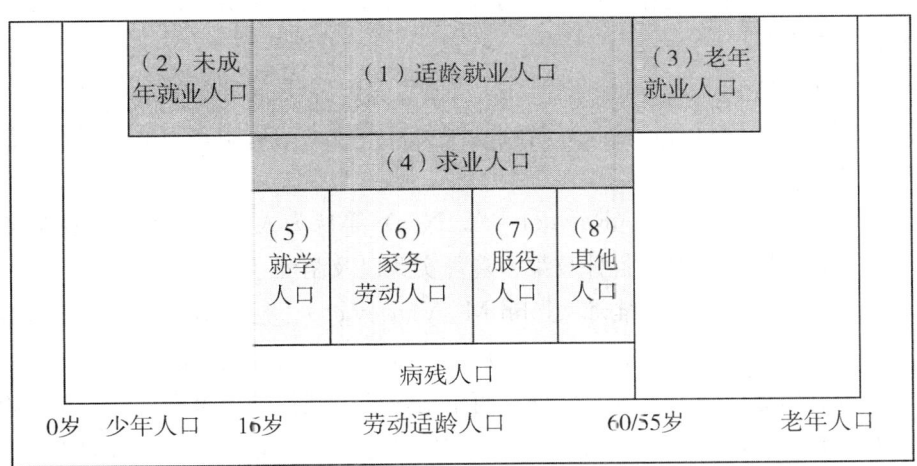

图1-2 人力资源构成图

人力资源的数量受到很多因素的影响，主要的因素有人口的总量及人口增长状况、人口的年龄结构、人口迁移和社会突变因素这四个方面。

(二) 人力资源的质量

人力资源的质量，是指人力资源所具有的体质、智力、知识和技能水平以及劳动者的劳动态度和价值观等。人力资源质量的最直观表现，是人力资源或劳动要素的体质水平、文化水平、专业技术水平以及心理素质的高低、道德情操水平等。

与人力资源的数量相比，人力资源的质量更为重要。一般来说，复杂的劳动只能由高质量的人力资源来从事，简单劳动则可以由低质量的人力资源从事。随着社会生产的发展，现代的科学技术对人力资源的质量提出了更高的要求。人力资源的质量的重要性还体现在其内部的替代性方面。一般来说，人力资源的质量对数量的替代性较强，而数量对质量的替代性较差，有时甚至不能替代。如复杂的劳动不会因为足够多的低质量的人力资源就能有效从事。

人力资源的质量主要受遗传和其他先天因素、营养因素、教育因素等的影响。

第二节　人力资源管理概述

一、人力资源管理的含义

人力资源管理（Human Resource Management，HRM）的概念最早由怀特·巴克（Wright Baker）于1958年在其著作《人力资源职能》中提出，他首次将人力资源管理作为管理的普通职能来加以论述。此后，随着人力资源管理理论和实践的不断发展，国内外学者从不同角度对人力资源管理进行了阐述。

（1）加里·德斯勒（Gary Dessler）、曾湘泉等将人力资源管理定义为"获取人员、培训员工、评价绩效和给付报酬的过程，同时也关注劳资关系、工作安全与卫生以及公平事务"①。

（2）彭剑锋等认为人力资源管理是"依据组织和个人发展的需要，对组织中的人力这一特殊资源进行有效开发、合理利用与科学管理的机制、制度、流程、技术和方法的总和"②。

（3）雷蒙德·A·诺伊（Raymond A. Noe）等认为人力资源管理是指影响雇员的行为、态度以及绩效的各种政策、管理实践以及制度。③

（4）约翰·M·伊万切维奇（John M. Vancevich）、赵曙明等认为人力资源管理"即是有效地管理工作中的人，专门负责与人、员工有关的问题"④。

（5）董克用等认为人力资源管理，简单地说就是现代的人事管理，它是指组织为了获取、开发、保持和有效利用在生产和经营过程中所必不可少的人力资源，通过运用科学、系统的技术和方法所进行的各种相关的计划、组织、领导和控制活动，以实现组织既定目标的管理过程。⑤

---

① ［美］加里·德斯勒，曾湘泉：《人力资源管理》（第十版，中国版），北京：中国人民大学出版社，2007年版，第5页。
② 彭剑锋：《人力资源管理概论》，上海：复旦大学出版社，2003年版，第11页。
③ ［美］雷蒙德·A·诺伊等：《人力资源管理：赢得竞争优势》（第5版），北京：中国人民大学出版社，2005年版，第4页。
④ ［美］约翰·M·伊万切维奇，赵曙明：《人力资源管理》（原书第9版），北京：机械工业出版社，2005年版，第2页。
⑤ 董克用：《人力资源管理概论》（第二版），北京：中国人民大学出版社，2007年版，第42页。

综上所述，我们认为：人力资源管理是从组织目标、组织环境和人性特征出发，为充分发挥人力资源在组织资源系统中的特殊作用，进行的人员管理方面的政策制定及实践。

二、人力资源管理的主要职能

（一）获取职能

人力资源管理的获取职能是人力资源管理其他职能的基础。只有获取了人力资源，组织才能对之进行开发与管理。组织人力资源管理的获取职能主要是吸引并让优秀的人才加入本组织。人力资源管理的获取包括人力资源规划、招聘与录用。为了实现组织的战略目标，人力资源管理部门要确定工作说明书，制订与组织目标相适应的人力资源需求与供给计划，并根据人力资源的供需计划和工作分析结果开展员工招聘等工作。

（二）开发职能

人力资源管理的开发职能目的在于提升组织人力资源整体水平。广义上的人力资源开发包括人力资源数量与质量的开发，但一般而言，人力资源的开发是指人力资源的质量开发，是指获取人力资源后，需对其进行教育、培训等开发，以促进员工的知识、技能及综合素质得到提高，与时俱进，保持竞争力。

（三）维持职能

人力资源管理的维持职能是指让已经加入组织的员工继续留在本组织。员工是有感情、有思想的，为使员工对组织产生认同感，需要采取激励等措施，提高员工在组织中对工作的满意度，最终与组织共同发展。

（四）利用职能

人力资源管理的利用职能是指要知人善任，将获取的员工放到组织中最适合员工发挥自身优势的工作岗位上，充分实现员工的价值。并且，员工在组织中通过培训提高了知识与技能后，若存在比原岗位更合适的工作，组织需要做出岗位调整，以更有效地实现组织的目标。

以上人力资源管理的四项基本职能是相辅相成，彼此互动的（见图1-3）。获取职能是基础，它为其他职能的实现提供了条件；开发职能是手段，只有让员工掌握了一定的技能，利用职能的实现才会具备客观条件；维持职能是保障，只有将人留在本组织，开发和利用职能才会有稳定的对象；利用职能是核心，是其他职能发挥作用的最终目的。

三、人力资源管理的发展

（一）西方人力资源管理的演变过程

1. 传统管理阶段

18世纪中叶到19世纪中叶，第一次产业革命促进了资本主义工厂制度的兴

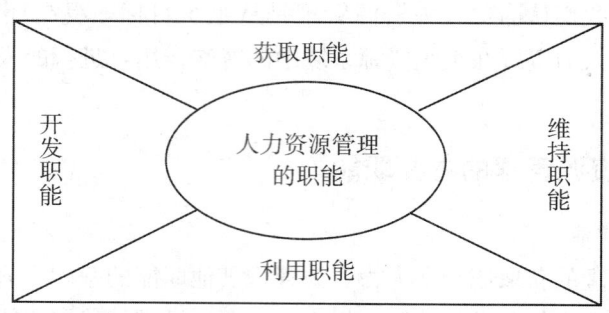

图 1-3 人力资源管理主要职能关系图

起，工业逐步脱离农业成为一个独立的产业部门，从而导致大量的农村人口转变为产业工人，雇佣劳动管理部门出现，劳工管理工作成为工厂管理的一个重要工作。在这个阶段，雇主只是把人视为一种普通的物质资源加以利用，即仅仅把人作为人力、劳动力和"会说话的工具"。在这一阶段中，对人的管理呈现以下特点：

（1）招录雇佣工人是人事管理的主要任务；

（2）机器的采用产生了劳动分工，工厂内部劳动分工与协作问题需要解决；

（3）出现了不做工的监工，他们负责招工、分配工作、发放工资、监督工人劳动，人事工作开始有了专人管理；

（4）雇主及管理人员完全凭自己的经验来管理工厂，效率低下。

小资料 1-1

古代西方的手工工场

在古埃及和古巴比伦时代，经济活动中的主要组织形式是家庭手工工场方式。当时，为了保证具有合格技能的工人有充足的供给，对工人技能的培训是以有组织的方式进行的。到了 13 世纪，西欧的手工艺培训已经非常流行。手工业行会负责监督生产的方法和产品的质量，对各种行业的员工条件作出规定。这些手工业行会由一些工作经验丰富的师傅把持，每个申请加入行会的人都必须经过一个做学徒工人的时期。在这种手工艺制度下，师傅与徒弟生活和工作在一起，因此非常适合家庭工业生产的要求。

2. 科学管理阶段

19 世纪到 20 世纪初，第二次工业革命引发了大机器生产方式，劳动分工协作进一步明确和细化；同时，劳资双方矛盾日趋突出，客观上要求采取一种更加科学的管理手段。为了实现组织"效率最大化"，以泰勒（Taylor）为代表的管理学家对单位工时进行科学研究，建立了一套"科学管理"的企业管理理论。他实施了差别计件工资制,即按照标准的工作定额,制定两种不同的工资率。

科学管理阶段人事管理理论和实践有了很大发展,主要表现为:

(1) 通过对工人操作的科学化分析使劳动方法标准化;
(2) 通过对工人工时消耗的研究,制定劳动定额和时间定额制度;
(3) 有目的地将培训引入企业,并根据工人特点安排工作;
(4) 实行有差别的计件工资制,激励工人提高生产率;
(5) 明确管理人员与工人的分工;
(6) 出现了劳动人事部门。

小资料1-2

泰勒的"五标准"法

被誉为科学管理之父的美国机械工程师泰勒(Taylor)1885年在一家钢铁公司对名为施密特的铲装工人进行了"时间-动作"研究,去除了其无效工作部分,并对技术进行改进,对铲的大小、堆码、铲装重量、走动距离和手臂摆动的弧度等细节都作了具体规定,结果使生产率提高了2.96倍。除了"时间-动作"研究以外,泰勒还认为所挑选的工人的体力和脑力应该尽可能地与工作要求相配合,不应该使用高于合格水平的工人。泰勒还指出,只要工人在规定的时间内以正确的方式完成了工作,就应该发给他相当于工资的30%到100%的奖金,这就是最新的劳动计量奖励制度。综合起来,泰勒认为企业应选定标准人(即合乎工作要求的工人)、使用标准工具(即规定铁铲的标准容量)、采用标准方法(即去除多余无用动作)、完成标准工作量(即一个班内每名工人应铲多少吨铁矿砂送进炼铁炉)、给予标准报酬等"五标准"法。

3. 行为科学理论阶段

20世纪20年代至30年代,泰勒的科学管理理论越来越显示出其局限性,由于工人长期从事一种简单、重复的劳动,不久便觉得工作单调乏味,工作效率不仅没有提高,反而有所下降。人们开始对泰勒的科学管理及其依赖的假设产生怀疑。1924—1932年间,霍桑实验使人事管理从科学管理转向了对人际关系的研究。"霍桑实验"最大的贡献是就人性的假设提出了与科学管理理论完全不同的观点:认为人是"社会人",影响人们生产率的因素,除了金钱等物质方面的因素外,还有社会和心理的因素。该项研究导致了行为科学理论在人事管理中的广泛应用。这一时期,人力资源管理有如下几个特点:

(1) 承认人是社会人,人除了物质、金钱的需要外,还有社会、心理、精神等各方面的需要,在这一时期,已开始重视对人性的尊重,对人的心理需求的尊重。

(2) 在管理形式上，承认非正式组织的存在，承认在官方或法定的组织存在之外，另有权威人物的存在。属于非正式组织的权威同样能影响和左右人们的行为和意愿。而在方法上，则重视工会和民间团体的利益。

(3) 在管理方法上，承认领导是一门艺术，而且应以人为核心改善管理的方法。

(4) 重视对个体的心理和行为、群体的心理和行为的管理。

小资料 1—3

爱畜理论

20 世纪 30 至 40 年代，美国企业界流行着一种"爱畜理论"。当时在爱畜牛奶公司的广告中说，爱畜牛奶来自愉快的奶牛，因而品质优良。因此，研究人员认为愉快的工人其生产率也一定比较高，公司用郊游和员工餐厅等办法来试图改善工人的社会环境，提高士气，从而提高生产率。实际上，情感与士气是有作用的，但这种作用毕竟是有限的。

4. 现代人力资源管理阶段

1954 年，彼得·德鲁克在《管理的实践》一书中正式提出"人力资源"一词，人事管理开始进入"人力资源"管理时代。进入 20 世纪 70 年代，现代管理科学理论初步成形，它是用系统理论把泰勒的"科学管理"和"行为科学"综合起来形成的一种新的管理理论。把组织的全体员工和全部物质资源视为一个系统，人是组织的主体。社会系统学派强调系统观点，社会的各级组织是一个协作的系统，组织中经理人的作用就是在协作系统中作为相互联系的中心，并对协作进行协调，以便组织能够维持运转；权变理论学派则强调权变的观点，他们认为组织管理中要根据组织所处的内外部条件随机应变，没有放之四海皆准的管理理论和方法，应该针对不同的情况，选择或交替运用有关理论，以达到工作、组织、个人三者的最佳配合。

可以看出，现代人力资源管理已经较之前面有很大进步。前面的管理阶段理论基本把人的各个层面割裂开来，相比较，现代人力资源管理则把人放入系统中考虑，人不单纯以物质资源的形式存在，也不单纯以社会性的人的形式存在，把人员放入到组织中，具有系统性、多样性特点，以权变的角度，认为前面的理论没有一个是普适的，只有针对具体情况具体分析，对各种理论应该综合运用以期达到最佳效果。

这一时期人力资源管理的特点大致如下：

(1) 不再突出个体的"英雄行为"，而是日益重视群体的协调作用。

(2) 对人的素质提出更高的要求。

(3) 人事管理信息系统诞生，电脑参与了管理，帮助处理大量繁杂的事务性人事管理工作，如职工的履历管理、档案管理、薪酬管理等。

(4) 人力资源管理部将逐步取代劳动人事部。人力资源开发部将更重视人的智力的开发、人与人之间的协调、人的合理流动和人的最大潜能的发挥，而把大量事务性的工作由电脑系统化、程序化处理。人们不再认为利用机器和工人来降低成本是正确的做法；相反，人们已经清晰地认识到，只有改革管理人力资源的方式，开发人的潜在才能，充分发挥人的主动性、积极性，组织才能真正获得发展。

(二) 中国人力资源管理的发展及现状

1. 中国古代的人才思想

把人力作为资源来研究开发的学术思想在中国源远流长，虽然没有系统的人力资源管理理论，但历代都有着关于如何识人、用人、激励、奖惩等的精辟论述。例如，两千多年前的管子就曾说过："一年之计，莫若树谷；十年之计，莫若树木；终身之计，莫若树人。"其中的"树人"就包含着将人当作资源"开发"的意义。

中华民族的历代统治阶层也很重视对人才的选拔培养。他们知道，若想要政权稳定，社会繁荣，人才是必不可少的。但是因为中国长期处于农业社会，所以关注的往往是政治阶层的人才。普通生活中的人才，统治阶层并不关注。比如是哪个工匠盖的故宫，谁发明的指南针，历史没有清楚的记载。农业社会下，农民或商人只需各尽本职工作，统治者对于他们的关注度不大。但政治人才不然，他们直接关系到一个王朝的成败，战争中懂得运筹帷幄的将军、治国中善于处理政务的宰相，即便是一个小小的九品芝麻官，能够得到这样的官位也必经过层层筛选。中国文化中不太重视财富和科学创造中的人，这也是中国近代落后于世界的一个重要原因。

2. 新中国成立以后的人事发展

1949 年，新中国成立，开始了从农业社会向工业社会的转变，中国的人力资源管理也进入了新的里程。毛泽东同志于 1956 年首次提出应该把人看作是一种资源的问题，并指出"中国的妇女是一种伟大的人力资源，必须发掘这种资源，为建设一个社会主义而奋斗"。这与西方学者彼得·德鲁克提出"人力资源"这一概念的时间十分接近。

但是 20 世纪 80 年代前，受传统计划经济体制的影响，我国"对人的管理"依旧属于传统的人事管理，与德鲁克的观点不属于同一内涵，与西方管理实践的发展并不一致。这个阶段使用的仍是劳动力的概念，主要是从宏观上对社会整体劳动力的分布、移动、福利、教育等方面进行管理调控，与我们今日讲的人力资源概念大不相同。从 80 年代中后期开始，"人力资源管理"的基本理念逐步引入中国，但人力资源管理实践尚未大规模地应用，这与当时中国社会经济管理体制改革的情况基本一致。到了 20 世纪 90 年代中后期，全社会已经意识到人力资源管理需要不断改革和发展创新，人力资源管理实践在中国开始得到普遍运用，但当时组织管理体制和劳动力市场经济体制的改革尚不能够有力地支持现代人力资源管理制度的建立和健全。进入 21 世纪后，随着外部环境的重大变革，人力资源管理改革进一步深化，正朝着国际化、市场化、职业化、知识化的方向发展。

自改革开放引入现代人力资源管理思想后，总体上看，中国现代的人力资源管理的发展经历了理念导入、实践探索、系统深化的过程。

1. 人力资源管理的理念导入期

在 20 世纪 80 年代中期的中国，大众对"人力资源管理"一词非常陌生，甚至误以为"人力资源管理"就是"人事管理"，此时对人员的管理仍属于计划经济体制下的行政命令式管理。当时，劳动者只是生产关系的主体，而非和土地、资本等其他资源一样被看做是生产力的基本要素。人们对人力资源管理的认识仍停留在员工只是管理和控制的工具的成本观念，人事管理部门的工作仅仅是如人事考核、工资发放、人事档案管理等日常的事务性工作。用工管理主要依靠行政调配的方式，工作岗位缺乏有效的考核，劳动合同的执行流于形式，缺乏有效的激励作用和竞争性用人机制。虽然这一时期的人力资源管理有明显的计划经济烙印，但西方人力资源管理理念开始导入中国。

2. 人力资源管理的实践探索期

20 世纪 90 年代中期开始，中国开始探索人力资源管理在实践中的运用，人力资源管理实践已开始应用到企业和政府的人事管理工作中。越来越多的组织开始试图从员工招聘、员工培训、绩效管理、薪酬管理等方面完善人力资源管理实践的各项职能，人力资源管理的各项专业技术有一定程度的提高。尤其是部分企业通过实施年薪制加大了对企业家激励的力度，强化对企业家经营行为的约束，并且在一定程度上限定企业家年薪收入的范围；而对于一般员工已基本实现基于绩效的付酬。然而，此一阶段组织薪酬制度的改革还主要停留在分配方式的改革层面上，真正的薪酬管理体系还没有完善建立，组织薪酬管理的依据和基础还不明确，工作分析、绩效管理体系、薪酬管理体系还没有系统地建立起来，存在着许多弊端。例如，模糊的企业产权制度导致企业内部管理权责不明确，国有企业内部管理机制的行政化和干部化，专业化的人力资源市场管理机制尚未建立等问题。

3. 人力资源管理的系统深化期

20 世纪 90 年代末至今，人力资源管理改革得到了系统性的深化，国家对人力资源管理重视程度日益提高；组织对人力资源管理的认识已经发生本质变化，人力资源的管理与开发水平大为提高。此阶段，中国劳动力市场有了较快的发展，劳动法律逐步健全；政府人力资源管理水平得到提高；组织拥有了用人自主权，越来越重视人力资源管理实践。同时，人力资源管理已经成为组织管理的重要内容，人力资源管理部门的职能正在由传统的人事行政管理职能转变为战略性人力资源管理职能，成为组织发展战略的参谋部、执行部和支持部。而随着基础管理模式的深刻变革，人力资源作为核心资源，以人为本的思想得到了广泛的认同。在此背景下，以员工招聘、绩效管理和薪资管理为核心的人力资源管理模型得以确立。

第三节 人力资源管理面临的挑战

随着全球社会、经济的迅速发展，世界各国之间的经济和社会联系愈来愈密切，全球经济的快速发展给各类组织带来了巨大的机遇，而全球性的市场激烈竞争也增加了组织生存和发展的不确定性，给各类组织带来了巨大的挑战。作为组织管理的重要环节，人力资源管理既面临着前所未有的机遇，又不得不面对全球化带来的巨大挑战，人力资源管理必须积极主动地调整战略和策略来应对一系列严峻的挑战。

一、经济全球化的挑战

经济全球化是指世界经济活动超越国界，通过对外贸易、资本流动、技术转移、提供服务、相互依存、相互联系而形成的全球范围的有机经济整体。经济全球化已是当今世界经济的重要特征之一，也是世界经济发展的重要趋势。

经济全球化加快了跨国公司的产生和发展，它们要面临不同的政体国体、风俗人情和法律法规，要协调不同国籍、不同文化背景和不同语言的员工一起工作，这对各类组织的文化、管理模式、管理方式提出了巨大挑战。因此，组织管理者和人力资源管理者必须运用全球化的思维，采取全球化的策略来解决遇到的问题，建立起一种新的组织模式和管理模式。对我国跨国经营的组织而言，如何在坚持原有的组织文化和组织制度的同时，尊重他国文化背景和价值观，让当地员工接受我国组织文化和制度，从而实现本土化，这对组织的人力资源管理工作是一个严峻的考验。面对经济全球化的挑战，我国组织必须运用全新的思维模式，建立起适应新环境、全球化的组织体制和组织结构，确立全球化的人力资源管理战略，以确保在经济全球化的过程中立于不败之地。

二、价值多元化的挑战

价值多元化是指由于个人的出身背景、教育程度、宗教信仰和人生经历的不同，而持有各种各样不同的价值观念。经济全球化必然带来组织员工构成和价值观的多元化，这是经济全球化的必然结果，是大势所趋。不同的价值观会有不同的价值标准和价值追求，从而影响到员工在组织中的具体行为，导致管理上的复杂化，这对组织文化的建立和组织制度的执行形成了不可忽视的挑战。

价值多元化的出现是不可能通过人力资源管理招聘环节这一源头得到彻底解决的；同时，组织的长久发展在一定程度上需要不同价值观念员工的贡献。因此，这要求组织实行价值多元化的管理，通过培育组织文化、成立任务小组、实行部门重组、尊重员工自我价值等方式，引导员工的价值追求与组织的价值追求相匹配，从而获得共同发展。

三、人才市场化的挑战

在知识经济的大背景下,人才是核心竞争力。能够吸引到优秀人才的组织必定在全球化的竞争中处于优势地位。对我国而言,社会主义市场化经济已经与全球市场化经济接轨,这意味着我国人才的流动更加自由,人才市场化已经不可避免。随着改革开放的深入和我国加入世界贸易组织,越来越多的国际企业到中国来抢夺优秀人才,而他们所提供的丰厚的物质待遇和健全的培训制度是我国绝大部分企业不能提供的,这就造成许多高级人才的流失,也造成一部分高端技术的流失。国内企业的人才争夺战也是逐年激烈,我国的人才流动越来越频繁,"跳槽"现象常态化,这导致企业的用人成本增加。因此,如何吸引人才、留住人才是我国人力资源管理面临的巨大挑战。

四、管理柔性化的挑战

管理柔性化是指以人为中心,对员工的约束主要依靠人性解放、权利平等和自我管理等方式,从内心深处来激发每个员工的内在潜力、主动性和创造精神,提高员工的满意度和忠诚度,进而提高员工的绩效和组织的绩效。而与之相对的刚性管理则是依靠外力来约束员工,如规章制度等。随着知识型员工的出现和比重的增大,员工工作主动性、自我约束、创造性也得到逐步提高,组织结构逐步趋于扁平化,在这种情况下,传统的金字塔式的刚性管理不利于员工积极性和创造力的发挥,不利于组织的长远发展。为了调动员工工作的积极性,提高组织运作的效率和对市场响应的速度,人力资源管理方式正在由"刚性管理"向"柔性管理"转变。然而建立柔性化的管理方式对组织管理者、人力资源管理者和员工都提出了更高的要求,柔性化管理能使组织更加灵活、敏捷,但如何保证企业决策的顺利执行和企业目标的最终实现,如何保证在扁平化的组织结构中信息的有效沟通,都是对人力资源管理者理论与实践的一大挑战。

五、管理信息化的挑战

管理信息化是指通过对信息技术的应用,开发和使用组织的信息资源,提高管理水平、开发能力、经营水平的过程。目前,信息技术已经成为当今社会的新型生产力,它的高速发展和广泛应用使人类步入了真正的信息化时代。在人力资源管理工作中,信息技术能够支持招聘、培训、绩效管理、薪酬管理、劳动关系管理和组织文化等模块的建设,实现人力资源管理工作的全过程信息化。人力资源管理的信息化有利于减少管理层次,从而合理调整组织结构,有利于组织内外部信息传递的及时、高效,且可实现信息资源的全球共享,从而提高工作质量和工作效率。然而,信息技术在人力资源管理领域的应用,一方面要相应的改变组织的结构,另一方面需要组织对原有的行政制度安排和业务流程进行相应的调整,这些变动会引起部门之间、岗位之间职责的变化，打破一些固定的利益群体和利益关系，如果处理不当可能会产生消极影响，人力资源管理信息化的建设绝非一朝一夕就能完成的，它是一个不断持续改进的过程，是对组织和人力资源管理的不小挑战。

关键术语
人力资源、人口资源、人才资本、人力资源管理

本章思考题
1. 人力资源的含义是什么？
2. 人力资源具有哪些特征？
3. 如何理解人力资源的数量和质量？
4. 人力资源管理的含义是什么？
5. 人力资源管理具有哪些职能？
6. 国内外人力资源管理的发展经过了哪些阶段？
7. 目前人力资源管理面临的挑战主要有哪些？

本章案例

王者之师，如何炼成

张捷是 A 企业的人力资源部门主管，近来为了一件事头痛不已。A 企业在去年的金融危机中被迫放弃了外贸业务，全力发展内销品牌，不料市场反响极佳，订单不断增多。但同时，新的问题也不断产生——随着订单的增多，很快下属工厂反映人手不够，缺乏熟练工，造成多次交货不及时，次品率只升不降。质检、物流部门也一直抱怨人少任务重。由于年初担心市场销售力量不够，市场部和销售部招了大量人员，但是实际情况是不需要这么多人，有的销售员业务不够多，还发生了销售员抢夺客户资源的事情。

为了改变公司的这种状况，张捷联系企业的实际情况，撰写了一份全新的人力资源管理分析报告。首先，他分析了 A 企业的战略转型与业务转变的大背景——A 企业由以外贸 OEM 为主转为内销自有品牌为主，从而导致人力资源总量与结构均要发生重大调整，尤其是人员结构方面的变化。对比去年与今年的订单情况，张捷应用技术分析手段提出内销自有品牌的运作对企业人力资源的几点调整要求，如区域市场人员力量以前很薄弱，市场部 20 多个人里只有 3 个人是跑国内区域市场的，今后至少要增加到 20 人以上；技术人员力量、质检人员力量等也需要重点加强；生产管理与客服人员力量等需要适当加强；外贸相关人员需要大幅减少，原先的近 20 人的外贸人员要转岗或裁掉绝大多数。

然后他详细分析了A企业的人力资源状况，发现A企业整体学历层次不均匀，管理职能部门学历整体过于偏高，100%为本科以上学历，还有两个硕士。众多高学历人员扎堆，不但没有提高管理水平，反而造成智力浪费。技术序列的整体学历不够高，只有53%是本科以上学历，硕士一个都没有，这对自有品牌的设计开发有负面影响。生产单元的学历整体偏低，超过70%的工人是高中甚至初中学历，有些高级生产设备的作用发挥有限，操作错误率比较高；另外，生产单元的年龄结构也过于年轻化，平均年龄才30岁，说明缺少有经验的老师傅，影响整个生产队伍的技术传递职能，一旦产生大量订单，新招聘的工人很难在短时间内成为熟练工，这些都将可能造成A企业整体产能偏低。A企业岗群分布也不理想，原先以外贸为主的生产方式造成技术力量比例过低，仅占总人数的6%，管理岗位的人员反而很多，占总人数的22%，今后转为生产自有品牌为主了，技术力量尤其是设计人员比重必须大幅增加。

随即，张捷梳理了一下企业内外部的人力资源供给情况：对外来看，该行业工人供给充足，各类招聘会经常举办，网络招聘也是一种常用手段，不过校园招聘对于A企业来说并不合适。对内来看，A企业内部有不少优秀的年轻人，尤其是生产序列人员中有不少年轻的优秀技术工人，4个工段长都是本科以上学历的优秀年轻人，但是因为没有很好地进行职业规划和晋升通道设计，这些潜质好的年轻人在基层管理岗位上进步不明显。技术序列今年新招聘来不少技术能手，但是考核和薪酬制度没有及时完善，造成技术力量浪费。

资料来源：改编自《人力资源管理》2009年第12期

思考题：

请你根据以上信息，为A企业设定新的一年中人力资源管理的改进目标和改进计划。

第二章 工作分析

本章结构图

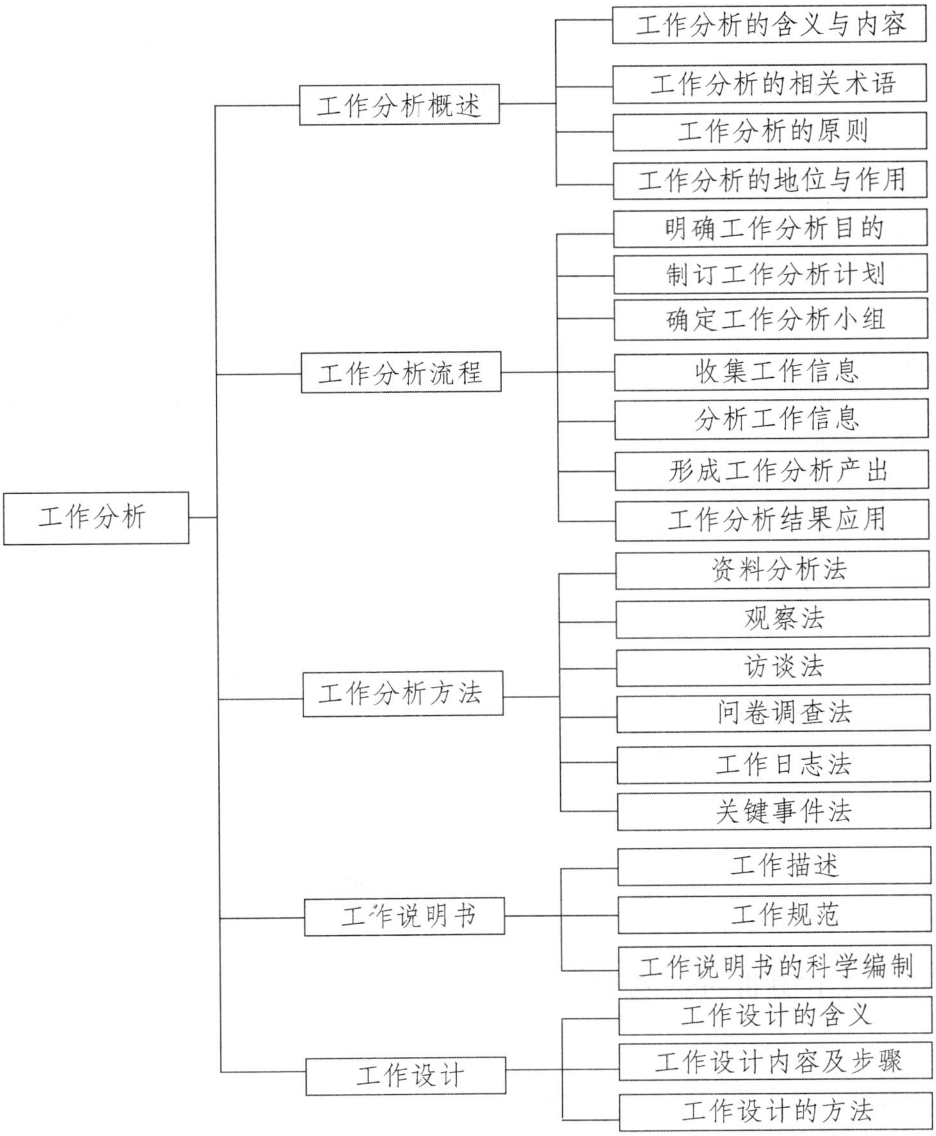

```
工作分析
├── 工作分析概述
│   ├── 工作分析的含义与内容
│   ├── 工作分析的相关术语
│   ├── 工作分析的原则
│   └── 工作分析的地位与作用
├── 工作分析流程
│   ├── 明确工作分析目的
│   ├── 制订工作分析计划
│   ├── 确定工作分析小组
│   ├── 收集工作信息
│   ├── 分析工作信息
│   ├── 形成工作分析产出
│   └── 工作分析结果应用
├── 工作分析方法
│   ├── 资料分析法
│   ├── 观察法
│   ├── 访谈法
│   ├── 问卷调查法
│   ├── 工作日志法
│   └── 关键事件法
├── 工作说明书
│   ├── 工作描述
│   ├── 工作规范
│   └── 工作说明书的科学编制
└── 工作设计
    ├── 工作设计的含义
    ├── 工作设计内容及步骤
    └── 工作设计的方法
```

本章学习目标

※ 掌握工作分析的含义及目的

※ 掌握工作分析的流程

※ 列举并辨识常用的收集工作分析信息的方法

※ 掌握工作说明书的编写

※ 理解工作设计的含义

※ 掌握工作设计的方法

开篇案例

职业挑战

小李是一家公司人力资源部的新主管。由于近年来公司发展迅速，人数也迅速增加，因此许多问题逐渐暴露出来。表现比较突出的问题就是岗位职责不清，有的事情没有人管，有的事情大家都在管，经常发生推诿扯皮的现象。现在公司使用的岗位职责说明仍然是几年前的版本，可实际情况已经发生了很大变化，根本就无法起到指导工作的作用。小李看到公司目前面临的问题，决定进行一次系统的人力资源管理诊断和设计工作。首先，小李设计一份六页纸的工作分析问卷发到了各个员工手中。分析结果是让人惊讶的。操作工人与他们的主管对工作的描述相差很大。

车间主管们认为工作职责是简单和常规的。但操作工人认为他们的工作是复杂的，并受到相关资源的限制。工人们还抱怨工作场所条件简陋，而且很不舒适。这种上下级的观点不一致很快成为主管和工人间公开矛盾的基础。最后，一个工人和主管发生了正面冲突，他认为主管在工作分析中没有说实话，侵害了工人的利益。

小李担心工作分析计划会完全失去控制。他觉得必须要做些什么。每个人都对小李认为是必需的工作分析计划怒目而视。

像小李这样，懂得一些人力资源管理知识，但是又没有受过工作分析的专门培训的人力资源管理者，该如何制订工作分析计划呢？

第一节 工作分析概述

一、工作分析的含义及内容

（一）工作分析的含义

关于工作分析的含义，不同学者给出了多种含义。就国外而言，1965年马考米克·提弗恩（McCormick Tiffin）给出的定义为："从广义上说，工作分析是针对某种目的，通过某种手段来收集和分析与工作相关的各种信息的过程。"阿奇森·格尔佩德（Atchison Ghorpa=e）在1980年指出："工作分析是组织的一项管理活动，它旨在通过收集、分析、综合整理有关工作方面的信息，为组织计划、组织设计、人力资源管理和其他管理职能提供基础性服务。'国内学者对于工作分析也给出了定义，付亚和认为"工作分析实质上是全面了解工作并提取有关工作全面信息的基础性管理活动"。萧鸣政指出，"所谓工作分析即分析者采用科学的手段与技术，对每个同类岗位工作的结构因素及其相互关系，进行分解、比较与综合，确定该岗位的工作要素特点、性质与要求的过程"。

我们认为，工作分析是指通过各种程序和方法，收集与提取有关工作岗位的全面信息的过程。

工作分析涉及两方面的工作。一是工作本身，即对工作岗位的研究，主要研究每一个工作岗位的目的、该岗位所承担的工作职责与工作任务以及它与其他岗位之间的关系等。二是人员特征，即对任职资格的研究，主要研究在胜任该项工作、达到目标的情况下，任职者必须具备的条件与资格，如工作经验、学历、知识、能力特征等。

（二）工作分析的内容

工作分析包括的内容主要是5W1H，即What（做什么）、Why（为什么做）、Who（谁来做）、When（何时做）、Where（在哪里做）、for Whom（为谁做）、How（如何做）。

(1) What：做什么，是指从事的工作活动，包括任职者所要完成的工作活动，其工作活动结果产出，以及其工作活动的相应标准等。

(2) Why：为什么做，指任职者的工作目的，也是该工作的作用。

(3) Who：谁来做，指对从事该项工作人员的必备要求，包括身体素质要求、知识技能要求、经验要求、教育培训要求和个性要求等。

(4) When：何时做，指针对该项工作的各项活动所进行的时间上的安排。

(5) Where：在哪里做，指工作进行的环境，包括工作的自然环境、社会环境和心理环境。

(6) for Whom：为谁做，指在工作中与其他岗位发生的关系及相互的影响。主要包括工作的上级、下属、同事和客户等。

(7) How：如何做，指任职者如何进行工作中的各项相关活动，包括该岗位的工作活动程序与流程、所涉及的工具与机器设备等。

二、工作分析的相关术语

工作分析中所涉及的概念和基本术语有以下内容。

(1) 工作要素：工作中不能寻继续分解的最小动作单位，如编订文件、签收信件等动作。

(2) 任务：工作活动中达到某一工作目的的要素集合，即一系列为了不同的目的所担负完成的不同的工作活动。如生产一批产品，就包括产品的试产、采购原材料、各工序的配合质量的检测等。

(3) 职责：任职者在特定岗位上需要完成的一项或多项任务的集合。如人力资源经理的职责包括了人力资源规划、招聘、培训、绩效管理、薪酬管理、员工关系等一系列任务。

(4) 职位：任职者在相应时期中所担负的一项或几项相互联系的职责集合。职位一般和职员一一对应，一个职位即一名职员。

(5) 职务：组织中内部主要职责在重要性与数量上相似的一组职位的统称。职务与职位不是一一对应的，一个职务可能有几个人分担，即可能不止一个职位，如部门经理这个职务。

(6) 职类：在企业内部根据工作内容、任职资格和对组织贡献的相似性而划分为同一组的职位。如企业内通常会出现管理类、研发类、生产类、营销类等职位划分方式。

(7) 职业：不同时间内、不同组织中，工作要求相似或职责平行（相近、相当）的职位集合，如会计、工程师、教师等。在有些情况下，职业和行业可以换用。

三、工作分析的原则

(一) 目标明确原则

组织是为了实现特定的目标而存在的，因此对组织内部各部门以及部门内各岗位的分析，都必须以完成组织目标为前提，以确保各部门和岗位的任务和职责相互协调和平衡，能够为实现组织目标而努力。全面的工作分析需要从组织目标开始，将组织目标分解到各个部门和各个岗位的目标、职责，各部门和各岗位的工作任务也必须形成一个协调的体系，以体现对组织目标的贡献。

(二) 劳动分工与协作原则

分工和协作是组织中劳动行为有机结合的两个方面。劳动分工是体现智能化、专业化的发展方向，将组织内相似的工作集合起来，在专门的部门、岗位上完成，使员工能专注于相应的工作领域，提高工作效率，带来更大的价值。在组织中由于存在劳动分工，也就需要采用劳动协作，以使各种局部的工作能够结合起来，环环相扣，更加协调，形成组织目标的实现形式。在工作分析中，需要分析各部门与岗位的任务和工作是否能够体现劳动分工与协作的原则。

(三) 工作流程合理原则

组织中的一切任务与职能都需要通过不同环节的工作协作，将各个部门、岗位的分工结合在一起，这些不同环节工作的有序组合就是组织的工作流程。在工作分析的过程中，需要分析各部门、岗位之间衔接的合理性，并按照经济有效的原则进行工作流程的组合与调整。

(四) 标准化原则

标准化体现为统一化和通用化等多种形式，而工作分析中的标准化则体现为岗位调查、岗位分析、岗位评价与分别在相应的内容、程序、方法和指标上的标准化，以及工作分析的结果等相关文件的编制和应用的标准化。

（五）共同参与原则

工作分析尽管由人力资源部门主持开展，但它需要各级管理人员与员工的积极参与，尤其需要高层管理者的重视以及其他部门的大力配合。

（六）动态原则

工作分析的结论不是一成不变的，组织需要根据发展战略、内外环境的变化和业务的调整等因素对工作分析的结论进行相应调整。

四、工作分析与人力资源管理其他环节的关系

工作分析是整个人力资源管理活动的基础，人力资源管理系统的其他环节都依赖于有效的工作分析。

（一）人力资源规划

工作分析能提高人力资源规划的有效性。无论什么组织，在其发展过程中必然因为组织战略的调整，外部环境与内部条件的变化而引起相应的业务、组织结构的变化。为了应对这些挑战，必须通过有效的人力资源规划来满足组织在适当的时候有足够而且合适的员工来完成组织的目标和任务。人力资源规划需要获得有关各类工作对人员数量和质量的要求，这类工作的实现必须通过工作分析来完成。

（二）员工招聘

工作分析对员工的招聘与配置具有指导作用。如果企业没有工作说明和工作规范对招聘员工工作进行指导，那将很难选拔和任用符合工作要求的合格人员。通过工作分析可以确定组织空缺职位所需承担的任务，确定招聘员工的选拔标准和方法，为组织招聘和配置员工提供客观依据。只有工作要求明确，才能保证工作安排准确。

（三）员工培训

工作分析使员工培训更为有效。工作分析可以明确从事某项工作应具备的身体素质、知识技能和心理条件。这些要求并非所有员工都可以满足的，需要不断对员工进行培训。通过工作分析，根据实际工作要求和员工的不同情况，有区别、有针对性地安排培训内容和方案，可以有效促进员工改善工作技能，提高工作效率。

（四）绩效管理

工作分析为绩效管理提供客观的参照标准。工作分析通过对组织在不同时期、不同背景下的情况进行分析，确定了各个工作岗位应该达到的标准，该标准可成为绩效管理的评定标准，有利于绩效管理的公平、公正、公开的开展和进行；否则，这种评价在很大程度上就会带有不公正性，进而影响到员工的工作积极性。

（五）薪酬管理

工作分析有助于构建合理的薪酬体系。工作分析可以明确各个工作岗位的职责

要求以及了解任职者的知识技能、身体素质以及相应学历等，为构建合理的薪酬体系提供了重要的依据。工作的职责、所要求的技能、教育水平、工作环境等因素将影响到该工作在组织中的相对重要程度以及组织对该项工作的评价。工作分析可以建立组织中各种工作的相对重要性的排序，并通过量化的形式来确定每个职位的报酬水平。

（六）职业生涯管理

工作分析能够促进员工的职业生涯发展。员工的职业生涯设计是把个人的能力和愿望与组织内已经存在的或将会出现的机会匹配起来。该过程要求负责职业生涯规划的人了解每一种工作的技能要求，这样才能保证去帮助员工从事他们能够获得成功，得到满足的工作，工作分析可以提供所需要的这类信息。同时，工作分析及工作设计为员工在组织内的发展指明了合适的职业发展路径，以使员工在工作中的成就感得到满足，并且使员工获得知识、技能和能力的提升。

第二节　工作分析流程

工作分析是一个全面了解、收集、提取与工作相关的详细信息的过程，这个过程需要具有科学合理的操作流程。一般来说，工作分析的过程可以分为以下七个阶段（见图2-1）。

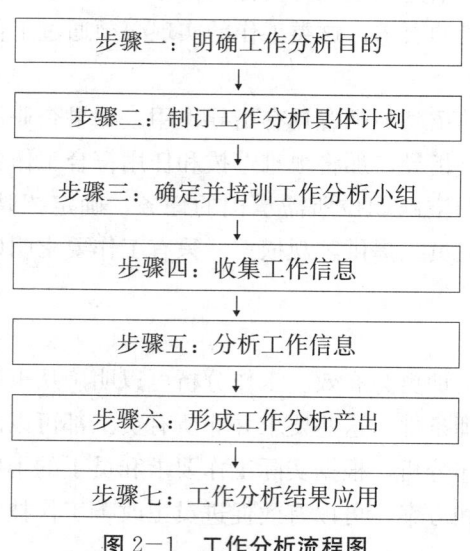

图2-1　工作分析流程图

一、明确工作分析目的

组织中解决不同的管理问题所需要的信息是不同的，工作分析信息的价值对于不同的需求对象是不一样的。因此，在进行工作分析时，首先要明确目的。工作分析的目的是指工作分析所获得信息的用途，这直接决定了需要搜集何种类型的信息，以及使用何种方法来搜集这些信息。

工作分析的目的一般包括：
（1）如实描述各类工作，使组织内外成员能够正确认识这些工作；
（2）对工作进行设计或再设计，使其更适应员工发展；
（3）编制工作说明书或在原有的基础上修订工作说明书；
（4）明确工作岗位对任职者的要求，制定招聘标准和选拔方法；
（5）制订有关任职者的培训计划，提高培训的针对性和有效性；
（6）明确工作任务、职责、职权及相互关系，杜绝推诿扯皮，实现协调合作；
（7）进行工作比较，构建合理的薪酬体系；
（8）提高绩效管理的客观性和公平性等。

二、制订工作分析具体计划

在确定了工作分析的目标之后，接下来就是制订工作分析的具体计划。一般说来，工作分析的具体计划的内容除了确立调查分析的范围、分析的层次与程度之外，还应该根据工作分析的过程，制定整体的分析工作安排，将工作分析细分为各个具体的阶段，明确拟定各阶段的时间进度。

工作分析的影响广泛，受众面广，在制订工作分析具体计划的时候必须注意以下方面：

（1）将工作分析的内容与相应安排及时通知有关部门的管理者和任职者，使他们能够充分了解工作分析的目的和进行的程序。工作分析需要得到高层的支持。此外，工作分析者还应与相关部门的管理层保持沟通，争取他们的合作。

（2）在有外部专业人士参与工作分析的活动中，外部工作分析者也需要对拟分析的工作至少形成基本的认识和了解。

（3）应事先对工作分析活动所涉及的人员和影响到的工作进行安排，尽量避免影响日常作业。

三、确定并培训工作分析小组

在通常情况下，工作分析的负责人通常是组织中人力资源管理部门熟悉工作分析的专业人士，由他们来主持工作分析的全过程并协助某些方法的应用，有时候也需要外部专家的帮助。工作分析的参加者主要由待分析的任职者、其直线主管上级以及其部门经理等构成。在进行工作分析时应根据组织的具体情况，选取合适的人员组合，提高工作分析的有效性。

工作分析小组组成之后，需要对他们就如何进行工作分析进行培训。培训时，主要由人力资源管理专家对工作分析的意义、目的进行讲解，对项目用语的标准含义、施测指导语及施测过程的引导和控制进行统一的规定，并对成员的疑问进行解答，对有歧义的部分进行讨论和确定。在培训的过程中，应当明确各成员在参与工作分析活动中分别扮演的角色。首先，人力资源管理者搜集相关的工作信息；其次，编写一份工作说明书，任职者及其主管应参与到编写工作中来，如填写问卷、参加访谈等；最后，任职者与其主管审阅工作说明书，并提出相关意见，工作分析人员进行修改和完善，并得出结论性描述。

四、收集工作信息

（一）工作信息的内容

工作分析的目的不同，工作信息收集的范围也不同。在工作分析的活动中，既不应漏掉必须收集的信息，否则就会导致我们无法得出正确的结论；也不必收集与工作分析目的无关的信息，毕竟所有信息的收集都是需要付出成本的。

为了确保工作信息的收集质量，同时也减少信息分析的工作量，我们需要对工作分析所需要的各类工作信息有一个基本的认识。工作分析所需信息的主要类型包括：

（1）工作活动，包括描述工作任务，如工作任务是怎样完成的？执行这项工作的原因是什么？什么时候执行这项工作？以及该项工作与其他工作和设备的关系、进行工作的流程、承担这项工作所需要的行为、动作与工作的要求等。

（2）工作中使用的机器、工具、设备和材料等。

（3）工作条件，包括工作物理环境、劳动强度、工作进度安排、薪酬信息等。

（4）对任职者的要求，包括与工作有关的学历要求、特征要求、特定的技能、特定的培训背景，与工作相关的工作经验、身体特征、态度等。

（二）收集工作信息的方法

在确定收集工作信息的范围和内容之后，就应该选择收集信息的方法。这由分析人员根据企业的实际需要灵活运用。收集工作信息的方法主要有资料分析法、观察法、访谈法、问卷调查法、工作日志法、关键事件法等，针对不同的工作内容，工作人员应该选取不同的方法。我们将在下一节对这些方法做详细的分析。

五、分析工作信息

对工作信息的收集和分析主要包括工作名称分析、工作内容分析、工作环境分析、任职者条件分析四个方面的内容。

（一）工作名称

工作名称分析是要使工作名称达到标准化，使人们可以通过工作名称了解到工作的内容及其性质。因此，工作名称应做到准确、标准、明了。

（二）工作内容

通过对工作内容信息的分析，可以使人们全面地认识和了解到工作的整体情况。我们可以通过以下四个方面来进行对工作内容信息的分析：

（1）工作任务分析，主要规定了工作的行为。

（2）工作职责分析，主要规定了工作在组织中的相对重要性以及相应的权限，以保证权责匹配。

(3) 工作关系分析,主要是明确该工作与上级、下级、同级以及其他部门之间的相互协作的关系。

(4) 工作强度分析,主要规定了该工作在正常情况下合理的劳动量。

(三) 工作环境

工作环境分析主要包括对工作三个方面的环境的分析:

(1) 物理环境分析,主要包括对工作场所的温度、照明度、噪音、粉尘、空间大小等以及工作人员在该环境下所处的时间进行分析。

(2) 安全环境分析,主要包括对该项工作的劳动卫生安全条件、工作的危险性、事故发生的可能性、事故的原因以及对任职者的身体状况可能会造成的危害及其危害程度等信息进行分析。

(3) 社会环境分析,主要包括对工作人员工作的交通便利程度,与外界环境的接触程度,以及同领导、同事之间的人际关系等方面的信息进行分析。

(四) 任职资格

对工作人员的任职资格进行分析是为了确认工作的任职者在执行工作任务、履行职责时所应具备的基本的资格条件,这主要包括:

(1) 基本知识要求,包括学历要求和专业知识要求。

(2) 基本操作能力要求,包括从事该工作的创造能力、组织能力、判断力以及操作熟练度等。

(3) 基本经验要求,是指任职者过去在从事类似方面工作的实际经验。

(4) 基本身体素质要求,是指任职者应具备适应该岗位的身体素质及相应的基本能力,如视力、听力等。

(5) 基本心理素质要求,主要是指任职者应具备的责任感、耐心、情绪稳定性等。

六、形成工作分析产出

工作分析的最终结果主要是工作说明书,它由两部分构成:工作描述和工作规范。工作描述是对工作的任务、职责和义务进行的简要说明。工作规范,也称任职资格说明书,是指任职者应该具备的能适应工作的个人特质方面的要求。工作说明书在本章第四节将进行更为详细的介绍。

除了工作说明书之外,工作分析的产出还可以通过业绩指标、薪酬标准等书面形式来表示。

七、工作分析结果应用

(一) 工作描述

工作描述作为工作说明书的一个重要方面,是以书面的形式加以描述、整理而形成的一份有关工作任务、工作职责等方面信息的文件。通过工作描述可以使人们清楚地认识和了解到工作识别、工作概要、工作关系、工作职责和工作环境等方面的信息。

（二）工作规范

工作规范，是指任职者在相应工作岗位上所应该具有的个人特质方面的要求。工作规范是为了完成岗位工作，并且保证良好的工作绩效而对任职者所提出的一系列的特征要求。它主要说明从事某项特定工作的人员所需要具备的基本素质和条件，它规定了完成工作所需要的最低要求。

（三）工作设计

工作设计是指为有效实现组织目标并且满足员工的需要，而对有关的工作内容、工作职能和工作关系等所进行的设计。这里的工作设计主要是指对已经存在的，但对员工缺乏激励效应的工作进行重新设计。工作设计的方法通常包括工作扩大化、工作丰富化和工作轮换等。

（四）流程优化

流程优化，是根据工作分析的结果，对原有业务流程中存在不足的环节进行重新设计以及安排企业的整个生产、经营和服务过程，使之更加合理化。工作分析结果应用于流程优化包括三个方面的内容，即原有业务流程本身的调整、流程的延伸和流程实现方式的转变。

（五）应用于人力资源管理系统的其他环节

工作分析是人力资源管理活动中一项重要的基础性工作。工作分析的结果可以运用到人力资源规划、员工招聘、员工培训、绩效管理、薪酬管理、职业生涯管理等各个环节上，并具有重要作用。

第三节　工作分析的方法

一、资料分析法

（一）资料分析法的含义

资料分析法，是指通过对相关资料的审阅，了解每个工作的任务、责任、权利、工作负荷以及任职资格等，为进一步调查奠定基础。在采用资料分析法的时候，我们应确定需要收集哪方面的工作信息，然后查阅现有的相关资料和记录，对需要的信息进行认真提取和仔细分析。资料分析法所利用的资料包括组织结构图、职业分类大典、培训手册、组织政策和程序手册或者现有的岗位说明书等。

（二）资料分析法的评价

资料分析法分析信息的成本低，可以提供有关岗位有用的信息，且相对容易收集，工作效率较高，是工作分析中一种经济有效的方法。但资料分析法不大可能提供完整的信息，在通常情况下都需要用其他方法对收集的数据加以补充，并且所审阅的材料可能是已经过时的和有限的信息。

二、观察法

（一）观察法的含义

观察法是指工作分析人员直接观察员工的正常工作状态，从而获取其在某个时期内工作的内容、形式和方法，并在该基础上通过分析、比较、汇总等措施来提取有效工作信息的方法。观察法主要是应用于大量的、标准化的、周期较短的、以体力劳动为主的工作。

采用观察法时，工作分析的参与者需要对正在工作的员工进行观察，并将该员工正在从事的任务以及员工的职责进行全面的记录。通过观察法进行工作分析信息收集的时候，可以根据具体的情况来选择采取较长时间内的持续不断地观察方式，或是不定期地断续观察方式。观察法一般会与访谈法结合使用，比较适用于短时期的外显性行为特征的分析。

由于不同观察对象的工作周期和工作突发性不同，观察法具体可以分为直接观察法、阶段观察法和工作表演法。

（1）直接观察法：是指工作分析者直接对员工工作的全过程进行观察，这种方法适用于工作周期较短的工作职务。例如，收银员的工作基本上是以一天为一个周期，在对他们进行工作分析的时候可以花一天时间跟随他们进行直接工作观察。

（2）阶段观察法：有的员工工作的周期较长，为了可以全面、完整地观察到这类员工的所有工作，工作分析者则需要对他们进行分阶段的观察。如财务人员在年终的时候需要统计整年的财务信息，工作分析者就必须在年终的时候再对他们进行观察。

（3）工作表演法：这适用于工作周期很长并且突发性时间较多的工作。如警察工作，除了有正常的工作程序之外，还有许多的突发事件需要处理。在工作分析的过程中，工作分析人员可以让警察表演处理突发事件的过程（如抓捕）而不一定是进行该项工作的观察。有的工作周期间跨度太长，工作分析无法伸展很长时间，此时采用"工作表演法"也更为合适。

（二）观察法的评价

观察法是一种使用相对简单明了的方法，通过观察法可以收集到大量相关信息，这种方法通常用于分析存在大量重复的体力操作，而且操作重复期较短的工作（工作分析观察提纲示例见表2-1）。观察法的缺点主要体现在两个方面：

（1）观察者必须经过认真的培训，才能知道应该观察和记录的内容，所以观察法通常是由受过专业训练的工作分析者来完成的，并承担观察资料的分析研究，否则难以实现其有效性。

（2）观察法的应用存在局限性，主要用在大量的、标准化的、周期较短的、重复循环的和以体力劳动为主的工作。但实际上很多工作都没有完整的、易被观察到的职责以及完整的工作周期，如科学家、建筑设计师和海外销售人员等，该方法就并不适用。同样，如果重要的工作活动或者任务在执行时在时间和空间上并没有规律可以依据，那么也不适于采用这种方法。

表 2-1　工作分析观察提纲示例

被观察者姓名：	日期：
观察者姓名：	观察时间：
工作类型：	工作部分：
观察内容： 1. 什么时候开始正式工作（　　） 2. 上午工作多长时间（　　） 3. 上午休息几次（　　） 4. 第一次休息时间从（　　）到（　　） 5. 上午完成产品多少件（　　） 6. 平均多长时间完成一件产品（　　） 7. 与同事交谈多长时间（　　） 8. 室内温度（　　） 9. 上午喝了几次水（　　） 10. 什么时候开始午休（　　） 11. 搬了多少次原材料（　　） 12. 工作地点噪音是多少分贝（　　） ……	

（三）观察法的相关注意事项

在通常情况下，运用观察法时需要注意以下几个原则：

（1）信任原则：工作分析者应尽量获得被观察者的信任。

（2）隐蔽原则：一般情况下，观察者应尽可能不要引起被观察者的注意。

（3）详尽原则：根据预先确定的目的和观察的内容，详细记录所有观察到的资料。

（4）代表性原则：在选择工作分析的样本时应注意样本的代表性。

（5）沟通原则：现场观察完毕之后应当与被观察者及主管就观察的结果进行沟通。

三、访谈法

（一）访谈法的含义

访谈法是工作分析者与被访人员就工作相关内容通过进行面对面的沟通，从而获取相关工作信息的方法，也称为面谈法。访谈法是应用最为广泛的工作信息收集方法。访谈法要求工作分析者访问各个工作场所，并与被分析者交谈。在进行现场访谈时，通常采用一种标准化的访谈提纲来记录有关信息。在许多情况下，员工及其直线经理都应该被列入访谈对象，这样可以比较全面地了解该项工作的任务和职责。

（二）访谈法工作分析程序

表2-2 访谈法工作分析程序

第一步：初步了解工作信息
1. 检查现有文件，形成工作的总体概念：工作的使命、主要任务和作用、工作流程。 2. 准备一个初步的任务清单，作为面谈的框架。 3. 为数据收集过程中涉及的还不清楚的主要项目作一个注释。
第二步：进行面谈
1. 最好是首先选择一个主管或者有经验的员工进行面谈，因为他们了解工作的整体情况以及各项任务是如何配合起来的。 2. 确保所选择的面谈对象具有代表性。
第三步：合并工作信息
1. 工作信息的合并是把以下各种信息合并为一个综合的工作描述：主管、工作者、现场观察者、有关工作的书面材料。 2. 在合并阶段，工作分析人员应该可以随时获得补充材料。 3. 检查最初的任务或问题清单，确保每一项都已经被回答或确认。
第四步：核实工作描述
1. 核实阶段要把所有面谈对象召集在一起，目的是确定在信息合并阶段得到的工作描述的完整性和精确性。 2. 核实阶段应该以小组的形式进行，把工作描述分发给主管和工作的承担者。 3. 工作分析人员要逐字逐句地检查整个工作描述，并在遗漏和含糊的地方做出标记。

（三）访谈法的评价

访谈法的优点：

（1）可以比较详细地了解工作者的工作态度与工作动机等较深层次的内容；

（2）能够快速收集丰富、具体的工作信息资料；

（3）可以使工作分析人员了解直接观察过程中不容易发现的情况，有助于管理者发现潜在的问题；

（4）有助于与员工沟通，对工作分析的重要性进行解释，缓解员工的工作压力。

访谈法的缺点：

（1）访谈法对沟通技巧的要求较高，它需要受过专门训练的工作分析专业人员

来引导访谈;

(2) 耗费的精力和时间较多,工作成本较高;

(3) 往往因为被访谈者夸大或扭曲而导致收集到的信息失真。

(四) 访谈法的相关注意事项

在通过访谈法进行工作分析的时候,需要注意以下几个要点:

(1) 工作分析者需要同主管人员密切配合。通过密切合作才能发现并挑选出合适的被分析者,合适的被分析者需要对自己所承担的工作任务与职责足够了解并能做出客观的描述。

(2) 工作分析者需要同被分析者建立融洽的关系。建立了融洽的关系之后,被分析者才会对工作分析者产生信任,从而有利于在访谈过程中获取更多有效的信息。

(3) 工作分析者应按照提纲的顺序,逐渐由浅入深地提出问题,同时把握访谈的内容,防止跑题。

(4) 当以不稳定的方式完成工作任务时,应要求被分析者按照任务和职责的相对重要程度和发生率的高低来对工作任务和职责进行列举。

(5) 进行谈话记录需不影响被访者说真话,并在面谈结束时让被访者查看和认可谈话的记录。

访谈法提纲示例见表 2-3。

表 2-3 访谈法提纲示例

访谈提纲主要包括以下内容:
1. 您的工作名称（或职务名称）是什么?
2. 您对谁负责（您的直接负责人名称/头衔）?
3. 什么人由您负责? 多少人由您直接负责?
4. 您工作的主要目标是什么?
5. 您主要的工作任务和职责是什么? 哪些必须做? 为什么要做? 您是如何做的?
6. 您的工作业务量多大? 管理如何?
7. 您的工作需要哪些知识和资格?

四、问卷调查法

(一) 问卷调查法的含义

问卷调查法是由工作分析者设计出一套工作分析的问卷,把要收集的信息以问题的形式提出,由有关工作人员回答填写,再将问卷加以归纳、分析、整理,得到有关工作信息的分析方法。其基本做法是根据现有工作来设计问卷,分发问卷给指定的员工,要求他们在一定时间内填写问卷,之后收回问卷并对相应的信息进行提取以获取相关信息,然后将问卷进行归纳分析并做好详细记录,据此写出工作描述，最后在征求任职者意见的基础上对相关信息进行补充和完善。

(二) 问卷的分类及应用

问卷设计一般可以分为开放式、封闭式、混合式三大类。

(1) 开放式问卷是一种只有问题而没有给出备选答案，需要由被调查者根据自己的判断来填写的问卷方式，见表2-4。这类问卷以开放性问题为主，请问卷填写者全面地描述其工作，其方法比较简单，但收集到的工作信息无规律性、多种多样，事后的整理分析比较困难。

表2-4 开放式问卷示例

工作部门		职位名称	
一、职责内容			
1. 概述			
2. 所任工作			
工作项目	处理方式及程序		所占每日工作时数
二、职责程度			
1. 工作复杂性			
2. 所遵循的规章			
3. 对工作成果的负责程度			
4. 影响的范围			
5. 所受监督			
6. 监督对象与范围			
对上述内容的确认	填表人		(签名盖章)
所属部门上一级主管	(签名盖章)	所属部门直接主管	

资料来源：张爱卿，钱振波：《人力资源管理：理论与实践》，北京：清华大学出版社，2008年版，第113页。

(2) 封闭式问卷是一种给出问题的各种备选答案，要求被调查者根据实际工作情况在备选答案中进行选择的问卷方式，见表2-5。前期编制这种问卷时难度比较大，但是一旦编制完成，所收集到的工作信息便于整理、分析。

表2-5 封闭式问卷示例

姓名		职称		现任职务（工作）		工龄	
性别		部门		直接上级		进入公司时间	
年龄		学历		月平均收入		从事本工作时间	
工作时间要求	\multicolumn{7}{l}{1. 正常的工作时间每日自_____时开始，至_____时结束。 2. 每日午休时间为_____小时，_____%的时间可以保证。 3. 每周平均加班时间为_____小时。 4. 实际上下班时间是否随业务情况经常变化（总是，有时是，偶尔是，否）。 5. 所从事的工作是否忙闲不均（是，否）。 6. 若工作忙闲不均，最忙时常发生在哪段时间_____。 7. 每周外出时间占正常工作时间的_____%。 8. 本地出差情况每月平均几次_____，每次平均需要_____天。 9. 本地外出情况平均每周_____次，每次平均需要_____天。 10. 外地出差时所使用的交通工具按使用频率排序： 11. 本地外出时所使用的交通工具按使用频率排序： 12. 其他需要补充的问题：}
工作目标	\multicolumn{3}{l}{主要目标 1. 2. 3. 4. 5.}	\multicolumn{4}{l}{其他目标 1. 2. 3. 4. 5.}
工作概要	\multicolumn{7}{l}{用简练的语言描述一下您所从事的工作：}
工作活动程序	\multicolumn{2}{l}{活动名称}	\multicolumn{2}{l}{作业程序}	\multicolumn{2}{l}{依　据}	管制基准

续表2-5

名称		结果或形成的文档	占全部工作时间的百分比（%）	权 限		
				承办	需报审	全权负责
工作活动内容	1.					
	2.					
	3.					
	4.					
	5.					
	6.					
	7.					
	8.					
	9.					
	10.					
	11.					
	12.					

内部接触	1. 在工作中不与其他人接触。（　） 2. 只与本部门内几个同事接触。（　） 3. 需要与其他部门的人员接触。（　） 4. 需要与其他部门的主管接触。（　） 5. 需要同所有部门的主管接触。（　）	将频繁程度等级填入左边的括号中： A——偶尔 B——经常 C——非常频繁
外部接触	1. 不与本公司以外的人员接触。（　） 2. 与其他公司的人员接触。（　） 3. 与其他公司的人员和政府机构接触。（　） 4. 与其他公司、政府机构、外商接触。（　）	将频繁程度等级填入左边的括号中： A——偶尔 B——经常 C——非常频繁
监督	1. 直接和间接监督的人员数量。（　） 2. 被监督的管理人员数量。（　） 3. 直接监督人员的层次：一般职工、基层管理人员、中层管理人员、高层管理人员。（　）	
	1. 只对自己负责。 2. 对职工有监督指导的责任。 3. 对职工有分配工作、监督指导的责任。 4. 对职工有分配工作、监督指导和考核的责任。	

续表2-5

	1. 不需对自己的工作结果负责。 2. 仅对自己的工作结果负责。 3. 对整个部门负责。 4. 对自己的部门和相关部门负责。 5. 对整个公司负责。	
	1. 在工作中时常做些小的决定，一般不影响其他人。 2. 在工作中时常做一些决定，对有关人员有些影响。 3. 在工作中时常做一些决定，对整个部门有影响，但一般不影响其他部门。 4. 在工作中时常做一些大的决定，对自己部门和相关部门有影响。 5. 在工作中要做重大决定，对整个部门有重大影响。	
工作基本特征	1. 有关工作的程序和方法均由上级详细规定，遇到问题时可随时请示解决，工作结果须报上级审核。 2. 分配工作时上级仅指示要点，工作中上级并不时常指导，但遇困难时仍可直接或间接请示上级，工作结果仅由上级大概审核。 3. 分配任务时上级只说明要达成的任务或目标，工作的方法和程序均由自己决定，工作结果仅受上级原则审核。	
	1. 完成本职工作的方法和步骤完全相同。 2. 完成本职工作的方法和步骤大部分相同。 3. 完成本职工作的方法和步骤有一半相同。 4. 完成本职工作的方法和步骤大部分不同。 5. 完成本职工作的方法和步骤完全不同。	
	在工作中您所接触到的信息经常是： 1. 原始的、未经加工处理的信息。 2. 经过初步加工的信息。 3. 经过高度综合的信息。	说明： 　　如出现多种情况，请按"经常"的程度由高到低依次填写在下面的括号中。 （　　　　　　　　　　　　）
	在您做决定时一般依据以下哪种资料： 1. 事实资料。 2. 事实资料和背景资料。 3. 事实资料、背景资料和模糊的相关资料。 4. 事实资料、背景资料、模糊的相关资料和难以确定是否相关的资料。	说明： 　　如出现多种情况，请按"依据"的程度由高到低依次填写在下面的括号中。 （　　　　　　　　　　　　）

续表2-5

工作基本特征	在工作中，您需要做计划的程度： 1. 在工作中无需做计划。 2. 在工作中需要做一些小的计划。 3. 在工作中需要做部门计划。 4. 在工作中需要做公司整体计划。	说明： 　　如出现多种情况，请安"做计划"的程度由高到低依次填写在下面的括号中。 （　　　　　　　　　　　）
	在您的工作中接触资料的公开性程度： 1. 在工作中所接触到的资料均属公开性资料。 2. 在工作中所接触到的资料属于不可向外公开的资料。 3. 在工作中所接触到的资料属于机密资料，仅对中层以上领导公开。 4. 在工作中所接触的资料属于公司高度机密，仅对少数高层领导公开。	说明： 　　如出现多种情况，请安"公开性"的程度由高到低依次填写在下面的括号中。 （　　　　　　　　　　　）
	您在工作中所使用的资料属于哪几种，使用的比例约为多少？ 　1. 语言的　　　　　　（　　%） 　2. 符号的　　　　　　（　　%） 　3. 文字的　　　　　　（　　%） 　4. 形象的　　　　　　（　　%） 　5. 行为的　　　　　　（　　%）	

（3）混合式问卷则是开放式与封闭式问卷结合起来的一种问卷形式，见表2-6。在实际工作分析过程中，多采用混合式问卷来进行工作分析。混合式问卷通常先利用开放式问卷初步了解工作信息，然后利用封闭式问卷定向收集有关的工作信息，最后进行综合、比较和归纳等分析工作。

表2-6　混合式问卷示例

工作名称	代码	日期
部门	姓名	机构
主管名称	所辖人员	主管姓名

续表2-6

1. 你工作的综合目标是什么？
2. 你最近的工作是什么？如果在其他组织，请写出组织名称。
3. 你通常希望晋升到什么职务？
4. 如果你是其他人的主管，请列出他们的姓名和工作名称。
5. 如果你管理其他人，请指出属于你管理职责一部分的活动。
   雇佣_____ 发展_____ 指挥_____ 惩罚_____
   导向_____ 训练_____ 绩效考核_____ 解聘_____
   培训_____ 咨询_____ 提拔_____ 其他_____
   时间安排_____ 预算_____ 薪酬_____
6. 你如何描述你的工作的成功完成及结果？
7. 工作职责：请简短描述你所做的，以及可能的话，如何做的。对你认为最重要的和最难的职责进行说明。
   （1）日常职责：
   （2）定期职责（请说明是每周、每月还是每季度）：
   （3）不定期职责：
   （4）履行这些职责需要多长时间？
   （5）你现在正履行不必要的职责吗？如果有，请说明。
   （6）哪些你正在履行的职责是不包括在你的工作中的？如果有，请说明。

8. 教育：请指出这项工作要求的教育程度，而非你本人现有的教育背景。
   （1）无需正式的教育背景
   （2）高中程度以下
   （3）高中程度及同等学力
   （4）专科学历及同等学力
   （5）本科学历及同等学力
   （6）本科以上学历或具有专业资格证书
   列出所需的更高学历或特定的专业执照或证书。
   请指出你从事这项工作时具有的教育程度。
9. 经验：请指出从事你的工作所需的工作经验。
   （1）不需要
   （2）1个月以下
   （3）1～6个月
   （4）6～12个月
   （5）1～3年
   （6）3～5年
   （7）5～10年
   （8）10年以上
   请指出你从事这项工作时具有的工作经验：
10. 技能：请列举从事你的工作所需的所有技能（比如，利用某种工具、方法和系统进行工作的准确程度、机敏性和精度等）。
11. 设备：你的工作需要一定的设备吗？需要_____不需要_____。如果需要，请列举出所需的设备以及你使用的频繁程度。
    设备   很少   偶然   经常
    （1）_____   _____   _____   _____
    （2）_____   _____   _____   _____
    （3）_____   _____   _____   _____
    （4）_____   _____   _____   _____

资料来源：[美]约翰·M·伊万切维奇，赵曙明：《人力资源管理》（原书第9版），北京：机械工业出版社，2005年版，第102～103页。

(三) 常用的工作分析问卷

针对不同的工作分析系统，国外的专家研究出了多种调查问卷，被经常使用并得到实践检验。这些问卷主要有以下几种。

1. 职务分析问卷

职务分析问卷（PAQ：Position Analysis Questionnaire）是一份高度结构化的工作分析调查问卷，它采用清单的方式来确定工作要素，见表2-7。PAQ是目前应用最广泛的一种定量工作分析方法。职务分析问卷是一种以人员为导向的工作分析系统，它包含有一系列的工作要素，每个要素都是在描述、指明或者暗示员工的工作行为，以及这些行为对任职者有影响的工作情景。职务分析问卷通常分为A、B两种样式，其中样式A包括189个工作要素，而样式B包含194个工作要素。

职务分析问卷的分析结构可以应用到人力资源管理的各个领域，但PAQ在确定任职资格、工作评价和工作分类三个领域中的应用可以取得相对独特的成效或优于其他工作分析系统。

表2-7 职务分析调查表示例

一、基础信息			
姓　　名：		填写日期：	年　　月　　日
职务名称：		职务编号：	
所属部门：		部门经理姓名：	
二、调查信息			
1. 请准确、简洁地列举你的主要工作内容（若多于8条可以附纸填写，下同）：			
（1）		（2）	
（3）		（4）	
（5）		（6）	
（7）		（8）	
2. 请认真、详尽地描述你的日常性工作（如果有工作日志，请附后）：			
3. 请详尽地列举你有决策权的工作项目：			
（1）		（2）	
（3）		（4）	
（5）		（6）	
（7）		（8）	
4. 请详尽地列举你没有决策权的工作项目：			
（1）		（2）	
（3）		（4）	

续表2—7

(5)	(6)
(7)	(8)

5. 请简明地描述你的上级是如何监督你的工作的?

6. 请简明地描述你的哪些工作是不被上级监督的?

7. 请详细地描述你在工作中需要接触到哪些职务的其他员工?并且讲明接触的原因。

8. 请简明地列举你编写的需要作为档案留存的文件的名称和内容提要。

(1)	(2)
(3)	(4)
(5)	(6)
(7)	(8)

9. 请列举你在工作中需要用到的主要办公设备和用品:

10. 请描述你在人事和财物方面的权限范围:

11. 你认为胜任这个职务需要几年的相关工作经验?

(1) 不需要	(2) 1年	(3) 2年	(4) 3年	(5) 4年	(6) 5年及以上	(7) 不好估计

12. 你认为胜任这个职务需要什么样的文化程度?

(1) 初中	(2) 高中	(3) 大专	(4) 本科	(5) 硕士及以上	(6) 不好估计

13. 你认为一位没有相关工作经验的大专学历的人员,需要多长时间的培训可以胜任此项工作?

(1) 不需要培训	(2) 3天以内	(3) 15天以内	(4) 1个月以内	(5) 3个月以内	(6) 半年以内	(7) 半年以上	(8) 不好估计

14. 你认为什么样的性格、能力的人能更好地胜任该职务?

15. 你认为什么样的心理素质的人员能更好地胜任该职务?

16. 你认为什么样的知识范围能够更好地胜任该任务?

续表2-7

17. 请描述该职务的工作环境，你认为什么样的工作环境更合适工作？
18. 请列举你直接领导的职务、姓名和工作内容：
19. 你对该职务的评价：
20. 你认为如何才能更好地完成工作？
21. 请将该表没有列出，但你认为有必要的内容写在下面：
注意事项： 1. 填写人应保证以上填写的内容真实、客观，并且没有故意的隐瞒； 2. 该问卷的内容将作为职务分析的重要依据，如果填写人在填的时候发现有遗漏、错误，或其他需要说明的情况，请立即与人力资源部职务分析小组联系。
填写人签字：
职务分析负责人签字：

2. 临界特质分析系统

临界特质分析系统（TTAS: Threshold Traits Analysis System）是完全以个人特质为导向的工作分析系统，见表2-8。它的设计目的是为了提供标准化的信息以辨别人们为基本完成和高效完成某类工作分别至少需要具备哪些品质和特征，这些品质和特征则被称为临界特质。其评价对象由包含能力因素和态度因素的5类工作范畴（身体特质、智力特质、学识特质、动机特质和社交特质）组成。

尽管临界特质分析系统的分析结构最常用在人员甄选上，但它在人力资源规划以及人员培训等方面的应用也很有效。

表 2-8 临界特质分析卡示例

工作名称	技师 A		分析人姓名		Mike	
隶属部门	电力生产部门		分析日期		2003.6.20	

范围	特质	第一步			第二步		第三步	
		A	B	C	D	E	F	G
身体特质	1. 力量	1	1	1	0	2	1	2
	2. 耐力	1	1	1	1	2	1	2
	3. 敏捷性	1	1	1	1	2	2	2
	4. 视力	1	0	0				
	5. 听力	1	0	0				
智力特质	6. 感觉、知觉	1	1	1	1	2	2	2
	7. 注意力	1	1	1	1	2	2	2
	8. 记忆力	1	1	1	1	2	1	2
	9. 理解力	1	1	1	1	2	2	1
	10. 解决问题的能力	1	1	1	2	1	2	2
	11. 创造性	0	0	0				
学识特质	12. 计算能力	1	1	1	1	2	2	2
	13. 口头表达能力	0	0	0				
	14. 书面表达能力	1	0	0				
	15. 计划性	1	0	0				

	决定	A	B	C	D	E	F	G
第一步 评定相关性	A. 重要性：该特质对于完成本工作的某些职能很重要？请选择 1（是）或 0（不是）。 B. 独特性：对该特质的要求是否达到 1、2 或 3 等级？请选择 1（是）或 0（不是）。 C. 相关性：请填写将 A 与 B 相乘的积。							
第二步 可接受绩效 （当 C 值为 1 时 才需要填写）	D. 特质等级：为达到可接受绩效应具备该特质的哪个等级？请填写 0、1、2 或 3。 E. 实用性：预计多大比例的求职者能够达到该特质等级？ 如果高于 10%，请填写 2；1%～10% 之间，请填写 1；低于 1%，请填写 0。							
第三步 优秀绩效 （当 C 值为 1 时 才需要填写）	F. 特质等级：为达到优秀绩效应具备该特质的哪个等级？请填写 0、1、2 或 3。 G. 实用性：预计多大比例的求职者能够达到该特质等级？ 如果高于 10%，请填写 2；1%～10% 之间，请填写 1；低于 1%，请填写 0。							
分析者的特质卡片								

资料来源：Lopez, F.M., Threshold Analysis Technical Manual, Port Washington, NY: Lopez Associates, 1986.

3. 管理职位描述问卷

管理职位描述问卷（Management Position Description Questionnaire，简称MPDQ），是一种以管理职位和督导职位为分析对象的结构化的工作分析问卷，由任职人员自己完成，见表2-9。管理职位描述问卷是专门为组织中的管理职位所设计的一种结构化的工作分析问卷，是所有工作分析系统中最有针对性的一种系统。MPDQ在调查方法和信息收集格式上与职务分析问卷法相近。通过各种问题的设计，MPDQ能够提供关于管理职位的多种信息，如工作行为、工作联系、工作范围、决策过程、素质要求及上下级之间的汇报关系等。

表2-9 管理职位描述问卷法示例

工作任务/行为：
多数情况下能做出最终决策；
工作要求运用会计记录分析财务信息；
决定企业未来的经营方向和经营领域；
剔除、中止企业不盈利产品/服务的生产；
开发高水平的管理技能；
在做出主要决策前必须向其他有关人员进行广泛的咨询。
评价：
0：不构成工作的一部分，未应用于工作中；
1：在异常情况下构成工作的一小部分；
2：工作中的一小部分内容；
3：工作中的重要内容；
4：工作中的主要内容；
5：工作中的最主要的组成部分。

资料来源：Herbert G. Heneman, Donald P. Schwab, John A. Fossum, Lee D. Dyer. Personnel/Human Resource Management. Revised Edition. N. Y.：New York：Richard D. Irwin, Inc., 1983：81.

管理职位描述问卷通常用于分析和评价新管理岗位的工作内容和工作条件，以决定其工作的薪酬水平以及在组织薪酬结构中的地位。此外，该方法还可以用来对工作进行归类。

（四）问卷调查法的评价

问卷调查法的优点在于可以收集较为全面的信息，效率较高；比较规范化、数量化，适合于用计算机对结果进行统计分析；问卷的答案可以通过各种有意义的方法加以分析以及量化；成本低，工作人员比较容易接受，可以随时安排调查。

问卷调查法的不足之处在于问题事先已经设定，调查难以继续深入下去；对问卷的设计质量难以保证，工作信息的采集受问卷设计水平的影响较大；对任职人员的知识水平要求较高；不能面对面地交流信息，从而了解不到被调查对象的态度和动机等较深层次的信息；不易唤起被调查对象的兴趣；除非问卷很长，否则就不能获得足够的详细信息。

（五）问卷调查法的相关注意事项

为了提高信息收集的效率和质量，在使用问卷调查法时，需要注意以下几个问题：

（1）尽量获取问卷填写者直接上级的支持；

（2）为答卷人提供合适的场所和时间，并且尽量不要和答卷人手上的工作冲突；

（3）工作分析者需要向答卷人简洁地介绍工作分析的意义，并说明填写问卷的相关注意事项；

（4）鼓励答卷人真实客观地填写调查问卷，不要对表中填写的任何内容产生顾忌；

（5）工作分析人员能够及时解答答卷人填写问卷时提出的问题；

（6）答卷人填写完问卷后，工作分析人员要认真地进行检查，查看是否有漏填、误填等现象。

五、工作日志法

（一）工作日志法的含义

工作日志法是由员工本人自行记录的一种信息收集方法。在工作日志法中，员工需要每天记录在这一天中所进行的活动，将自己所从事的每一项活动按照时间的顺序，以日志的形式逐一进行记录。一般需要填写工作日志十天以上。要记录的信息一般包括所要进行的工作任务、工作程序与工作方法、工作职责、工作权限以及各项工作所花费的时间等，见表2—10。

表2—10 工作日志法示例

部门：	职务：	姓名：	年 月 日 时 分至 时 分		
序号	工作活动的名称	工作性质（例行/偶然）	时间消耗（分钟）	重要程度（一般/重要/非常重要）	备注

附：工作日志填写说明：

1. 请您在每天工作开始前将工作日志放在手边，按工作活动发生的顺序及时填写，切勿在一天工作结束后一并填写。

2. 要严格按照表格要求进行填写，不要遗漏那些细小的工作活动，以保证信息的完整性。

3. 请您提供真实的信息，以免损害您的利益。

4. 请您注意保留，防止遗失。

（二）工作日志法的评价

工作日志法的优点：

（1）工作日志是在完成工作以后逐日及时记录的，其所获取的信息完整且详尽。

（2）由于工作日志使用任职者及上级熟悉的语言，所以收集的数据易于使用，还可以了解岗位工作活动的原因。

（3）通过工作日志法所获得的工作信息可靠性很高、客观性较强，往往适用于对管理工作或其他随意性大、内容复杂的工作，例如对有关工作职责、工作内容、工作关系、劳动强度方面的消息进行分析。

工作日志法的缺点：

（1）工作日志法是由工作任职者自行填写的，信息失真的可能性较大，任职者可能更注重工作过程，而对工作结果的关心程度不够，记录或多或少会带有自己的主观色彩。运用这种方法进行工作分析对任职者的要求较高，任职者必须完全了解工作的职务情况和要求，也因此要求事后对记录分析结果进行必要的检查矫正，可以由工作者的直接上级来实施。

（2）这种方法的信息整理工作量大，归纳工作繁琐。

六、关键事件法

（一）关键事件法的含义

关键事件法，是指对实际工作中具有代表性的工作人员的工作行为进行描述的方法，见表2-11。关键事件法的应用需要由工作分析者、主管人员以及被分析者在大量收集与工作相关信息的基础上，详细记录其中关键事件以及具体分析其工作岗位的特征和要求。与其他方法不同的是，运用关键事件法要基于特定的关键行为与任务信息来描述具体的工作活动。

表2-11 关键事件记录示例

请以您多年的工作经验，回忆工作者在工作中有哪些显著、典型的行为，能够反映出不同水平的工作绩效：非常有效（好）、非常无效（差）、适中。
（1）引起这个行为范例的环境是什么？
（2）请详细描述能够反映出不同水平的工作绩效的显著行为。
（3）这些行为的后果是什么？
（4）请提供以下信息：
a. 工作名称：
b. 工作绩效范围：
c. 绩效等级划分：1 2 3 4 5 6 7 8 9
　　　　　　　　　差　　　适中　　　好

采用关键事件法时，应注意：第一，调查的期限不宜过短；第二，关键事件的数量应足够说明问题，事件数目不能太少；第三，正反两方面的事件都要兼顾，不得偏颇。

（二）关键事件的内容

所谓关键事件是指在工作过程中，给岗位工作任务造成显著影响（如成功与失败、盈利与亏损等）的事件。在关键事件法的运用中，对于关键事件的编写非常重要。一般来说，一个准确的关键事件的编写应该包含以下五个方面：

（1）该事件应该特定并且清晰明确；

（2）简单描述该行为所发生的背景及原因；

（3）应集中描述工作事件中所体现出来的可观察到的行为；

（4）应当说明该行为所导致的结果是什么；

（5）应描述员工对上述结果进行控制的能力如何。

（三）关键事件法的评价

由于关键事件法是对工作人员在实际工作过程中的具体行为进行直接描述，因而它可以体现工作的动态性。因为关键事件法所研究的行为是可以观察和测量的，所以采用关键事件法进行信息收集所获得的资料能够适用于大部分的工作分析，并且描述工作行为、建立行为标准更加准确，能更好地确定每一行为的作用。

但是，在收集、归纳和分类关键事件的过程中可能会耗费大量的时间和精力；对中等绩效的员工关注不够；该方法描述的往往是在工作中特别有效或特别无效的工作行为，可能会漏掉一些不显著但必不可少的工作行为，所以单一地采用关键事件法不容易对工作形成结构和内容达到完全的认识。

工作分析的每一种方法都有其优点与不足，在实际工作中应根据组织的具体情况及工作分析的目的与内容，选取合适的方法的组合。

第四节　工作说明书的编写

工作说明书作为工作分析的最终结果，它包含了工作分析所获得的所有信息，并把它们以标准化的形式编制成人事文件。

工作说明书的编写也并没有一个标准化的模式，它的编制可以根据不同的目的和用途，以及适用的对象不同而选取不同的内容和形式。大多数的工作说明书都包含工作描述与工作规范两部分内容。

一、工作描述

（一）工作描述的含义

作为工作说明书的重要组成部分，工作描述是对各岗位的工作任务、工作职责和工作义务进行说明的文件，见表2-12。它确定了该工作岗位需要完成的任务，这样做的原因，完成任务的地点以及方式。通常说来，工作描述的主要内容包含了五个方面：工作识别、工作概要、工作职责、工作关系以及工作环境。

表 2—12　工作描述示例

岗位名称：备件开发工程师	隶属部门：采购部
岗位编码：OPR—P—006	直接上级：采购部经理
工资等级：6 级	直接下级：备件开发助理工程师
可轮换岗位：无	分析日期：2009—07—04

<table>
<tr><td colspan="2" align="center">一、工作概要</td></tr>
<tr><td colspan="2">负责公司进口设备备件的国产化、本地化，国产设备及其专用备件的采购，计算机及外设的采购，所有备件的外修、外加工。</td></tr>
<tr><td colspan="2" align="center">二、工作职责</td></tr>
<tr><td colspan="2">
（一）负责公司的备件开发工作
1. 广泛收集新产品、新供应商的资料信息；
2. 制订备件采购计划；
3. 选择供应商、加工商，研究他们的产品在设计、性能、价格、质量和交货日期等方面是否有能力满足企业要求；
4. 协调制造部门与供应商、加工商之间的供需，组织双方进行商谈，并确定备件图纸；
5. 与供应商谈判，在预算限度之内与他们签署协议；
6. 跟踪加工进程，不断督促供应商，提出改进的要求和计划；
7. 备件到货后提货手续的办理并提货到厂；
8. 备件入厂后的入库及检验工作；
9. 定期组织备件开发小组成员开会，总结上月工作完成情况，并布置下月工作计划。
（二）负责国产设备及其专用备件的采购
（三）负责公司所有备件、零部件的外修联络
（四）负责公司部分零部件的外加工联络
（五）负责计算机及其外设的采购
（六）负责原材料、设备、备件商检及法检工作
（七）负责备件开发试用程序的维护
（八）完成上级委派的其他任务
</td></tr>
<tr><td colspan="2" align="center">三、工作绩效标准</td></tr>
<tr><td colspan="2">
（一）每月因备件开发节约的金额，达到规定数值；
（二）确保按时购买国产设备及其专用备件，保证生产的连续性；
（三）及时进行备件的外修及外加工，保证生产的连续性；
（四）根据申请采购计算机及其外设，符合申请的要求；
（五）准确完成商检、法检工作，不出现额外损失；
（六）维护备件开发试用程序，内审不存在严重不符合项。
</td></tr>
<tr><td colspan="2" align="center">四、工作关系</td></tr>
<tr><td colspan="2">
（一）内部关系
1. 所受监督：在备件开发、采购方面接受采购部经理的指示和监督。
2. 所施监督：在备件开发方面对备件开发小组的所有成员实施监督责任。
3. 合作关系：在设备、零部件的维修方面与维修部门的维修主管、区域主管、区域工程师发生协作关系，在备件的购买方面，与财务部经理、成本会计和出纳员发生协作关系，在备件的报送方面与备件库管理人员发生协作关系。
（二）外部关系
在备件开发、外设采购和设备维修方面与相关的供应商、加工商和维修单位发生联系。
</td></tr>
</table>

续表2-12

五、工作权限
(一) 供应商、外加工单位和维修单位的选择权;   (二) 备件开发小组成员的监督权。
六、工作时间
在公司制度规定的正常班时间内工作,有时需要加班加点。
七、工作环境
工作在室内外均有发生,室内工作时间大于室外工作时间。

(二) 工作描述的内容

1. 工作识别

工作识别是将该工作与组织中其他工作相区分的显著标志,包括工作名称、工作地点以及其他识别标志。

(1) 工作名称。工作名称是指一组在重要职责上相同的职位总称,是区分不同岗位的主要标志。在确定工作名称时,需要注意以下几点:第一,工作名称应该较准确地反映职位的主要职责。第二,工作名称应该指明任职者在组织等级中的相关位置。第三,工作名称会影响任职者的心理状态,一个合适的、经过美化的名称不仅会增加工作的社会声望,而且可以提高员工对工作的满意度,如"环卫保洁员"就优于"清洁工"。

(2) 工作地点。工作地点是指工作时所在的实际位置。对一般的公司来说,可以用工作所在的部门、分部门、工作小组的名称来定义,但对于一些特定的职位,如地区销售专员、快递公司服务派送员,以及不同路线的巡逻警察则需要找出其在组织中的工作地点标志。任职者往往会把工作地点作为与待遇或工作满意度相关的重要因素来考虑。

(3) 其他识别标志。例如,工作在组织中的编码、编制日期、撰写人、审核人、薪资等级。这类标志主要是为了便于管理和提供特殊的类属信息。

2. 工作概要

工作概要是对工作内容的简单概括,通常是用很简练的语句对工作内容和工作目的进行归纳。工作概要一般用动词开头描述工作任务,并且只需包括最关键的工作任务即可。例如,某公司"数据处理操作监督员"的工作概要可以写为:指导所有的数据处理,进行数据控制及按要求准备数据。

3. 工作职责

工作职责的描述明确地界定了每个工作岗位应该做哪些工作、拥有哪些相应的权限,是员工工作的基础指导手册。工作职责是工作描述的一个重要方面。

对工作职责描述的基本内容一般应当包含下列几个方面的因素:

(1) 对日常工作和例行工作进行描述；
(2) 对上级分配任务的执行责任进行描述；
(3) 对于组织内外人员的职责关系进行描述；
(4) 对经营记录、利润等的责任进行描述；
(5) 对工作中所使用的工具与设备等进行描述。

4. 工作关系

工作关系是指任职者与组织为外其他人员之间的关系，包括所属工作部门、直接上级职位、直接下级职位、可晋升和平调的职位等。工作关系不仅表示了权力关系，而且也是员工职业发展的重要指示器，其中暗含着员工可能的职位晋升路线。

5. 工作环境

工作环境描述主要包括了对工作的物理环境和心理环境的描述，一般应包括工作场所、工作时间、工作环境的危险性、职业病、工作均衡度、员工的舒适度等内容。对工作环境进行测定有时需要借助一些外部机构进行（如 ISO 14001 认证）。工作分析者需要以测点的结果为基础，对相应的人力资源管理的政策进行制定或调整，如高温津贴、健康补助等。

二、工作规范

（一）工作规范的含义

工作规范，也叫任职资格说明书，是指任职者在相应工作岗位上所应该具有的个人特质方面的要求，见表 2-13。工作规范是为了完成岗位工作，并且保证良好的工作绩效而对任职者提出的一系列特征要求。它主要说明从事某项特定工作的人员所需要具备的基本素质和条件，它规定了完成工作所需要的最低要求。工作规范应涵盖工作要求的多个方面，并且从所获取的信息中提取出更多的有关工作行为的要求。

表 2-13 工作规范示例

职位名称：招聘专员
所属部门：人力资源部
直接上级职务：人力资源部经理
职务代码：XL-HR-021
（一）知识技能要求 　　学历要求：管理类专业本科及以上。 　　工作经验：两年以上大型企业工作经验。 　　专业背景要求：从事人力资源招聘工作 1 年以上。 　　英文水平：达到国家英语六级水平。 　　计算机：能熟练使用 Windows 和 Office 系列软件。

续表2-13

(二) 特殊能力要求
　　语言表达能力：能够准确、清晰、生动地向应聘者介绍企业情况，准确、巧妙地解答应聘者提出的各种问题。
　　文字表达能力：能够快速、准确地将希望表达的内容用文字表达出来，对文字描述很敏感。
　　观察能力：能够敏锐地观察应聘者的各种肢体语言，解读应聘者的各种非言语信息。
(三) 其他要求
　　能够随时出差。
　　一个星期能够加班一到两次。

在工作规范的确定中，有两个方面是需要注意的：
（1）工作规范所关注的应该是工作岗位，而非任职者本身；
（2）工作规范所确定的是从事该岗位工作的最低要求，而非理想要求。

（二）工作规范的内容

工作规范的内容主要包括：
（1）教育程度或学历；
（2）必备的工作经验；
（3）必备的职业培训及资格证书等；
（4）必备的职业能力；
（5）职业能力倾向；
（6）知识与技能要求；
（7）个性特征等。

三、工作说明书的科学编制

（一）工作说明书编制过程中存在的问题

由于有些公司在编制工作说明书过程中缺乏专业的技术和培训以及沟通不到位和工作说明书的管理不到位等原因，致使编制过程中存在下列问题：
（1）工作说明书的编写不够标准，存在很大的随意性和盲目性；
（2）对工作说明书的整体结构把握不清；
（3）工作说明书的内容比较凌乱，不成体系；
（4）对某些工作职责界定不清。

（二）工作说明书编制应注意的事项

在编制工作说明书的时候，需要注意以下几个方面。

1. 获得最高管理层的支持

管理层领导需要对工作分析和工作说明书的意义认同并支持，这样对有效完成工作分析及编写工作说明书具有决定性的作用。

2. 员工的参与和配合

企业在编写工作说明书时,各部门的主管以及员工应该积极参加人力资源部组织的相关工作,人力资源部也应做好充分的准备工作,向员工宣传制定工作说明书的意义。

3. 工作说明书应该清楚明确、具体且简单

在界定工作时,应尽量使用简明的词语来描述工作的目的和范围,责任权限的程度和类型,技能的要求等。另外,文字措辞方式应保持一致,文字叙述应简洁清晰,见表2-14。

4. 建立动态更新制度

管理者必须随着组织机构的变化及时修订工作说明书。如果组织机构改变了,而工作说明书仍是原来的一套,其作用就不能发挥出来。久而久之,工作重叠、职责混淆、管理分配不平衡的问题就会出现,相应的工作效率下降、员工缺乏积极性、利润下降等现象亦会相继产生。

表2-14 工作说明书示例

岗位名称:财务部经理	隶属部门:财务部
岗位编码:FIN-C-001	直接上级:总经理
工资等级:3级	直接下级:财务三管
可轮换岗位:无	分析日期:2009-10-17
一、工作概要	
全面负责公司财务管理及财务策划,确保公司资金的正常运作。	
二、工作职责	
(一)负责制订公司投资、融资计划 1. 根据公司战略规划,在充分沟通的基础上,制订公司的财务战略计划方案,并提交总经理审批; 2. 负责制订项目的投资和融资计划方案,并提交总经理审批; 3. 负责制订财务应变计划; 4. 负责制订日常运营资金的融资计划,并报经总经理审批。 (二)负责公司各项财务计划的组织实施和监控 1. 负责计划的解释与沟通; 2. 安排各项工作; 3. 负责各项计划实施的监控,并定期或不定期向总经理汇报,对重大的变化应及时向总经理汇报。 (三)负责运营资金的安排与费用的审核 (四)负责监控公司流动资产的状况 1. 监督库存状况并协助有关部门进行优化分析; 2. 监督应收账款的状况,并负责根据有关情况采取措施; 3. 审核固定资产的处理。	

续表2-14

（五）负责公司印鉴和各种资质证明的管理
（六）负责制定、完善与审核本部门的规章制度和工作流程
（七）负责实施与工商、税务等政府部门的公共关系
（八）领导、规范、考核直接下级的工作，审批直接下级的工作计划
（九）完成上级委派的其他任务

三、工作绩效标准

（一）财务计划的制订科学合理，并能保证在规定的时间内完成
（二）提供的各项财务数据准确、及时、有效
（三）保证运营资金的平衡，确保经营及生产的正常进行
（四）全面监控公司资产状况，对异常情况要及时向上级汇报并采取措施
（五）严格执行公司印鉴和各种资质证明的管理规定，杜绝差错的发生
（六）财务规章制度及财务工作流程的制定科学合理
（七）在与政府职能部门的交往中不使公司利益受到损失

四、工作关系

（一）内部关系
1. 所受监督：在公司总体规划、重大决策及重要文件审批方面，接受总经理的指示和监督；
2. 所施监督：在向部门内部人员下达工作任务和文件审批方面，对各会计、出纳实施监督；
3. 合作关系：在财务计划、运营资金的安排、资产状况的监控等方面与各部门经理发生协作关系。
（二）外部关系
1. 在融资计划实施时与银行等相关融资方发生联系；
2. 与工商、税务、海关等政府职能部门的公共关系。

五、工作权限

（一）对所属人员工作岗位调动权
（二）对所属人员的工作指导权
（三）对所属人员的工作分配权
（四）对所属人员的工作监督、考核权
（五）对所属人员的违纪、违规纠正权
（六）对所属人员的违纪、违规事实处理权或处理申报权
（七）对资金使用的审核权或额度内审批权
（八）对采购合同的审核权

六、工作时间

在公司制度规定的正常班时间内工作，有时需要加班加点。

七、工作环境

大部分时间在有空调的办公室工作，有时需要外出办事。

续表2—14

八、工作规范
（一）知识及教育水平要求 1. 财务管理知识； 2. 会计知识； 3. 税法知识； 4. 经济法知识； 5. 拥有财务管理、会计、税法、经济法等方面的专业知识； 6. 了解国际贸易方面的基本知识； 7. 熟悉计算机常用软件应用及操作。 （二）岗位技能要求 1. 精通财务报表分析能力； 2. 熟悉财务计划的制订、运营资金的监控； 3. 熟悉各项会计工作； 4. 掌握计算机的操作和财务软件的应用。 （三）学历及工作经验要求 大学本科以上，会计或财务管理专业； 至少10年以上相关工作经验，其中任经理6年以上。 （四）其他素质要求 任职者需具有健康的体魄，充沛的精力，强烈的责任心，仔细认真的个人特征；一般无特殊性别与年龄要求。

第五节 工作设计

工作分析的目的是明确组织中的特定岗位所要完成的工作以及完成这些工作所需要的人的个性特征，它可以将组织中各岗位的工作内容和工作方式等信息完整地呈现出来。我们不仅可以从这些信息中明确目前的工作是怎样的，还可以通过这些信息分析出目前工作内容设计是否合理，工作方式是否是最有效率的且能让任职者发挥出最大潜力。组织的绩效来自于员工工作的有效性，而员工工作的有效性取决于他们是否能够在自己的工作岗位上愉快地工作。如果工作安排不能让员工感到满意，影响到员工工作的有效性，那么就应当重新对工作进行设计。

一、工作设计的含义

工作设计是指为有效实现组织目标并满足员工需要，而对有关的工作内容、工作职能和工作关系等进行的设计。工作设计通常是根据工作分析所获得的信息和产生的成果来进行的。

工作设计分为两类：一是对新建组织进行工作设计，二是对已经建立和运行的组织进行工作再设计。对新建组织进行工作设计，主要是对其特定岗位的工作流程、工作方法、工作环境、所需工具及原材料等方面进行设计。对已经建立和运行的组织进行工作再设计，主要是根据组织发展的需要，重新设计组织结构、重新界定工作范围、改进工作方法、改善工作环境,从而提高员工的满意度与积极性。工作再设计与20世纪90年代以来兴起的"组织再造"的思潮互相呼应,它对组织进行结构上、人事上、生产工艺上乃至管理体制上的重新构建具有重大影响。工作设计的方法通常包括工作扩大化、工作丰富化、工作轮换和弹性工作制度等。

二、工作设计的内容及步骤

（一）工作设计的内容

无论是对新建组织进行工作设计,还是对已经在运行的组织进行工作再设计,其主要设计内容都包括以下七个方面。

1. 工作任务

工作任务要考虑工作是简单重复的还是复杂多样的,工作要求的自主性程度怎样,以及工作的整体性如何等因素。

2. 工作职能

工作职能指每项工作的基本要求和方法,包括工作责任、工作权限、工作方法以及不同岗位之间的协作要求。

3. 工作关系

工作关系指个人在工作中所发生的人与人之间的联系,谁是他的上级,谁是他的下级,他应与哪些人进行信息沟通以及协作交流等。

4. 工作结果

工作结果主要是指工作的成绩与效果,它包括工作绩效与工作者的反应。工作绩效是指工作任务完成所达到的数量、质量和效率等具体指标；工作者的反应是指工作者对工作的满意程度、出勤率和离职率等。

5. 对工作结果的反馈

对工作结果的反馈主要包括两个方面,一是指工作本身的直接反馈（如能否在工作中体验到自己的工作成果）,二是来自别人对所做工作的间接反馈（如能否及时得到同级、上级、下属人员的反馈意见）。

6. 人员特征

人员特征主要包括对人员的需要、兴趣、能力、个性方面的了解,以及相应工作对人的特性要求等。

7. 工作环境

工作环境包括工作活动所处的环境特点、最佳环境条件及环境安排等。一个好的工作设计可以减少单调重复性工作的不良效应,充分调动劳动者的工作积极性,也有利于建立具有整体性的工作体系。

（二）工作设计的步骤

为了提高工作设计的效果,在进行工作设计时应按以下几个步骤进行。

1. 需求分析

工作设计的第一步就是对原有工作状况进行调查诊断，以决定是否应进行工作设计，应着重在哪些方面进行改进。一般来说，出现员工工作满意度下降和积极性较低、工作情绪消沉等情况，都需要进行工作设计。

2. 可行性分析

在确定要进行工作设计后，还应进行可行性分析。首先应考虑该项工作是否能够通过工作设计改善工作特征；从经济效益、社会效益看，是否值得投资。其次应该考虑员工是否具备从事新工作的心理与技能准备，如有必要，可先进行相应的培训学习。

3. 评估工作特征

在可行性分析基础之上，正式成立工作设计小组负责工作设计，小组成员应包括工作设计专家、管理人员和一线员工，由工作设计小组负责调查、诊断和评估原有工作的基本特征，进行分析比较，提出需要改进的方面。

4. 制订工作设计方案

根据工作调查和评估的结果，由工作设计小组提出可供选择的工作设计方案。工作设计方案中包括工作特征的改进对策以及新工作体系的工作职责、工作规程与工作方式等方面的内容。在确定方案后，可选择适当部门与人员进行试点，检验结果。

5. 评价与推广

根据试点情况对工作设计的效果进行评价。评价主要集中于三个方面：员工的态度和反应、员工的工作绩效、企业的投资成本和效益。如果工作设计效果良好，应及时在同类型工作中进行推广应用，在更大范围内进行工作设计。

在工作设计中需要注意的以下几个方面的要点：

（1）工作设计的目的是使工作活动具有更高的输出效率，有效地改进、提高组织的工作效率。

（2）工作设计的实施需要遵循综合原则，分析各种影响因素。

（3）工作设计应符合员工对工作生活质量的要求。

（4）工作设计应充分考虑工作中各个方面的影响，努力寻求各方面因素的最佳组合，使之在工作系统中构成良好的协调关系。

三、工作设计的方法

（一）工作扩大化

工作扩大化，是指在横向增加工作任务的数目或变化性，使工作内容变得更多样。该方法是通过增加某一工作的工作内容，要求员工掌握更多的知识和技能，从而提高员工的工作兴趣和积极性。工作扩大化是使员工有更多的工作可做。通常这种新工作同员工原先所做的工作非常相似。这种工作设计可以带来更高的效率，因为可以节约把产品从一个人手中传给另一个人的时间。此外，由于完成的是整个一个个产品，而不是在一个大件上单单从事某一项工作，这样在员工心理上也可以带来较大的满足感。

（二）工作丰富化

工作丰富化是指纵向扩大工作内容，赋予员工更多的自主权、控制权以及责任，从而使员工感觉到工作是有意义的。工作丰富化与工作扩大化的区别在于，后者是横向扩大工作的范围，而前者是工作的纵向深化。工作丰富化的核心在于体现了双因素理论中激励因素的作用，其基本措施有：

（1）重组任务，将零散、相关联的工作任务组合起来，使其成为一种新的、内容更多的工作，以增加工作所要求的技能的多样性。

（2）加大责任，把工作内容扩展到"自然边界"，让任职者可以负责具有独立意义的整个工作单元，这样做可以强化任职者的"主人翁"精神。

（3）面向客户，使员工更直接地面向客户，重新建立起员工与客户之间的关系。这样可以提高员工工作的应变性、自主性和绩效反馈的灵敏程度。

（4）纵向扩权，即高层领导者将部分责任和控制权下放给员工，扩大授权范围，以增强员工在相关工作中的自主性和责任感。

（5）直接反馈，即保证员工本人在工作过程中就能够直接得到有关工作绩效的信息反馈。

案例 2-1　工作丰富化使生产率提高

某大型国有出版集团决定引入工作丰富化模型改善激励状况，并选择公认的最为枯燥的装订机操作员来试点。

首先计算装订机操作员的激励潜力分值，即 MPS 值。MPS＝技能的多样性＋任务的明确性＋任务的重要性×自主权×反馈，每个因素都分成 5 级打分。这项工作只需简单技能（1分），工作分批，但不能体现出所有可识别的工作（2分），重要性不足（2分），自主权低（2分），反馈几乎没有（1分）。因此，计算得到的 MPS 为 7，分值太低，必须重新设计工作。

方向就是使 MPS 最大化，具体方法是对工作中分值低的因素进行重新设计。对于"装订机操作员"来说，每一因素都是需要重新设计的。试点办法是：给操作员分配具体客户及其责任，形成自然工作单位；将原主管的一些计划和控制任务收回，并入操作员工作；操作员得到与客户沟通的渠道。重新设计以后，操作员可以直接与客户联络以调查可能发生的错误；与客户的直接联络增加了反馈；出错率和生产率被记录在电脑中，每周向操作员（而非主管）报告一次，通过给予操作员改正明显错误和自己安排工作日程的权利来提高其工作量。

试点结果是：在同一时间段内，工作未经重新设计的"控制组"生产率提高仅

6%，旷职现象却增加 20%，而实施 MPS 最大化的小组生产率提高了 40%，旷职现象则降低了 24%。于是，该集团开始在全集团推行这一方法。

资料来源：改编自互动百科，赫茨伯格工作丰富化模型（http：//www.hudong.com）。

（三）工作轮换法

工作轮换法是把员工从一个岗位换到另一个岗位，从而减轻员工对工作的厌烦感。这样做有四个好处：一是能使员工对工作保持兴趣；二是为员工提供了一个个人行为适应整体工作流程的平台；三是个人增加了对自己的最终成果的认识；四是使员工从原先只能做一项工作的专业人员转变为能拥有多样工作技能的复合型人员。工作轮换并不改变工作设计本身，而只是使员工定期从一个工作转到另一个工作。员工到一个新的工作，往往具有新鲜感，能激励员工做出更大的努力。通过工作轮换可以使员工具有更强的适应能力，因而具有更大的挑战性。广泛地实行工作轮换，对于培养管理人员发挥了很大的作用。

（四）弹性工作制度

弹性工作制度，是指通过灵活调整工作时间、工作场所、工作内容、人力结构、员工数量等要素，来满足企业对不同层次、不同水平和不同类型的人力资源需求的工作制度。这种工作制度充分体现了以人为本的管理理念。它最大的特点在于不是依靠刚性的规章制度，而是依靠个性平等、民主管理，从内心深处来激发每个员工的内在潜力、主动性和创造精神，从而使员工成为企业在激烈的市场竞争中取得优势的力量源泉。弹性工作制最初是指弹性工时制，即在完成规定的工作任务或固定的工作时间长度的前提下，员工可以自由安排具体的工作时间，以代替统一固定上下班时间的制度。

（五）其他方法

工作设计的方法多种多样，除了上面所介绍到的方法外，还有一些其他的工作设计方法，如建立工作小组，调整工作周期，工作内容充实以及工作分享制等。在实际工作中，工作设计者可以根据工作设计的目的、环境条件以及现有和所需要的资源等具体情况来确定究竟需要采用哪种工作设计的方法及其组合，以使工作设计可以更有效地实现组织目标并满足员工的需要。

关键术语

工作分析、任务、职责、岗位、访谈法、问卷调查法、工作日志法、关键事件法、工作说明书、工作描述、工作规范、工作设计、工作扩大化、工作丰富化

本章思考题

1. 什么是工作分析？

2. 工作分析的目的是什么？
3. 如何进行一项工作分析？
4. 比较分析工作分析的主要方法。
5. 什么是工作说明书？它包括哪几个部分的内容？
6. 什么是工作设计？如何进行工作设计？

本章案例

工作分析是否能这样进行

小西是去年北京某高校人力资源管理专业的毕业生，刚来到××宽带数字技术有限公司工作。一天，小西和 HRD 经理被叫到了公司会议室——管理顾问临时召见。对于小西来说，公司的一切才开始变得有点亲切，包括 HRD 经理——年过六旬、社会阅历颇丰、人格魅力很强的忻姨和将要给她们开会的管理顾问——刚刚留美归国的 MBA。

MBA：小西，很高兴你的加盟，为了让你有机会展示自己的才能，我和忻姨决定由你来系统做一下公司每个岗位的工作分析。有什么困难可以提出，我们会尽量提供帮助。

忻姨：我们公司已通过了国家 ISO 9001 质量认证，你可以参照一下 ISO 体系文件，会有所启发。

小西：（感到事情并不那么简单，在犹豫后做出答复）好吧，我先试着去做，有问题随时请求你们的帮助。

……

任务就这样下来了，对于小西来说，真的有点难度，"我根本就不怎么了解公司情况啊，而且工作分析说起来简单，要做好恐怕不容易呀。唉……"

公司背景介绍：

××宽带数字技术有限公司（以下简称××公司）成立于1993年，是行内小有名气的一家从事机顶盒研究开发的高新企业。公司员工虽然不到200人，但是组织结构安排得井井有条，从机顶盒的产品规划到研究开发再到生产最后走上数字电视的大市场，公司都配备了一套良好的人马班子。去年，在机顶盒行业并不十分景气的情况下，××公司凭借着独特的经营方式和强有力的人力资源后盾创下了年销售量6万台的佳绩，在行业内遥遥领先。今年为了迎接更好的机遇和更大的挑战，以管理顾问为首的公司领导班子决定进行深度改革，首先从组织架构着手，把市场部提到了新的高度，重整了原来的系统软件部、应用软件部、硬件部等，同时也引进了一批更专业的人才（小西就是基于此引进的），用总经理的话说：专业的人才，做专业的事。但是，由于组织架构的变动，有些岗位名称变了，有些部门名称变了，也有一些员工的部门隶属关系变了，部门主要职能变了。因此，有些员工开始迷茫：我现在该做什么呀，什么叫做"项目管理总经理"呀……缘此，我们的管理顾问就提出让小西做系统的工作分析，明确每个岗位的职责。

公司原有工作分析介绍：

翻开公司的 ISO 体系文件，在《管理责任程序》后的附件二《部门职责说明》之后就是小西最想参考的《工作说明书》了，可是当她细看之后，发现这和现在公司的岗位安排有较大的距离，而且，这里的《工作说明书》好像并不规范，没有遵循所谓的工作分析要包括"6W1H"的说法，还有岗位定编定员等。现从中选一例供大家讨论。

例：人力资源部工作说明书

人力资源部经理：
(1) 负责公司的劳资管理，并按绩效考评情况实施奖罚；
(2) 负责统计、评估公司人力资源需求情况，制订人员招聘计划并按计划招聘公司员工；
(3) 按实际情况完善公司员工工作绩效考核制度；
(4) 负责向总经理提交人员鉴定、评价的结果；
(5) 负责管理人事档案；
(6) 负责本部门员工工作绩效考核；
(7) 负责完成总经理交代的其他任务。

培训考核岗位：
(1) 负责按月收集各部门绩效考核表，并按公司员工工作绩效考核制度进行人员绩效考核，按时上报人力资源部经理；
(2) 负责收集各部门的培训需求，制订培训计划；
(3) 负责执行经审批的培训计划，并进行培训考核，撰写培训总结；
(4) 完成总经理交代的其他工作。

据说该工作说明书是经过深思熟虑、反复推敲后成文的。小西看完后仔细思考了一下，她觉得这里面至少存在这样几个问题。

1. 格式过于简单

虽然工作说明书可以纯粹用文字的形式来表达，但大标题、小标题还是需要明确的。上面引用的工作说明书，格式过于简单，造成视觉上的不良感觉。

2. 内容不完整

虽然没有把前面所提的"6W1H"面面俱到，但是作为工作说明书，至少要在"基本资料"一栏中写清楚：岗位名称、直接上级、所属部门。"工作描述"一栏中写清"工作概要",逐项列出"岗位职责"。"职位关系"一栏中写明受谁监督、监督谁;可晋升、转换和晋升至此的职位;工作中可能与哪些职位发生关系。"任职资格"一栏中分别列出就职该岗位所需的学历要求、工作经验要求、能力要求,还可加上性别、年龄、体能要求等。工作说明书还可以包含"工作环境"的说明:工作场所、环境的危险性、工作时间特征、均衡性、舒适性等。

上面的工作说明书,只是简单罗列了几条该岗位平时可能发生的工作内容,都属于"岗位职责"的内容。虽然"岗位职责"是工作说明书中的重要内容,但并不是唯一内容。

3. 内容描述不准确

对于"人力资源部经理"来说,小西觉得他的工作起码应涉及人力资源管理的几个重要部分:人力资源规划、员工招聘、培训发展、绩效考核、薪资福利,虽然每个方面都可以安排专员负责,但是现在××公司的情况是:在小西没来之前,人力资源部就只有经理一人(以前有过一个助理,已离职),所以她的工作说明书就应该更详细一点,因为实际工作就是这样。对于"负责管理人事档案"这一条,小西有点疑虑:××公司是民营企业,没有档案管理权,根本就不存在"管理人事档案"这一说。事实上,××公司员工的档案都是挂靠在南方人才市场的,委托南方人才市场来管理。这样说来,这一条是不是错了呢?

至于"培训考核岗位",小西也不太弄得清,培训考核流程具体是怎样的呢?小西暂时找不到答案。

新的工作分析这样形成:

为了完成来××公司的第一项工作任务,小西不再依赖原有文件,她开始竭尽所能地收集资料。首先弄清楚新的组织架构图中出现的每一个名词的含义,搞清楚公司的人员安排,即所谓的定岗定编。然后利用因特网,查询与每个职位有关的信息,对照自己公司的情况进行取舍。当然"工作说明书"被无数次搜索过。为此,购书中心留下了她的脚印,*The Dictionary of Occupational Titles*(美国《职衔大辞典》)也第一次走进了小西的脑海……

经过各种途径的资料收集,当然也多次向HRD经理和管理顾问请教,小西的工作说明书有了雏形(注:由于各种原因,在准备做工作分析的过程中,小西并没有去请教各部门经理,也没有做过任何调查问卷,可以说小西的工作说明书是完全凭她自己的理解来做的,所以内容的准确性值得考虑,工作分析的进行过程也是问号),现把其中"人力资源部经理"的工作说明书列出来,供大家讨论。

人力资源部经理职务说明书

岗位名称：人力资源部经理
所属部门：人力资源部
直接上级：总经理
岗位设置目的：建立健全人力资源管理系统，制定人力资源发展战略和相关制度
岗位要求：清楚用人政策、办事途径；工作认真严谨，善于用人、管人；自身人格魅力强
工作责任： 1. 根据公司发展目标及内外部需求，建立人力资源发展规划。 2. 建立，并根据内外形势不断修改人力资源管理系统。 3. 根据市场的发展，定期评估企业架构、部门职能和工作流程。 4. 根据公司短期和长期发展需求，及时进行人员招聘和人才储备。 5. 负责公司劳资管理，并按绩效考核情况实施奖罚。 6. 拟订并定期修改工作分析、绩效考评系统、福利制度、员工升迁规定等。 7. 负责员工档案的挂靠管理，处理员工劳动关系。 8. 完成公司交付的其他任务。
绩效考核标准： 1. 公司人力资本有效运用情况。 2. 人力资源部经理自身能力、素质。
工作难点：如何招聘好的员工，充分发挥员工能力，真正做到人岗匹配。 工作禁忌：自身素质欠佳，不能选拔、管理员工。
职业发展道路：人力资源总监
任职资格： 1. 学历、工作经验要求：本科毕业五年以上，研究生（以上）毕业三年以上，具有大型企业人力资源管理工作经验。 2. 工作业绩：系统做过工作分析、绩效考核、薪酬设计等。 3. 职业培训：组织行为学、劳动安全与卫生、劳动法、薪酬管理、工作分析、人力资源开发与管理、社会保障学。 4. 年龄要求：28周岁以上。 5. 个人素质：沟通协调能力、组织管理能力、业务指导能力、分析判断能力、实务操作能力、个人亲和力。

资料来源：改编自中国人力资源开发网（www.chinahrd.net/）

思考题：

1. 企业在什么情况下要进行系统的工作分析，明确岗位职责？工作分析在人力资源管理中处于什么样的位置？为什么它是人力资源管理工作的基础？

2. 工作分析究竟该怎样进行，岗位调查问卷是必要途径吗？能否在不经过调查的情况下进行？

3. 在工作分析过程中，部门经理、岗位任职者该做些什么，还是什么都不做，等着工作说明书来规范自己?

4. 在工作说明书执行的过程中,如果员工有异议,或者说根本就不同意你对他所在岗位下的规定,那么人力资源部该怎么做?

5. 工作说明书执行后,是否需要更新维护还是就这样不再变动?如果需要更新维护,依靠什么、由谁来做呢?

第三章 人力资源规划

本章结构图

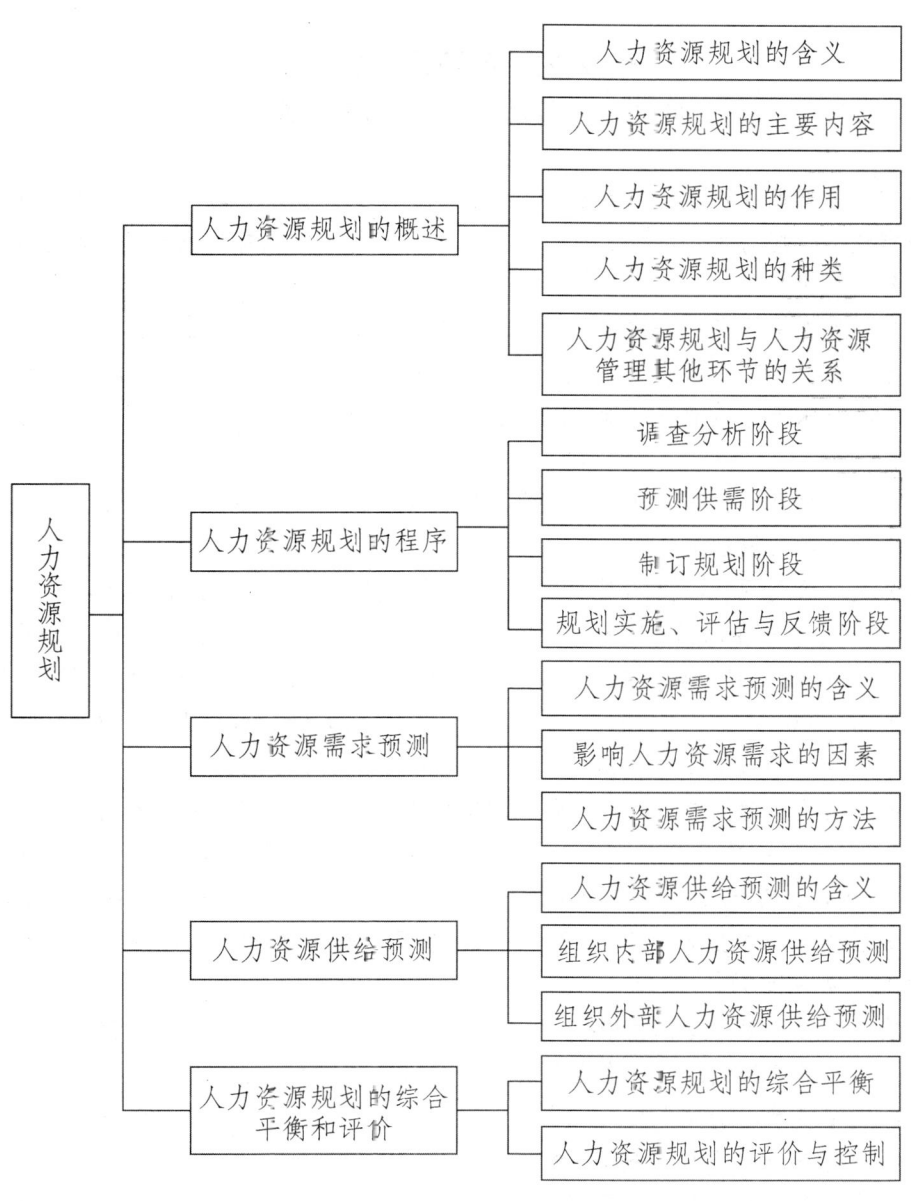

人力资源管理

本章学习目标

※ 明确人力资源规划的含义
※ 理解人力资源规划的作用
※ 掌握人力资源规划的主要内容和程序
※ 掌握人力资源需求和供给的预测方法
※ 明确人力资源供求平衡的方法和途径

开篇案例

一个人力资源经理的困惑
——明阳燃气集团的人力资源规划编制

刘艺梅是新调任的集团人力资源部经理,此前她一直在市场部任职,尽管在这家以城市燃气供应为主业的企业集团已经工作了8年,但她对整个集团的人力资源管理却知之甚少。

刘艺梅面对桌上那一大堆文件、报表,有点不知所措:我到底应该从哪一个开始呢?原来副总经理李力夫要求她在10天内拟出一份本公司五年人力资源规划,以便公司在未来五年能够更好地发展,突破现有的公司发展瓶颈,实现公司的中期战略目标。

其实刘艺梅已经把这份任务仔细看过好几遍了。她觉得要编制好这个计划,必须考虑下列各项关键因素:

首先是本公司现状。集团是一家以城市燃气供应为主业的企业集团,总资产39亿元,拥有分布在国内10多个省市的共计28个全资、控股公司(以下合称为燃气公司),是国内目前规模最大的城市燃气运营商之一。截至2005年元月,集团共拥有员工3700余人,其中生产与维修工人2779人,行政和文秘类职员427人,基层与中层管理干部175人,工程技术人员153人,销售员241人。

其次,据集团部门统计,近5年来职工的平均离职率为5.2%,不同类别的职工的离职率并不一样,生产工人离职率高达7.8%,而技术和管理干部则只有2.6%。再则,按照既定的扩产计划,行政和文秘类职员和销售员要新增15%~20%,工程技术人员要增加7%~8%,中、基层干部不增也不减,而生产与维修的蓝领工人要增加6%。

再次,集团人力资源工作中也存在一些问题:人力资源配置没有与经营目标挂钩,企业人员数量控制滞后;在燃气公司定编问题上,由于过于依赖个人经验,缺乏成熟的定编技术,造成人员编制膨胀;人力资源管理信息化系统的开发没有着眼于应用,不能充分掌握人力资源供给状况。

刘艺梅还有7天就得交出规划,其中得包括各类干部和职工的人数及从外界招收的各类人员的人数。此外，集团决策层基于对环境的认识、凭借自身运作经验和管理模式，将企业目标确定为做国内最大的城市燃气运营商，为实现这一目标设计了以兼并收购为主题的扩张战略。刘艺梅还得提出一项应变计划以应付这种快速增长战略。

刘艺梅应当怎样来编制他们公司的五年人力资源规划呢？

资料来源：改编自《中国人力资源开发》2006年第7期

第一节 人力资源规划的概述

一、人力资源规划的含义

人力资源规划（Human Resource Planning，HRP），又称人力资源计划，是指根据组织的战略目标和内外环境的变化，科学地分析和预测未来组织的人力资源的需求和供给状况，并据此制定必要的政策和措施来平衡人力资源的供需。

理解人力资源规划的含义，必须把握以下几个要点。

（一）人力资源规划必须以组织发展战略为基础

人力资源管理是组织经营管理系统中的一个子系统，要为组织经营发展提供人力资源支持。因此，人力资源规划必须以组织的最高战略为依据。科学的人力资源规划有利于战略目标和经营规划的制定，能够促进战略目标和经营规划的顺利实现。

（二）组织的人力资源规划要适应内外环境的变化

没有变化就不需要计划。正是因为组织的环境在不断的发生变化，导致人力资源的需求和供给也在不断的变化之中。人力资源规划就是要对组织人力资源供需的动态变化进行科学的预测和分析，确保人力资源的供需能够动态平衡。

（三）人力资源规划的主要工作是制定必要的人力资源供需平衡的政策和措施

对人力资源供需的预测是制定人力资源措施的基础和依据。只有制订正确、清晰、有效的人力资源规划，组织对人力资源的需求才有可能实现。预测是分析问题和条件的过程，制定政策和措施才是解决问题的过程。

（四）人力资源规划对组织人力资源供给和需求的预测从数量和质量两个方面进行

组织对人力资源的需求，数量只是一个方面，更重要的是质量，即供给和需求不仅要在数量上平衡，而且还要在结构上匹配。

二、人力资源规划的主要内容

人力资源规划分为总体规划和业务规划两个层次。

（一）人力资源总体规划

它是对计划期内人力资源规划结果的总体描述，包括预测的供给和需求分别是多少，供给和需求的比较结果是什么，组织平衡供需的政策和措施是什么等。其中，最主要的内容是供给和需求比较结果的确定，也称为净需求，它是组织采取措施平衡人力资源供需的依据。

（二）人力资源业务规划

人力资源总规划要通过各个业务规划来落实。人力资源业务规划是总体规划的分解和具体，它涉及人力资源管理工作的各个领域，包括人员补充计划、人员配备计划、退休解聘计划、人员使用计划、员工培训计划和薪酬激励计划等。人力资源业务规划的内容见表3-1。

表3-1 人力资源业务规划的内容

计划项目	主要内容	预算内容
人员补充计划	需要补充人员的岗位、数量和任职资格，获取人员的途径	招募、选拔费用
人员配备计划	中、长期内不同职务、部门或工作类型的人员的分布状况	按使用规模、类别和人员状况决定薪酬预算
退休解聘计划	因各种原因离职的人员情况及其所在岗位情况	安置费用
人员使用计划	人员晋升政策、晋升时间，轮换工作的岗位情况、人员情况、轮换时间	职位变化引起的薪酬变动
员工培训计划	培训目的、内容、时间、地点、对象、培训师等	员工培训的总成本
薪酬激励计划	薪酬结构、工资总额、福利项目、绩效与薪酬的对应关系等	薪酬的变动额

三、人力资源规划的作用

（一）人力资源规划为组织发展目标的实现提供人力保证

任何组织发展目标的实现都需要人力资源方面的支持。在组织发展过程中，如果不预测其各个发展阶段所需的人力资源并提前做好必要的准备，则符合组织要求的人员的短缺将不可避免。如果组织短缺的是低技能工作的人员，那还可以通过临时招聘和短期培训来获得，但是，如果缺少对组织发展起着决定性作用的技术人员和管理人员，则很难立即得到补充，这就必须依赖人力资源规划。人力资源规划就是预测供求差异并进行调整，从而确保组织在任何时候、任何岗位都能够及时充分地获得合适的人力资源，为组织目标的实现提供人力资源方面的保证。

（二）人力资源规划使组织更能适应组织内外环境变化的需要

人力资源规划是一个摸清"家底"的过程，也是使组织管理者更能做到心中有数的过程，是随着组织外环境的变化，调适组织内环境，尤其是对人力资源的调整和配置的过程。通过人力资源规划，使组织了解本组织各种类人才的余缺，了解各层次人才的需求，了解需求的人数，使组织能迅速把握人力资源的动态平衡。

（三）人力资源规划有利于组织人力资源的合理配置

组织人力资源规划的制订是建立在对组织现有人力资源的分析及对未来人力资源状况预测基础上的，发掘组织人力资源的潜力，优化员工结构，提高员工素质，其目的是使每个员工都有适合自己能力和特长的职位，每一个职位都能找到合适的员工，每一个员工的才能和积极性都能在其职位上得到最充分的发挥，从而最大限度地改变人力资源配置上的浪费和低效，真正做到人尽其才，使组织现有的人力资源得到合理配置。

（四）人力资源规划有助于降低用人成本

人力资源规划可以通过控制组织人员结构、职务结构，从而避免组织发展过程中由于人力资源浪费而造成过高的人工成本。它使组织有机会对人力资源的结构进行分析和研究。当组织了解人员的当前余缺、能力和岗位的匹配状况时，就能有效地重新调配人员，使人力资源的结构趋于合理，从而降低组织用人成本。

（五）人力资源规划有助于调动员工的积极性

人力资源规划对调动员工的积极性有着重要的作用。因为在人力资源规划过程中，员工可以看到自己的职业生涯发展前景，从而积极努力地去争取，有助于引导员工职业生涯的设计和发展。

四、人力资源规划的种类

从规划的时间上，人力资源规划可分为3种：短期规划一般指1年或1年以内的规划，长期规划为3年或3年以上的规划，中期规划介于两者之间。组织人力资源规划的期限取决于组织所面临环境的不确定性程度。人力资源规划期限与经营环境之间的关系如表3-2所示。

表3-2 人力资源规划期限与经营环境之间的关系

短期规划	长期规划
不确定性环境	确定性环境
・组织面临诸多竞争者 ・飞速变化的社会、经济环境 ・不稳定的产品/劳务需求 ・政治、法律环境经常变化 ・组织规模小 ・管理水平低、混乱	・组织居于强有力的市场竞争地位 ・渐进的社会、政治、技术等环境 ・变化和技术革新 ・强大的管理信息系统 ・稳定的产品/服务需求 ・管理水平先进、有条不紊

从规划的涉及范围上，分为整体人力资源规划和部门人力资源规划。整体人力资源规划具有全局性和长远性，通常是人力资源战略的表现形式，注重方针政策引导和总体资源配置；部门人力资源规划是局部计划，偏向于短期的直接任务，注重

目标的分解和手段的选择。

整体人力资源规划和部门人力资源规划的制订有两种方式：一种是自下而上的，即由部门计划汇总和综合平衡产生整体规划；另一种是自上而下的，即部门人力资源规划是整体人力资源规划的分解和落实。

五、人力资源规划与人力资源管理其他环节的关系

人力资源规划作为人力资源管理的一项重要职能，它与人力资源管理的其他环节之间存在着非常密切的关系。

（一）与员工招聘的关系

人力资源规划是员工招聘的重要前提。当预测的人力资源供给小于需求，即出现人员短缺的时候，招聘是解决人员短缺的主要措施之一。人力资源规划为招聘提供需要招聘的人员的数量和类型；同时，它可以使招聘更加科学化，能够避免"现缺现招"的现象。

（二）与绩效管理的关系

人力资源规划中，绩效管理是进行人员需求和供给预测的一个重要基础。通过对员工工作表现的评价，组织可以根据绩效管理的结果进行人事决策。如果员工不符合职位的要求，就要进行相应的调整，这样造成的职位空缺就形成了需求预测的一个来源；同时，对于具体的职位来说，通过绩效管理可以发现组织内部有哪些人能够从事这一职位，这也是内部供给预测的一个重要方面。

（三）与员工配置的关系

员工配置就是在组织内部进行人员的晋升、调动和降职，员工配置的决策取决于多种因素，如组织规模的变化、组织架构的变动以及员工绩效的表现等。员工配置的一项很重要作用就是进行内部的人力资源供给，当然这种供给只是针对某个层次而言的。在需求预测确定以后，组织就可以根据预测的结果和现有的人员状况，制订相应的员工配置计划来调整内部的人力资源供给以实现两者的平衡。

（四）与员工培训的关系

人力资源规划可以为确定培训需求提供依据。确定培训需求是现代人员培训工作中的首要环节，只有培训的需求符合组织的实际，培训工作才有针对性。人力资源供需预测的结果则是确定培训需求的一个重要来源，通过比较现有员工的素质和所需员工的素质，可以确定出培训的需求，通过培训就可以提高内部供给的质量，增加内部供给。

（五）与薪酬管理的关系

人力资源需求预测可以作为组织制订薪酬计划的依据。组织可以根据预测期内人员的分布状况，并结合自身的薪酬政策进行薪酬总额的预测，或者根据预先设定的薪酬总额调整薪酬的结构和水平。另外，组织的薪酬政策也是预测供给时需要考虑的一个重要因素，人员供给的预测是针对有效供给来进行的。对于外部供给，如

果组织的薪酬水平低，缺乏竞争性，那么再大的外部供给市场对它来说也是没有意义的。对于内部供给来说，各职位的薪酬水平也会影响供给的情况，薪酬水平高的职位供给量肯定会大于薪酬水平低的职位。

第二节 人力资源规划的程序

人力资源规划的主要过程可分为四个阶段，如图 3-1 所示。

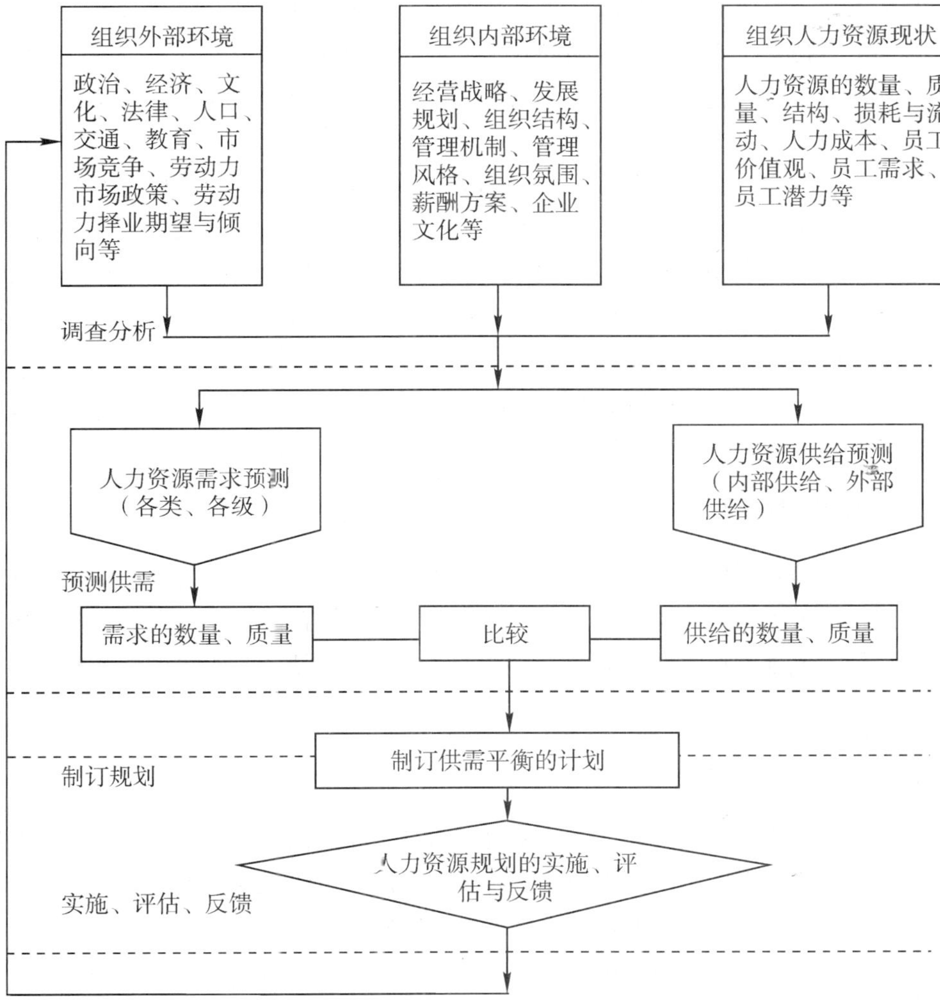

图 3-1 人力资源规划流程图

一、调查分析阶段

本阶段主要是调查研究以取得人力资源规划所需的信息资料，并为后续阶段做实务方法和工具的准备。

图 3-1 列出了需要通过调查获得信息的内容。调查不仅要了解现状，更要认清战略目标方向和内外环境的变化趋势；不仅要了解表象，更要认清潜力与问题。对于外在人力资源供需的调查分析，如劳动力市场的结构，市场供给与需求的现状，教育培训政策与教育工作，劳动力择业心理与整个外在劳动力市场的有关因素和影响因素均需作深入的调查研究分析。对于内在的人力资源供需与利用情况的调查分析，通常是人力资源规划中最重要的部分。这一部分一般包括：现有员工的一般情况（如年龄、性别等）、知识与经验、能力与潜力、兴趣与爱好、目标与需求、绩效与成果，人力资源流动情况，人力资源结构与现行的人力资源政策等。

这一部分信息是人力资源规划的基础，许多组织的人力资源开发与管理部门往往将它纳入一个系统化的人力资源信息系统中，以便随时更新修正，并向各项业务计划提供支持。

需要指出的是，在这个阶段，特别需要注意对组织内人力资源流动的调查分析。因为人力资源流动直接影响到人力资源的供需现状与预测结果。人力资源流动分为组织内流动与组织内外流动。组织内人力资源流动主要是指组织内员工的晋升、降职、职位变更；而组织内外流动有两个方面，即流出组织（离职）与流入组织（外部招聘），流出（离职）指员工辞职、退休、病故、工伤、辞退等，流入（外部招聘）则是指从外部劳动力市场吸收人力资源。由于员工离职具有较大的不确定性，使得离职信息难以准确把握，给人力资源供需预测带来不确定性。

二、预测供需阶段

这一阶段的主要任务就是在充分掌握信息的基础上，选择使用有效的预测方法，对组织在未来某一时期的人力资源需求和供给做出预测。在整个人力资源规划中，这是最为关键和技术性最强的一部分，直接决定了规划的成败。只有准确地预测出供给和需求，才能采取有效的措施进行平衡。

三、制订规划阶段

在需求和供给预测确定后，还需要根据两者之间的比较结果，制定相应的平衡措施，使组织对人力资源的需求能够得到满足，使人力资源的需求和供给能够动态平衡，这也是人力资源规划的目的。对于每种比较结果下应该制定怎样的措施，我们将在人力资源规划的综合平衡一节中进行说明。这是人力资源规划中比较具体细致的工作阶段。

四、规划实施、评估与反馈阶段

本阶段是人力资源规划的最后一个阶段。组织将人力资源的规划付诸实施，并根据实施的结果对人力资源规划进行评估，及时反馈评估结果，修正人力资源规划。

第三章 人力资源规划

人力资源规划是一个长久持续的动态工作过程，它具有连续性。由于组织内外诸多不确定因素的存在，使得组织战略目标不断变化，也使得人力资源规划不断更新，人力资源规划应当滚动地实施，不断修正短期计划方案。

通常，我们往往只注重人力资源规划的制订与实施过程，而忽视人力资源规划的评估工作。如果不对规划进行评估，则不可能知道规划正确与否，不可能知道其缺陷所在，也就不可能有效地指导组织的人力资源开发与管理，规划也就失去了自身的意义。另外，评估的结果应及时反馈，以便及时修正规划。

第三节 人力资源需求预测

一、人力资源需求预测的含义

人力资源需求预测是指以组织的战略目标、发展规划和工作任务为出发点，综合考虑各种因素的影响，对组织未来某一时期所需人力资源的数量、质量等进行预测的活动。

案例 3-1 某建筑公司的人力资源需求预测

某建筑公司是江苏省一家国有建筑企业。公司管理层基本上都具有本科以上学历，文化层次相对较高，一线的建筑工人大部分是来自省内外的农民工。

加入 WTO 以来，我国经济得到了快速发展。江苏经济作为中国经济发展的排头兵之一，也呈现出强劲的发展势头。建筑业更是异军突起，发展迅猛。在房地产市场火热的大好形势下，该公司抓住发展机遇，承担了许多大型工程的建设项目，逐渐成为江苏建筑企业的"领头羊"。

但是，随着企业的不断发展，公司的领导层发现，工地一线工人开始吃紧，有时采取加班加点的超负荷工作，也远远满足不了发展的需求。为满足对人员配备的要求，公司人力资源部从江苏其他地区乃至全国，匆忙招聘了大量的新雇员。为应付紧张的用工需要，人力资源部门不得不降低录用标准，使得人员配备的质量大幅度下降。此外，招聘人员的结构也不尽合理，如无专业技术的员工过多，员工年龄偏大等。经常出现很多员工只工作了一两个月就充当工长的现象，人力资源部门刚招聘一名雇员顶替前一位员工的工作才几个月，就不得不再去招聘新的顶替者。为了招聘合适的人选，人力资源部门常常是疲于奔命。

为此，公司聘请了专门的咨询公司进行了调查，寻找员工短缺的原因，并提出解决这一问题和消除其对组织影响的方法。

专家调查表明，该公司以往对员工的需求处于无计划状态。由于国内房地产市场的启动以及全国经济的高速发展，使得各地用工需求量大大增加，以往在几天之内就能找到应急工的情况已成为过去。

因此,公司决定把解决员工短缺问题作为公司战略的一部分来考虑。

在专家的帮助下,鉴于公司本身的特性以及宏观经济形势的平稳发展,公司决定采用趋势预测法,来推测将来的所需员工人数,结果预测值与实际情况相当吻合。通过这次预测,人力资源部门和直线部门对人员需求问题有了统一的认识。这有利于他们了解公司的未来用工需求,共同对待今后几年可能出现的工人人数的短缺问题,制订人力资源管理的总规划,根据总规划制订各项具体的业务计划以及相应的人力资源政策,做到提前招工、提前培训。

二、影响人力资源需求的因素

影响人力资源需求的因素大体可分为三类:组织外部环境、组织内部因素和人力资源自身状况。

(一)组织外部环境因素

社会经济发展状况、经济体制的改革会影响组织对人员的需求。随着社会经济的发展,人们对某些产品和服务的需求会增加或减少,因而会影响到提供相应产品或服务的组织对人员需求的变化。例如,随着社会经济发展和人们生活水平的提高,人们对旅游的需求增加,由于旅游团体和旅游人数的增加,旅行社的导游人员数量也要有相应的增加。同时,政治、法律等方面的原因也是常常导致人员需求变化的原因。例如,当我们与某个国家关系正常化时,两国之间的贸易往来也会随之而增加,如果我国的服装产品在该国有很大的市场,那么生产出口服装的组织人员数量就需要增加。技术的变革与新技术的采用也会引起人员需求的变化。一方面,技术的革新带来了人均劳动生产率的提高,对人员数量的需求可能会减少;另一方面,技术的变革也使得需要运用新技术进行工作的岗位出现人员空缺,需要招聘能够掌握新技术的人员。

(二)组织内部因素

组织的战略规划和发展计划会影响组织的发展方向、速度、规模、市场占有率等,也会因此影响到人员的需求。根据对组织生产和销售的预测,可以了解对生产销售人员以及相应的支持人员和管理人员的需求。组织业务范围的扩大或者在地域上的扩张,会导致人员需求数量的增加。组织结构的调整产生新建部门或原来的部门合并,人员需求的数量会随之而发生变化。组织的财务预算也会影响人员需求。如果财务预算比较充裕,就有条件雇用较多数量的人员,也可以支付较高的工资,这样就可以招聘到更高素质的人员;如果财务预算紧缩,就只能招聘较少数量的人员和支付较低的工资。

(三)人力资源自身因素

人员需求的变化也可能是由于人力资源自身的因素造成的。例如,老员工的退休、员工辞职、合同终止解聘、意外死亡或疾病、各种原因的休假（病假、产假、探亲假等）都会产生工作岗位的空缺，需要招聘正式或临时的员工来补充。

以上因素如表3-3所示。

表3-3 影响人力资源需求的因素

组织外部	组织内部	人力资源
经济、市场需求 社会、政治、法律 技术进步 竞争者 劳动力市场	组织战略、财务预算 组织发展速度、规模 生产和销售预测 新建部门或组织扩张 工作时间 工作设计	退休 辞职 合同终止 解聘 死亡 休假

三、人力资源需求预测的方法

受内部和外部各种复杂环境的影响，组织的人力资源预测相当复杂，既要考虑单个因素的影响，同时又要考虑各种因素的相互作用。根据预测的期限和长短以及目的等不同，组织可以采取不同的预测技术。总体来说，预测技术可以分为定性预测技术和定量预测技术。定性预测技术可以使管理部门直接参与到预测过程中，还可以将一些技术变化、组织变化等无法度量的因素综合起来考虑，比较灵活。而定量预测技术，其重要价值在于为可能的人员配置目标，确定可能的人员配置水平，有助于管理人员做出有关未来人员配置需求的判断。总之，人力资源需求预测的不同方法各有优劣，在实际操作中可以结合使用。下面介绍一些实用的人力资源需求预测方法。

（一）经验预测法

经验预测法就是根据过去的经验将未来活动水平转化为人力需求的主观预测方法，即根据每一产量增量估算劳动力的相应增量。经验预测法建立在启发式决策的基础上，这种决策的基本假设是：人力资源的需求与某些因素的变化之间存在着某种关系。由于此种方法完全依靠管理者的个人经验和能力，所以预测结果的准确性往往不能得到保证。为了减少误差，通常会通过保持组织历史的档案、采用多人预测的方法提高预测的准确性。这种方法适用于技术较稳定的组织的短期人力资源预测。

案例3-2　怎样运用经验预测法预测人力资源需求

某制衣厂，在过去的制衣历史中，平均每个工人每天做10件衣服，每10个工人需要一个组长来管理，每10个组长需要一个车间主任。现在预测明年的销售量将增加 36 万件衣服,如何制订此制衣厂的人力资源规划?

假设此制衣厂的生产技术保持相对稳定状态,可以采用人力资源经验预测法,根据以往的经验,每年增加生产 36 万件衣服,即每天要增加生产 1000 件,需要增加 100 个工人,10 个组长,1 个车间主任。

(二) 分合性预测法

分合性预测方法是一种比较常用的预测方法,它采取先分后合的形式。这种方法的第一步是组织要求下属各个部门根据各自的生产任务、技术设备等情况先对本部门将来的人员需求进行预测,人力资源部把下属各部门的预测数进行综合平衡,从中预测出整个组织将来某一时期内对各种人员的需求总数。这种方法有利于在人力资源管理部的指导下,充分发挥下属各级管理人员在人力资源预测规划中的作用。

这种方法主要是凭借经验来进行的,由于会受到各层管理人员的阅历、知识的限制,很难做出准确的长期预测,因此这种方法比较适合中、短期的预测规划,并且适用于那些规模较小或者经营环境稳定、人员流动不大的组织。除了预测的准确性较低以外,分合性预测法还存在一个问题,即往往会出现"帕金森定律"所指出的现象,各部门的负责人一般都会扩大本部门的人力资源需求,要避免这个问题就需要最高领导层的控制。

(三) 德尔菲法

德尔菲的名称源于古希腊的一个传说,德尔菲方法是 20 世纪 40 年代末从美国兰德公司的思想库中首先发展出来的。这种方法是指专家们对影响组织某一领域发展的看法达成一致的一种结构性方法。使用该方法的目的是通过综合专家们的意见来预测组织某一方面的发展。专家是指对所要研究的问题具有发言权的人。专家的选择既可以来自一线的管理人员,也可以是高层经理和外请专家。在预测组织未来人力资源需求上,可选择人事、市场、销售和生产部门的经理作为专家,也可以选择熟悉业务情况的普通员工作为专家。

用德尔菲法进行人力资源需求预测的实施过程是:

(1) 整理相关的背景资料并设计调查的问卷,明确列出需要专家们回答的问题。

(2) 将背景资料和问卷发给专家,由专家对这些问题进行判断和预测,并说明自己的理由。

(3) 由中间人回收问卷,统计汇总专家们预测的结果和意见,将这些结果和意见反馈给专家们,进行第二轮预测。

(4) 再由中间人回收问卷,对第二轮预测的结果和意见进行统计汇总,接着进行下一轮预测。

(5) 经过多轮预测之后,当专家们的意见基本一致时就可以结束调查,将预测的结果用文字或图形加以表述。

德尔菲法的实施过程可以用图 3-2 表示。

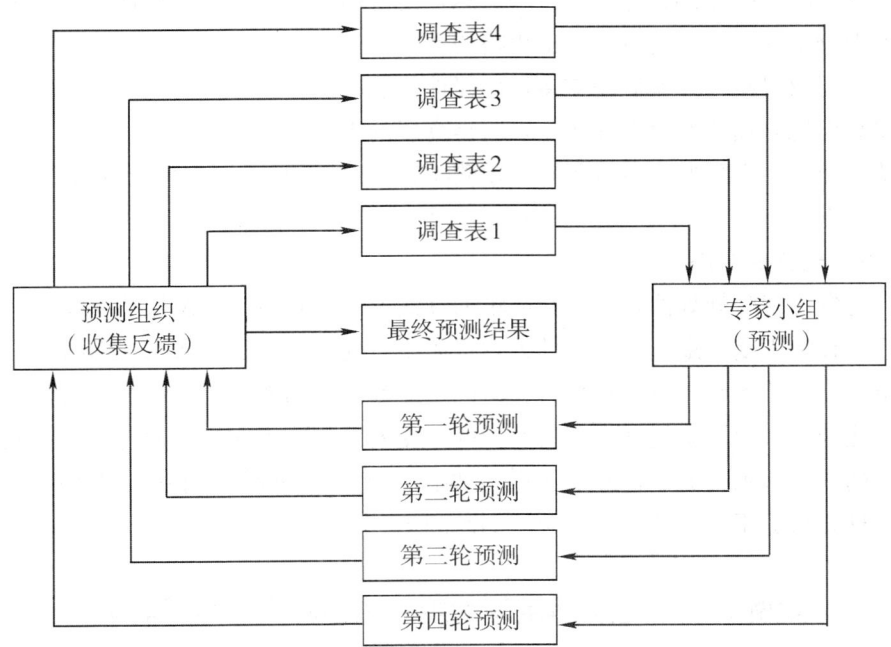

图 3-2 德尔菲法的实施程序

表 3-4 是德尔菲法调查表的一个例子。

表 3-4 德尔菲法举例

预测项目： ××公司专业技术职位 A 与 B 的合理人员比 第 3 次调查结果 A 职位不需要，因为…… 1:0.5，因为…… 1:1，因为…… 1:1.5，因为…… 1:2，因为…… 回答 A 不需要的占 5%，1:0.5 的占 20%，1:1 的占 50%，1:1.5 的占 20%，1:2 的占 5%。 您的新估计是： 理由：

实施德尔菲法时需要注意以下几个问题：

（1）专家人数一般不要少于 30 人，问卷的返回率应不低于 60%，以保证调查的权威性和广泛性。

（2）提高问卷的质量，问题应该符合预测的目的并且表达明确，保证专家都是从同一个角度去理解问题，避免造成误解和歧义。

（3）要给专家提供充分的资料和信息，使他们能够进行判断和预测；同时结果不要求十分精确，专家们只要给出粗略的数字估计即可。

（4）要取得参与专家们的支持，确保他们能够认真进行每一次预测；同时也要向公司高层说明预测的意义和作用，取得高层的支持。

德尔菲法在实际的人力资源需求预测中得到广泛的使用，而且预测的准确性程度也比较高。

（四）现状规划法

人力资源现状规划法是一种最简单的预测方法。它假定组织保持原有的生产规模和生产技术不变，那么，组织的人力资源也应处于相对稳定状态，即组织目前各种人员的配备比例和人员的总数将完全能适应预测规划期内人力资源的需要。在此预测方法中，人力资源规划人员所要做的工作就是测算出在规划期内有哪些人员或岗位上的人将得到晋升、降职、退休或调出本组织，再准备调动人员去弥补就行了。这种方法适用于短期人力资源规划预测。

案例3-3 怎样运用现状规划法预测人力资源需求

某空调厂明年将有两个部门经理退休，5个车间主任退休或调出本企业，30个工人退休或流动到别的企业工作。怎样来确定此空调厂的人力资源需求？

假设此空调厂比较稳定，生产技术和生产规模变化都不大，那么在制订规划时，可以采用人力资源现状规划法。首先，企业可以从外面招聘或内部晋升两个人来担任部门经理，车间主任退休或调出本企业留下5个空位，如果有车间主任晋升为部门经理，还要加上车间主任晋升后留下的工作空位，这些工作空位由基层班组长来顶替，或者从外面招聘。30个工人退休或调出本企业流动到别的企业留下的工作空位加上由于晋升留下的工作空位，可以从外面招聘来补充。如果晋升或从外部招聘的人员对新岗位需要培训才能上任，要作出相应的培训计划。

采用现状规划法，是假定组织各岗位上需要的人员都为原来的人数，它要求组织特别稳定，技术不变，规模也不变。在科学技术进步相当迅速的今天，该前提条件很难在长期中成立，对长期的预测效果较差，但能为长期预测提供一条简单易行的思路。

（五）散点图法

散点图法是借助图形来分析组织人力资源需求的方法，用起来比较直观实用。借助散点图可直观地把组织经济活动中的某种变量与人数之间的关系变化趋势表示出来，从而可以设定未来该变量的目标值，推知未来组织人员的需求量。

散点图法的典型步骤的第一步是选择一个相关的因素进行调查，找出它与人力资源的需求量在5笔以上的历史资料，如销售额等；第二步是作出这个变量与人力资源需求量的坐标系，根据历史数据描出点；最后由描出的点作出一条接近几个点的直线，然后根据其确定的目标值找到相对应的人力资源需求量。

案例3-4　怎样运用散点图法预测人力资源需求

某医院要建立一个住院部，需要预测护士的需求量。医院聘请了一个专家组，对5个典型的医院进行了调查，发现护士的需求量与住院部的病床数存在很大的相关性，5个医院的病床数与护士人数情况如表3-5所示，根据表3-5来预测此医院建立一个500个病床位的住院部需要护士多少名。

表3-5　5个医院病床数与护士人数情况表

调查医院	病床数	护士人数
甲医院	350	39
乙医院	420	41
丙医院	610	58
丁医院	470	50
戊医院	530	54

运用散点图法，我们建立坐标系，以病床数为横坐标，以护士人数为纵坐标，如图3-3所示，按照5个医院的病床数及护士人数情况作出5个点。然后作出一条接近5个点的直线，再到直线上找到与500张床位相对应的护士人数。从此图看，新建住院部需要护士约50名。

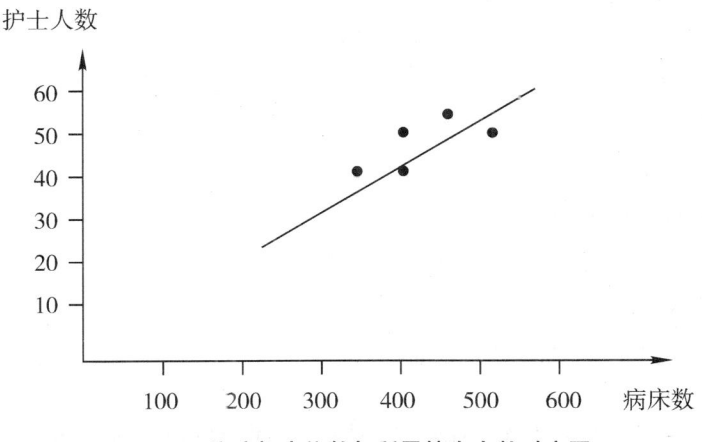

图3-3　住院部床位数与所需护士人数对应图

散点图法相当直观实用，但由于预测过程中受直观感觉的影响，精确度不高，它只适用于粗略的估计。对进一步精确的估计要用线性回归方法。

（六）回归分析法

回归分析法预测是一种定量的预测技术，是通过建立人力资源需求及其影响因素之间的函数关系，从影响因素的变化来推测人力资源需求量变化的一种数学方法。根据回归方程中变量的数目，可以将回归预测法分为一元回归预测和多元回归预测；根据自变量和因变量之间的关系，又可以将回归预测法分为线性回归预测和非线性回归预测。这里我们主要讨论一元线性回归和多元线性回归的预测技术。

1. 一元线性回归预测法

一般只有在某一因素对人力资源需求量具有高度相关关系时，才用一元线性回归预测法。其典型步骤是：首先选择一个相关的因素，对这个因素进行调查，找出它与人力资源的需求量在5笔以上的历史资料；其次建立一元线性方程，根据历史资料确定线性方程的系数；最后由一元线性方程求出目标值所对应的人力资源需求量。

案例3-5　怎样用一元线形回归方法预测人力资源需求

用回归分析方法预测应用散点法案例中医院所需护士的人数。

由回归分析方法找到所需护士的人数与病床数的关系。假定

$Y = a + bX$

式中：

Y——所需护士人数；

X——床位数；

a，b——根据其他医院经验数字假定的系数。

从6组经验数据可计算出（计算过程略）：

$a = 10.5060$

$b = 0.0796$

线性方程为：

$Y = 10.5060 + 0.0796X$

把 $X = 500$ 的目标值代入式中，即有

$Y = 50$（人）

预测结果与散点图法接近。

回归分析方法是一种比较精确的预测方法，但预测的准确程度与相关变量的选取有很大的关系。这要求我们在作预测时，一定要选取与人力资源需求量最相关的变量。

2. 多元线性回归预测法

在实际工作中，影响组织人力资源需求量的因素往往不止一个，而是受多个变量的影响，如果考虑两个或两个以上因素对人力资源需求的影响，则须用多元线性回归预测法。多元线性回归与一元线性回归不同的是，它是一种从事物变化的因果关系来进行预测的方法，该方法不再把单个因素作为自变量，而是将多个影响因素作为自变量。多元回归分析能够确定许多变量之间的关联模式。它运用事物之间的各种因果关系，根据多个自变量的变化来推测与之相关的因变量的变化。多元回归分析方法与一元回归分析方法很相近，只是数学方法上难度稍大一些，涉及更多的数学公式，有兴趣的读者可以参考相关书籍，在此不进行详细的介绍。

第四节 人力资源供给预测

一、人力资源供给预测的含义

人力资源供给预测是为了满足组织对员工的需求，而对将来某个时期内组织可以从其内部和外部所能得到的职工的数量和质量进行预测。可见，人力资源供给预测包括两个内容：一是内部供给预测，即根据现有人力资源及其未来变动情况，确定未来所能提供的人员数量和质量；二是对外部人力资源供给进行预测，确定未来可能的各类人员供给状况。

案例 3-6 提前预测，台积电的聪明调资

台积电董事长张忠某在 2009 年末宣布，2010 年 1 月 1 日起全体员工基本工资一律上调 15%，明年农历年前夕，也可先领今年一半的员工分红。原来台积电认为明年会是业绩很好的一年，即使明年员工人数增加，平均每位员工明年拿到的整体薪酬，仍会比 2009 年多得多，同时公司预测 2010 年也将是人才供给相对紧缺的一年，优秀人才更是少之又少，因而公司决定提早加薪抢夺人才。

业界认为，台积电在圣诞节前夕大发红包，显示年终之际，将吹起人才跳槽风，台湾半导体厂预期会有一场抢人大战。

台积电公司预测 2010 年将是电子产业迅速恢复的一年，各大厂商势必会增产扩员，这样一来就会导致电子类人才供给的相对紧缺。同时半导体景气复苏，半导体加薪的磁吸效应有可能对其他产业产生人才排挤的效应。因而，台积电根据人才供给的预测果断加薪，跑在了竞争对手的前面，有利于进一步占领人才高地。

二、组织内部人力资源供给预测

对组织内部人力资源供给的预测，常用的是以下三种方法。

(一) 技能清单法

技能清单法是通过对现有组织内部人力资源数量、质量、结构和在各职位上的分布状况进行核查，制作一张反映员工工作能力特征的列表（如表3-6所示），依此确切掌握人力资源拥有量及其利用潜力，在此基础上，评价当前不同种类员工的供应状况，确定晋升和岗位轮换的人选，确定员工特定的培训或发展项目的需求，帮助员工确定职业开发计划与职业设计。

表3-6 技能清单示例

姓名		部门		科室		工作地点		填表日期	
到职日期		出生年月		婚姻状况		工作职称			
教育背景	类别		学位种类		毕业日期		学校		主修科目
	高中								
	大学								
	硕士								
	博士								
	训练主题			训练机构			训练时间		
技能	技能种类					证书			
志向	你是否愿意担任其他类型的工作？							是	否
	你是否愿意调到其他部门去工作？							是	否
	你是否愿意接受工作轮调以丰富工作经验？							是	否
	如果可能，你愿意承担哪种工作？								
你认为需要接受何种训练？									
你认为自己现在可以接受哪种工作指派？									

当组织规模较小时，进行人员核查相对容易；而当组织规模较大、组织结构复杂时，人员核查就应建立人力资源信息系统。技能清单法是一种静态的方法，不能反映人力资源拥有量未来的变化，因此多用于短期的人力资源供给量预测。

(二) 人员替代法

人员替代法是通过人员替代图来预测组织内部的人力资源供给情况的方法。人员替代法将每个工作职位均视为潜在的工作空缺，以员工的绩效、素质等为预测依据，当员工出现辞退、调离、晋升的情况时，其工作可由人员替代图中提供的候选人接替，为人力资源规划提供依据。这种方法通常适用于管理人员的规划。人员替代法的步骤如图3-4所示：

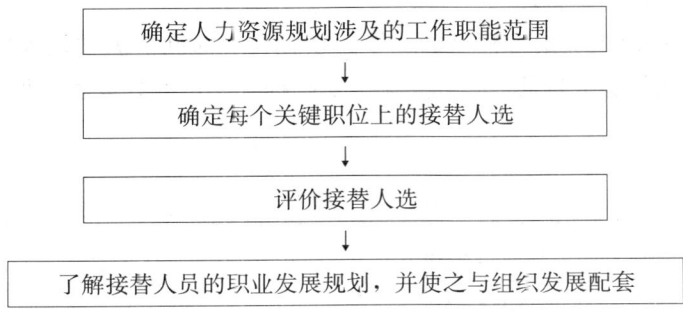

图3-4　人员替代法的步骤

表3-7和图3-5分别是组织常用的人员接替表和人员接替图的实例。

表3-7　人员接替表

职位名称：总经理				
姓名	晋升顺序	现职	绩效	晋升潜力
葛浩	1	销售经理	H	N
林琳	2	生产经理	H	S
周茜贵	3	人事经理	H	L
徐文富	4	财务经理	L	R

绩效：H——优秀，M——良好，L——偏低。
晋升潜力：N——即可晋升，S——需短期培训，L——需长期培训，R——需被他人替代。

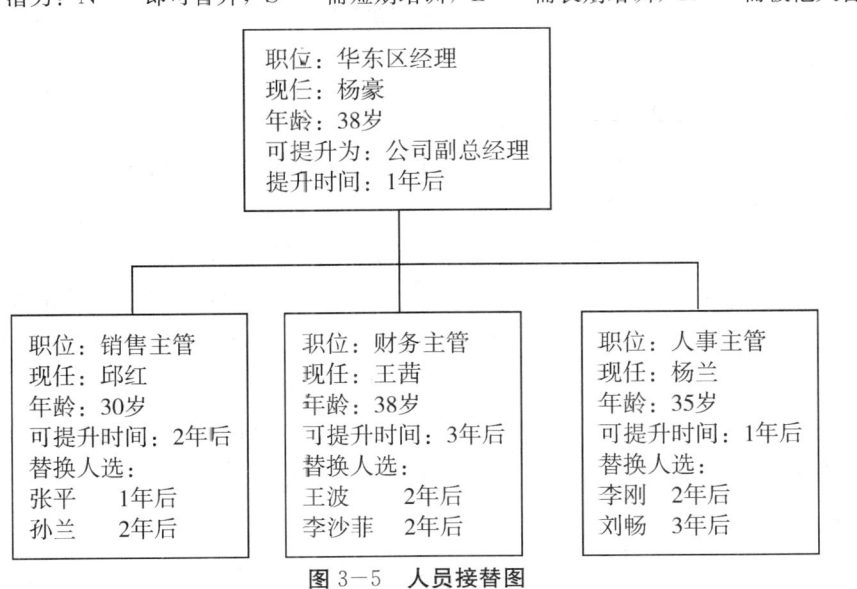

图3-5　人员接替图

有些组织将各职位的候补人员情况与组织员工的流动情况综合起来考虑，建立人员接替模型，以便控制好员工流动方式与不同职位人员接替方式之间的关系，对组织人力资源进行动态管理。

图3-6是一个人员接替模型的例子。横轴代表时间，纵轴代表职位的层次级别，越往下，职位层级越低。一般来说，实际提升人员的数量远远小于可提升人员的数量。

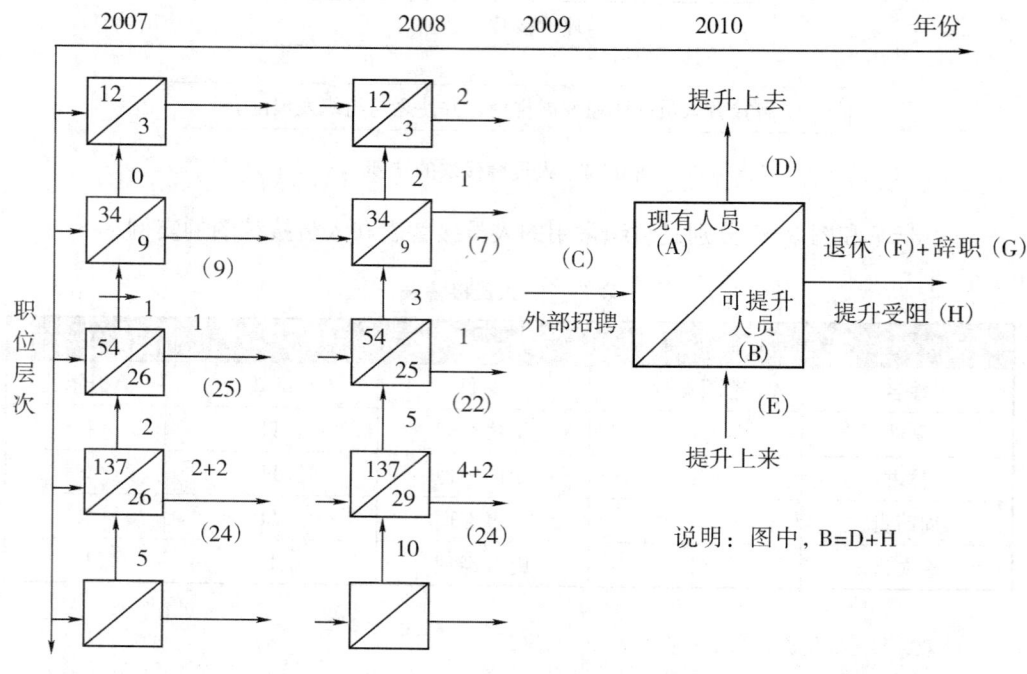

图3-6 人员接替模型

（三）马尔可夫链预测分析

进行内部人力资源供给预测的另一种方法是马尔可夫链预测分析，该方法的基本思想是找出过去人事变动的规律，以此推测未来的人事变动趋势。

1. 马尔可夫链的基本原理

所谓马尔可夫链，就是一种随机时间序列，它在将来取什么值只与它现在的取值有关，而与过去取什么值无关，这种性质称为无后效性。如在荷花池里有 n 张荷叶，编号为 $1, 2, \cdots, n$。假设有只青蛙随机地从这张荷叶跳到那张荷叶，在时刻 t_n 时，它所在那张荷叶称为青蛙所处的状态。那么青蛙在未来处于什么状态，只与它现在所处的状态 i（$i=1, 2, \cdots, n$）有关，与它以前在哪张荷叶无关，这就是所谓的无后效性。记 x_n 为时刻 t_n 时青蛙所处的状态，以

$$P(x_{n+1}=j \mid x_n=i) = P_{ij} \quad (i, j=1, 2, \cdots, n)$$

表示在 t_n 时刻青蛙在第 i 张荷叶，而在下一时刻 t_{n+1} 跳到第 j 张荷叶的可能性，又

称为从状态 i 经一步转移到 j 的概率,简称为一步转移概率。将这些 P_{ij} 依次排列起来,就构成一个矩阵,叫做转移概率矩阵。

2. 马尔可夫链预测实例

我们以某会计师事务所的人事变动作为简单的例子(见表 3-8)。预测步骤如下:

第一步,编制人员变动矩阵表。表中的第一个元素表示从一个时期到另一个时期(例如,从某一年至下一年)在两个工作之间调动的员工数量的历史平均百分比(以小数表示)。一般以 5~10 年为周期来估计年平均百分比。周期越长,根据过去人员变动所推测的未来人员变动就越准确。

表 3-8(A)表明,在任何一年里,平均 90% 的合伙人仍在该行,而 10% 退出该行。在任何一年里,大约 70% 的经理留在原工作岗位,10% 被提升合伙人,20% 离职。这些历史数据代表了每一种工作中人员变动的概率。

第二步,预测未来的人员变动(供给量)情况。将计划初期每一种工作的人员数量与每一种工作的人员变动概率相乘,然后纵向相加。即得到组织内未来劳动力的净供给量,如表 3-8(B)所示。

表 3-8 某会计事务所人力资源供给情况的马尔可夫分析

(A)

	人员调动的概率				
	P	M	S	J	离职
合伙人(P)	0.90				0.10
经理(M)	0.10	0.70			0.20
高级会计师(S)		0.10	0.70	0.10	0.10
会计员(J)			0.15	0.65	0.20

(B)

	初期人员数量	P	M	S	J	离职
合伙人(P)	40	36				4
经理(M)	80	8	56			16
高级会计师(S)	120		12	84	12	12
会计员(J)	160			24	104	32
预计的人员供给量		44	68	108	116	64

第三步,如表 3-8(B)所示。如果下一年与上一年相同,可以预计下一年将增加 4 个合伙人,即 44 人。但是,经理将减少 12 人,高级会计师将减少 12 人,会计员将减少 44 人。这些反映人员变动的数据与正常的人员扩大、缩减、维持计

划相结合，可以用来决策怎样使预计的劳动力供给与需求相匹配。

尽管马尔可夫分析广为人们所采用，但人们并没有对该方法的准确性和可行性进行广泛研究。该方法的准确性和可行性如何，到目前为止尚无定论。一些公司发现，该方法提供了为决策者所接受的准确有用的信息。然而，马尔可夫分析在另外一些公司的应用并不成功。显然，仍然需要进一步的研究来确定哪些是决定马尔可夫分析成功或失败的因素。

三、组织外部人力资源供给预测

（一）外部人力资源供给预测的影响因素

外部人力资源供给主要受两个因素的影响：地区性因素和全国性因素，见表3—9。

表3—9 外部人力资源供给预测的影响因素

地区性因素	全国性因素
• 所在地和附近地区的人口密度 • 其他组织对劳动力的需求状况 • 当地的就业水平、就业观念 • 当地的科技文化教育水平 • 所在地对人们的吸引力 • 当地临时员工的供给状况 • 当地的住房、交通、生活条件	• 全国劳动人口的增长趋势 • 全国对各类人员的需求程度 • 各类学校的毕业生规模与结构 • 教育制度变革产生的影响 • 国家就业法规、政策的影响

（二）外部人力资源供给预测方法

1. 查阅资料

组织可以通过网络、国家和地区的统计部门、劳动人事部门以及一些独立的咨询公司和人力资源信息中介公司及时了解人才市场信息和国家、地方的政策法规。

2. 直接调查

组织可以就所关注的人力资源状况进行调查，对高校提供的毕业生源的调查就是一种比较有效的方法。当然直接调查要求组织的人力资源部门具有较强的调查知识、技能和数据分析能力。

3. 对雇佣人员和应聘人员的分析

对组织已经雇用的人员和应聘的人员进行分析，也会得出未来的人力资源供给状况的估计。这里所要分析的内容包括：组织近期雇用的人员来自哪些行业和组织，他们来这里的原因，各个空缺职位的应聘者数量和质量如何。

第五节 人力资源规划的综合平衡和评价

一、人力资源规划的综合平衡

在组织人力资源供需预测的基础上进行人力资源的综合平衡，是组织人力资源规划工作的核心和目的所在。因此，在预测出人力资源的需求和供给后，就要对两者进行比较，并根据比较的结果采取相应的措施。由于人力资源需求的刚性，组织的人力资源供给与需求的不平衡是一种必然的现象。组织人力资源供给与需求的不平衡包括三种类型，即人力资源不足、人力资源过剩和两者兼而有之的结构性失衡。

人力资源的供给不足主要发生在组织经营规模的扩张时期和新经营领域的开拓时期，因而需要补充新的人员。补充的途径有外部招聘、内部调动、员工培训等。同时，组织人员净补充阶段也是组织人力资源结构调整的最好时机。组织在原有的经营规模和经营领域中也可能出现人力资源不足的现象，比如人员的大量流失，这是一种不正常的现象，表明组织的人力资源管理政策出现了重大问题。

绝对的人力资源过剩状况主要发生在组织经营萎缩时期。这时如何处置过剩人员成为组织能否度过萧条期的关键因素之一。一般的平衡办法有提前退休、辞退和工作分享。提前退休是一种较易为各方接受的妥协方案；辞退是最有效的办法，但会产生劳资双方的敌对行为，也会带来众多社会问题，需要有一个完善的社会保障体系作为后盾。工作分享要以降低薪资水平为前提，才能有所作为。

结构性失衡是组织人力资源供需中较为普遍的一种现象，在组织的稳定发展阶段表现得尤为突出。这也曾是困扰我国绝大多数国有组织的问题之一：一方面，一般性劳动力严重过剩，但又无法推向社会；另一方面，组织发展所需要的经营管理人才和技术人才严重短缺，但又无力自我培养或向社会招聘。就组织本身而言，平衡的办法一般有员工培训计划、人员接任计划和外部补充计划等。其中外部补充主要是为了抵消退休和流失人员的空缺。表 3-10 对人力资源供需平衡的措施进行了归纳。表 3-11 和表 3-12 分别对供需平衡的方法进行了比较。

表 3-10 人力资源供需综合平衡政策

解决人力资源短缺的政策和措施	解决人力资源过剩的政策和措施
· 培训员工 · 平调 · 加班加点 · 重新设计工作和改进技术 · 聘用临时工 · 聘用兼职人员 · 转包 · 招聘 · 完善激励计划	· 扩大有效业务量 · 限制聘用 · 鼓励提前退休 · 鼓励员工辞职 · 减少工作时间或工作量 · 人才储备 · 关闭一些子公司 · 临时性辞退员工 · 永久性辞退员工

表 3—11　避免预期出现劳动力短缺的方法比较

方　法		速度	可回撤速度
供给小于需求	加班	快	高
	临时雇用	快	高
	外包	快	高
	再培训后换岗	慢	高
	减少流动数量	慢	中等
	外部雇用新人	慢	低
	技术创新	慢	低

表 3—12　减少预期出现劳动力过剩的方法比较

方　法		速度	员工受伤害的程度
供给大于需求	裁员	快	高
	减薪	快	高
	降级	快	高
	工作轮换	快	中等
	工作分享	快	中等
	退休	慢	低
	自然减少	慢	低
	再培训	慢	低

二、人力资源规划的评价与控制

人力资源规划的评价与控制是一个有机关联、相互协调与互动的功能系统。对评价的结果进行及时的反馈是实行人力资源规划不可缺少的步骤。人力资源规划评价和控制系统能够高速有效地运转，可以为人力资源规划的实施提供客观、准确的反馈信息和动力信息，通过反馈可以知道原规划的不足之处，对规划进行动态的跟踪与修改，使其更符合实际，更好地促进组织目标的实现，从而保障整个人力资源规划过程的良性实施。

在评估时，应考虑以下几个问题：

（1）人力资源规划者与提供数据和使用人力资源规划的人事、财务等各业务部门经理之间的工作关系；

（2）有关部门之间信息沟通的难易程度；

（3）决策者对人力资源规划的重视程度，以及决策者对人力资源规划中提出的预测结果、行动方案和建议的利用程度。

在人力资源规划评估时除了这些因素可提供重要的参考外，还要对如下因素进行比较分析，从这些方面的比较来鉴别人力资源规划的有效性。

（1）实际招聘人数与预测需求人数的比较；

(2) 劳动生产率的实际提高水平与预测提高水平的比较；
(3) 实际的人力资源流动情况与预测的流动情况的比较；
(4) 实际的执行方案与规划的行动方案的比较；
(5) 实施行动方案后的实际结果与预测结果的比较；
(6) 劳动力和行动方案的实际成本与预算额的比较；
(7) 行动方案的收益与成本的比较。

评估要客观、公正和准确，同时要进行成本—效益分析来审核规划的有效性。另外要注意的是，评估时要征求部门经理和基层管理人员的意见，因为他们是人力资源规划的直接受益者，最有发言权。

关键术语

人力资源规划、人力资源需求预测、人力资源供给预测、德尔菲法、经验预测法、回归分析法、技能清单、人员替代法、马尔可夫模型

本章思考题

1. 什么是人力资源规划？组织为什么要进行人力资源规划？
2. 人力资源规划具有什么意义？与人力资源管理其他环节有何关系？
3. 人力资源规划的一般程序是什么？
4. 应当如何预测人力资源需求和供给预测？
5. 如何平衡人力资源的需求和供给？
6. 你所接触过的某些组织的人力资源规划工作做得如何？应如何改进？

本章案例

XD 公司的人才烦恼

XD 公司是从事工程机械研发、制造、营销与服务的国有控股现代化装备企业，现有公司员工 7068 人。XD 公司创建于 1958 年，是中国领先的工程机械制造商，核心业务为轮式装载机、履带式挖掘机、路面机械、小型工程机械、叉车、建筑机械等产品的研发、制造和销售，以及相应的配件销售和服务支持。公司下属企业分布在柳州、上海、江阴、镇江、扬州等地。XD 公司 2008 年共销售各类整机 38800 多台，同比增长 5%；实现销售收入 103 亿元，同比增长 12.5%；出口创汇 2.16 亿美元，同比增长 69.4%。装载机销量增长高于行业平均水平，销售收入保持行业第一。XD 公司是国内装载机行业龙头，大规模的技术改造已使其成为同行业中设备最精良的企业之一。

公司新任总经理杨某深深地意识到：在金融危机席卷全球的经济形势下，我国

为了拉动经济增长，国务院出台了4万亿投资计划，而在4万亿投资中，铁路、公路、机场等重大基础设施建设是其中的重点，因此，未来工程机械行业将得到有效拉动，公司主业发展正面临难得的重大机遇。同时，XD公司明显感到各类技术工人严重短缺与分布不平衡，外部劳动力市场供给与企业需求存在不匹配，不能根据企业实际需要合理配置人员。另外，杨某还深深感到人员的紧缺与不均衡制约了企业生产能力与战略目标的实现。

为了彻底解决制约公司进一步做大做强的人力资源瓶颈，总经理杨某决定找人力资源部的同仁开一次座谈会，以了解人力资源工作中的问题。

杨某首先问到大家："大家有什么关于本公司人力资源的想法都可以提出来，好的、坏的都可以提，不要有顾忌，畅所欲言嘛。"人力资源部经理徐某首先发言："我们部门认真贯彻上级下达的精神，在公司缺人的时候就立刻到社会上和高校里招人，及时做到补岗到位。"这时人力资源部的副经理补充到："有时也直接在内部职工子女里招人解决……"杨某打断他的话问道："你们说及时的招人了，可为什么技术部、生产运营部反馈给我的信息是无人可用，能给我个解释吗？"会场一时陷入了沉寂，杨某环顾着四周的每一个人。这时，小李打破了这种沉默："杨总，我认为公司没有一套完整的人力资源用人理念；员工流失率严重，最高时达到15%；由于没有完善的定岗定编，人员的需求、招聘非常无序，有时招到人后，没有事情做，没几天或几个月人员也就流失了；培训计划不能按时完成，没有员工的职业生涯计划，等等。这样造成员工工作积极性不高、人员流失、企业效益较低等问题。"杨某追问道："那你有没有什么解决的办法呢？"小李答道："建立我们公司的人力资源规划，我们公司作为一家工程机械制造企业，没有一套自己的长期的人力资源规划方案，致使人力资源管理出现许多严重的问题。由于公司正处于发展壮大时期，公司规模不断扩大，这些问题就显得更为突出。所以现在最迫切的问题是：我们公司需要有一套纲领性的人力资源规划来指导人力资源管理工作。"杨某听后连连点头认同，说道："你说得很有道理，看来是有必要来制订一个我们公司的人力资源规划来结束这种人事管理混乱的局面了。"

资料来源：改编自《沿海企业与科技》2009年第3期

思考题：

1. 杨某需要采取哪些措施来解决当前公司所面临的问题？
2. 假如你被XD公司任命为人力资源部经理，你应该如何来制订该公司的人力资源规划？

第四章 员工招聘

本章结构图

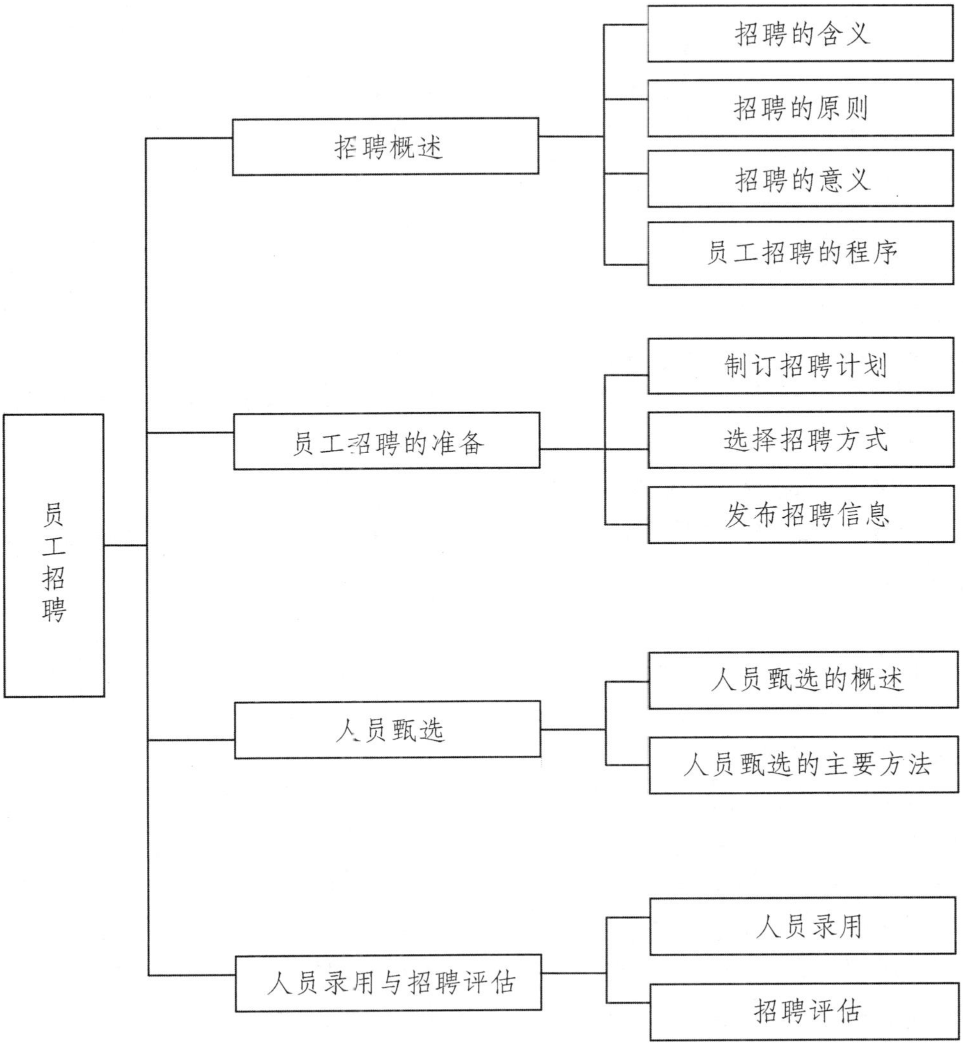

```
                            ┌── 招聘的含义
              ┌─ 招聘概述 ──┤── 招聘的原则
              │             ├── 招聘的意义
              │             └── 员工招聘的程序
              │
              │                  ┌── 制订招聘计划
              ├─ 员工招聘的准备 ─┤── 选择招聘方式
员工招聘 ─────┤                  └── 发布招聘信息
              │
              │             ┌── 人员甄选的概述
              ├─ 人员甄选 ──┤
              │             └── 人员甄选的主要方法
              │
              │                      ┌── 人员录用
              └─ 人员录用与招聘评估 ─┤
                                     └── 招聘评估
```

人力资源管理

本章学习目标

※ 理解人员招聘的概念、原则、意义及流程
※ 掌握人员招聘的方法
※ 掌握人员甄选的各种方法
※ 了解人员录用与招聘评估

开篇案例

朗讯公司的招聘方式

朗讯公司是世界著名的通信组织，营业额的增长速度迅速，它拥有全球一流的实验室——贝尔实验室。朗讯可以确保其在通信领域的领先地位，很多人认为这与公司独特的招聘方式相关。

在贝尔实验室中，技术研究开发人员起着决定性作用，招聘这类人员，朗讯倾向于在应届毕业生中挑选人才。因为他们认为搞技术开发需要新鲜的知识，搞通信技术开发需要高学历。1999年朗讯贝尔实验室招聘200人，98%是硕士或博士研究生。而高校无疑是这些高学历人才的聚集地，所以朗讯公司就把招聘的目标锁定为高校的应届毕业生。在招聘应届毕业生时，朗讯会让应聘者用英文进行45分钟的演讲。如果应聘技术职位，朗讯会要求应聘者对他曾从事的课题中涉及的技术进行演讲。

朗讯的招聘没有笔试，除非是做行政人员。而招聘程序目标非常明确，并且分值化，易于评比。招聘中主考官可能会关心应聘者的专业、工作背景和经验，以及对所申请的工作具备的技能。主考官会针对这些方面问一些问题，而每个问题会有三个等级的打分。

在朗讯，大家通过对成功组织的考察和分析，认为GROWS正是公司需要不遗余力推行的行为准则。因此，朗讯的文化尺度行为GROWS也成为考察应聘者的另一项重要方式。

GROWS主要是指五个方面，G代表全球增长观念，R代表注重结果，O代表关注客户和竞争对手，W代表开放和多元化的工作场所，S代表速度。招聘者一般会针对上述五个方面询问应聘者不同的问题，如询问在以前的工作中遇到困难是如何处理的，有没有在有竞争的情况下成功签单，如何当团队领导等。面试通常会安排两名评估者，由他们负责对应聘者的回答逐项进行评注和打分。应聘者可能被标记为优势明显，也可能被标记为需要接受一定的培训，或干脆被标记为不足，最后面试官会通过上述问题的打分，将技能经验打分与GROWS打分填充到招聘矩阵中，并由此确定应聘者是否符合朗讯的要求。

另外值得一提的是朗讯公司的"红名单"招聘策略。对于一些非常优秀但暂时

还没有适合位置的应聘者,朗讯公司的人力资源部会将他们列入人才储备的"红名单"之上。他们会定期与"红名单"上的人才建立联系,以备组织产生少量人才缺口时能及时得到补充,建立优秀人才储备制度。

第一节 招聘概述

一、招聘的含义

招聘是指组织为了实现战略目标,制订相应的招聘计划,通过多种渠道,采用科学的甄选方式,按照一定的任职条件从中寻找到最适合人选的过程。作为人力资源管理中的重要环节,招聘涉及规划、途径、组织和实施等许多方面。它是组织获取人力资源的第一环节,也是人员选拔的基础。

招聘活动要注意把握质量和数量的要求,才能保证招聘活动具有很好的成本效益。此外,招聘活动吸引的人员数量应当是适当的。从求职者的数量上看,如果求职者数量与需补充人员的岗位数比例过小,则人员选择的范围较小,获得合格人才的可能性也相对较小;如果吸引的求职者过多,虽然选择余地较大,但甄选工作量也较大,成本增加。招聘活动必须吸引到组织需要的人员。从求职者质量来看,如果招聘的方向和范围与人员需求相适应,则甄选工作的难度较小,成本效益较好;反之,相反。

二、招聘的原则

（一）计划性

人员招聘要根据组织的人力资源规划进行,根据已确定的各种人力资源需求,包括需要招聘的职位、部门、数量、质量、层次和结构等,制订相应的招聘计划,发布招聘信息。只有这样,才能及时为组织获取合适的人力资源,保证组织的正常运作。

（二）公开性

人员招聘要做到公开,要遵循国家有关方面的法规和政策,公示招聘信息、招聘方法,将录用工作置于公开监督制下,以杜绝任何以权谋私、任人唯亲等现象。

（三）公平性

在人员招聘过程中,要努力做到公平公正。招聘组织要对所有应聘者一视同仁,以科学的甄选方法、严格的录用标准对候选人进行全面考核,择优录取。这样才能选出适合组织的优秀人才。

（四）合适性

组织在进行人员招聘时要坚持合适性原则,也就是每个岗位上使用的都是相对最合适的人员,是"用其所长"、"人尽其才",从而达到组织整体效益的最优化。

三、招聘的意义

员工招聘是人力资源管理的基础职能之一,也是开展其他人力资源管理活动的基础,因此有效的员工招聘对整个组织具有非常重要的意义。

(一)招聘影响着组织能否吸收到优秀的人力资源

员工招聘是组织人力资源形成与积累的起点。一方面,直接关系到组织人力资源的形成与积累;另一方面,直接影响组织人力资源开发与管理的其他环节工作的开展。组织若没有人力资源的吸引与吸收,就不可能有吸纳到优秀人力资源的机会。

(二)招聘影响着组织人员的流动

成功高效的招聘工作,能促进新进员工和岗位之间的匹配,调动员工的积极性、主动性和创造性,有助于降低员工的流动率;若组织在招聘时传递的信息与应聘者进入组织后接受到的信息不符,有可能会导致员工较高的流动率。

(三)招聘影响着组织的对外宣传

员工招聘中组织会通过电视、报刊、广播、多媒体、网络等各种形式发布招聘信息,同时向外界发布自身的基本情况、发展方向、组织文化等各项信息。组织可以通过招聘工作的运作和招聘人员的素质向外界展现组织的良好形象,使社会更加了解本组织,营造良好的外部环境,从而有利于组织的发展。

(四)招聘影响着组织人力资源的管理费用

员工招聘成本是人力资源管理成本中的重要组成部分。招聘应同时考虑三方面的成本:一是招聘直接成本,包括招聘过程中的广告费、招聘人员工资差旅费、考核费、办公费用及聘请专家等费用;二是重置成本,即因招聘不慎,重新再招聘时所花费的费用;三是机会成本,因人员离职及新员工尚未完全胜任工作造成的费用。

四、员工招聘的程序

员工招聘是一个复杂的过程,为了保证招聘工作的科学规范,提高招聘的效果,招聘工作一般有以下几个步骤,见图4—1。

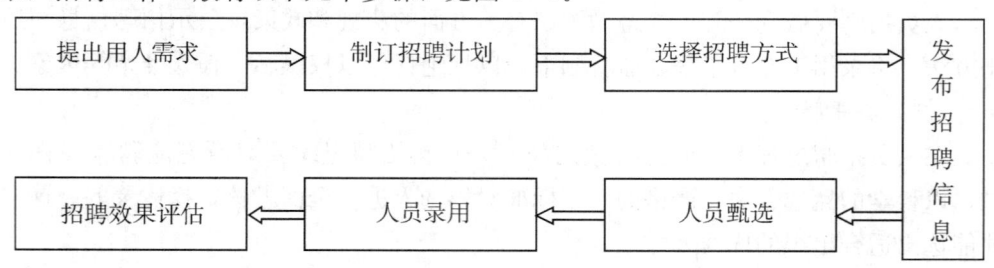

图4—1 员工招聘流程图

第二节 员工招聘的准备

员工招聘的准备工作主要包括：组织根据用人需求，制订招聘计划、选择招聘方式和发布招聘信息。

一、制订招聘计划

提出用人需求是整个招聘活动的起点，包括对人员数量与质量两方面的要求。只有明确获知组织中的职位以及职位的具体要求后，才能够有效地开始进行员工招聘。用人需求的确定，以组织的人力资源规划和工作分析为基础，前两章已做过具体的介绍，这里就不再赘述了。

在明确组织存在用人需求且需要通过招聘来满足之后，就需要制订招聘计划。员工招聘计划的主要内容包括招聘的规模、招聘基准、招聘的时间和招聘经费的预算。组织在实际工作中可视具体需要增加内容。

（一）招聘的规模

招聘的规模是指组织准备通过招聘吸收应聘者的数量。招聘吸收的应聘者应当控制在一个合适的规模，同时还要兼顾到招聘后员工的配置、晋升和退休金支付等问题。

一般组织采用招募筛选金字塔模型的方式来确定招聘工作各阶段的规模。如图4—2所示。使用招募筛选金字塔模型来确定组织的招聘规模主要考虑以下两个方面：一是组织招聘录用的阶段，阶段越多，招聘的规模也就越大；二是各个阶段通过的比例，每个阶段的比例越高，则招聘的规模就越大。

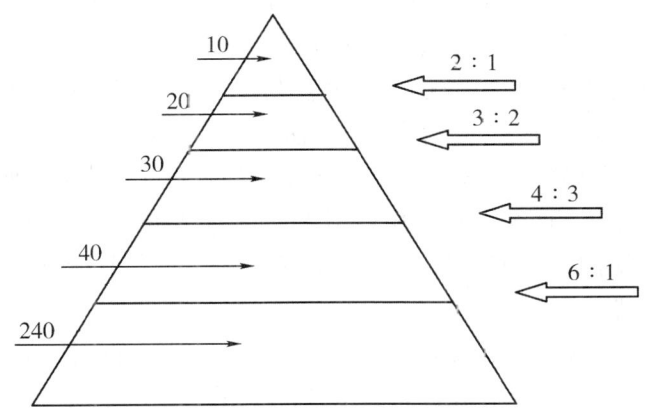

图4—2 招募筛选金字塔模型图

在使用招募筛选金字塔模型确定招聘规模时，一般是按照从上到下的顺序来进行的。如假设组织所需招聘的职位为10个，第二次面试与录用的比例是2∶1，那么参加第二次面试的应聘者规模就是 20 人;第一次面试与第二次面试的比例是 3∶2,那么参加第一次面试的应聘者规模就是 30 人;笔试与第一次面试的比例是 4∶3,那么参加笔试的应聘者规模就是 40 人,而应聘者与参加笔试人员的比例是 6∶1,那么组织就需要吸引至少 240 名应聘者,也就是说招聘的最小规模为 240 人。

(二) 招聘的标准

招聘的标准即确定招聘什么样的人才,主要标准包括:年龄、性别、学历、工作经验、工作能力、个性特征等。针对不同职位的不同情况来限定招聘群体,可以以较低的成本保证录用人员的基本素质。

招聘的标准有基本标准和关键标准两大类。基本标准是确定应聘者能不能胜任这个职位的工作,而关键标准是确定应聘者能不能干好这份工作。两者相互补充,层层递进。

人员的基本标准是指应聘者能胜任应聘职位的最基本要求,它主要从三个方面来定义,即人员技能与岗位职责相匹配、人员个性与团队特点相匹配、人员价值观与组织价值观相匹配。只有人员的三个匹配度都符合组织的要求,他才有可能适应组织的工作。另外,了解应聘者的价值观也是一项重要内容。

人员的关键标准是指应聘者的岗位胜任能力。对于一个职位的应聘者而言,各项胜任力的重要性是不同的。应聘者需要有很强的核心素质能力,且在招聘标准中占有较大的权重,而其他能力的权重就可以相对较小。只有对各项胜任力设定不同的权重,才能保证人员是在最重要的胜任力上表现最优秀的人。

(三) 招聘的时间

组织为了避免因缺少员工而影响正常运作,要合理地安排员工招聘的时间。因为招聘工作本身就需要一定的时间,选拔录用后还须对新录用的员工进行岗前培训等,才能使新录用的员工开始真正融入岗位中去。

一般组织会根据自身的实际情况确定招聘的时间,最常用的方法是时间流失数据法(Time Lapse Data)。时间流失数据法显示了招聘过程中关键决策点的平均时间间隔,通过计算这些时间间隔可以确定招聘的时间。在使用这种方法确定招聘的时间时需要考虑以下两个方面:整个招聘的阶段数和每个阶段的时间间隔。阶段数越多,每个阶段的时间间隔越长,则整个招聘持续的时间就越长。

在实际招聘过程中,由于多方面的影响如需要通知面试的应聘者无法在规定的时间内通知到等状况,导致实际面试延后,那么就需要在其他环节将延后的时间差补上,以保证整个招聘工作在计划的总时间内完成。

(四) 招聘经费的预算

招聘费用预算是人力资源管理的总预算的一部分,每个公司可以根据自己的实际情况,按照所采取的招聘方式、招聘对象的不同、招聘人数的多少等因素具体来决定招聘费用预算。

由于招聘对象和招聘工具的多样性，单位招聘成本也呈现出多元化特征，所以很难归纳出一个具体统一的单位招聘成本计算公式，但可以从招聘对象和招聘工具两方面预算单位招聘成本。

招聘成本包括内部成本、外部成本和直接成本。内部成本为组织内部招聘专员的工资、福利、差旅费支出和其他管理费用。外部成本为外聘专家参与招聘的劳务费、校园招聘费用等。内部招聘成本是组织进行招聘成本核算时最容易忽略的部分，而实际上它占有相当比重。

在做招聘经费预算时，应仔细分析各种费用的来源，把它们归入相应的类别，以免出现重复或遗漏计算等情况。

二、选择招聘方式

一般来说，组织的用人需求可以通过内部招聘和外部招聘两种方式来实现满足。

对于组织来说，这两种方式各有利弊，大多数的组织会将这两种方式混合使用。表4-1简要比较了内部招聘和外部招聘的优、缺点。

表4-1 内部招聘和外部招聘的优点、缺点比较表

招聘方式	优　点	缺　点
内部招聘	1. 有利于鼓舞组织员工士气； 2. 应聘者了解工作要求和组织，能够迅速开展工作； 3. 节约组织招聘的时间和成本； 4. 组织对应聘者的能力有清晰的认识； 5. 应聘者对组织目标有认同感，有利于组织和个人的长期发展。	1. 容易导致"近亲繁殖"状态； 2. 可能因操作不公或心理因素导致内部矛盾； 3. 容易引起同事间的过度竞争； 4. 应聘失利者会感到心理不平衡，难以安抚，容易降低士气。
外部招聘	1. 为组织注入新鲜血液，能够给组织带来新的活力； 2. 候选人选择范围更广； 3. 会把新的技能和想法带入组织； 4. 降低徇私的可能性； 5. 激励老员工保持竞争力、发展技能。	1. 需要更长的培训和适应阶段； 2. 内部的员工可能会受到打击； 3. 新的候选人可能并不适应组织文化，对组织的稳定有一定的影响； 4. 增加搜寻成本。

（一）内部招聘的主要途径与方法

1. 内部招聘的主要途径

内部招聘是指当组织出现了职位空缺的时候，优先考虑组织内部员工并调整到该职位的方法。

内部招聘有以下四种主要途径：

（1）提拔晋升：内部提拔晋升给员工以升职、发展的机会，对于激励员工非常

有利。内部提拔的人员对本组织的业务工作比较熟悉,能够较快适应新的工作。但内部提拔也有一定的弊端,如内部提拔的不一定是最优秀的。

(2) 工作调换:工作调换是指在相同或相近级别的职位间进行人员的调动来填补职位空缺。工作调换除了填补空缺外,实际上它还起到许多其他作用,如可以使内部员工了解单位内其他部门的工作,与本单位更多的人员有深入的接触、了解。

(3) 工作轮换:工作轮换是指短期的、有时间限定的在两个以上的部门中有计划性开展的人员的调动。轮换可以使单位内部的管理人员或普通人员有机会了解单位内部的不同工作,给有潜力的人员提供以后可能晋升的条件,同时也可以减少部分人员由于长期从事某项工作而带来的烦躁和厌倦等。

(4) 人员重聘:某些组织由于一定的原因会有一些下岗人员、长期休假人员、已在其他地方工作但关系还在本单位的人员(如停薪留职)等。在这些人员中,有的恰好是内部空缺需要的人员。他们中有的人素质较高,对这些人员的重聘会使他们有再为组织尽力的机会。

案例 4-1 宝洁公司的内部招聘

John Pepper,迪斯尼董事会主席;Steven Ballmer,微软公司总裁兼 CEO,这些公司界响当当的人物都有在宝洁长年服务的经历。看上去,在宝洁公司工作过的人,可以领导任何行业的任何公司。

作为宝洁培养人才发展的密码之一,"内部提升制度"是宝洁用人制度的核心。1937 年到 1967 年的 30 年时间里,宝洁花费了大量的时间去思考和研究,用什么办法才可以让员工一直留下来?他们的答案是:关键在于使员工对公司产生较强的归属感,使员工的价值观与公司的价值观相吻合。而内部选拔制度非常有利于实现这两个目标,除了极个别特殊岗位,宝洁用人只从应届大学生中招聘。如今,当其他公司把内部选拔作为公司用人方式的一个自然选择时,在宝洁,这种自然已经超越一般,成为宝洁公司文化的一个显著表现形式,也是宝洁取得竞争优势的一个重要源泉。

资料来源:改编自《中外管理》2009 年第 4 期

2. 内部招聘的主要方法

一般来说,内部招聘的方法主要有两种:一是布告法,二是档案法。

(1) 布告法。

组织可以将用人信息向内部员工作出通告,将空缺职位信息、用人单位、工作时间与报酬等公布出来,通过公开的方式提高内部选拔的透明度与公平性,使全体员工均有机会进行空缺职位的申请。

使用布告法时应注意:布告应发布在组织内部人员都可以看到的地方,以便有资格又有申请意向的员工有机会申请这些职位。布告应保留一定的时间，避免有些员工因外出工作而一时没有看到，错过申请时限。

(2) 档案法。

在组织的人力资源管理部门，一般都有员工的个人档案。使用档案法时一般可以将档案分为人事档案和技能档案两种。人事档案记录了员工的工作经历与工作业绩，技能档案则通过组织人力资源管理信息库，记录员工技能方面的基本信息、教育情况、个性特征、工作技能、参加培训、业绩评估等信息。通过这些信息，组织高层及人力资源管理部门可以筛选出符合岗位需求的人员。

使用档案法时应注意：组织记录的员工档案必须真实可靠、全面详细，并且更新及时，这样对于组织才有参考价值，也才能保证筛选出来的人员的质量。同时，通过档案筛选出合适的员工后，还应该征求员工本人的意见，了解其是否愿意进行工作调整。

(二) 外部招聘的主要来源与途径

1. 外部招聘的主要来源

相比内部招聘，外部招聘的来源相对就比较多，按照美国学者 R·韦恩·蒙迪 (R. Wayne Mondy) 和罗伯特·M·诺埃 (Robert M. Noe) 的观点，外部招聘主要有以下几个来源。

(1) 学校：学校是组织招聘初级岗位的重要来源，在中学和职业学校可以招聘办事员和其他初级操作员工；在大学里，组织可以招聘潜在的专业人员、技术人员和管理人员。由于学生没有任何工作经验，因此让他们接受组织的理念和文化相对比较容易。

(2) 竞争者和其他组织：对于其他需要工作经验的职位来说，竞争者或同一行业的其他组织可能是最主要的招聘来源。在经理和专业人员中，每 3 个人中，每隔 5 年就要有 1 个人变换工作。此外，从这一来源进行招聘也是组织相互竞争的一种重要手段。

(3) 失业者：这也是组织招聘的一个重要来源。由于失业者经历过失去工作的痛苦，因此他们重新就业后会更加珍惜现有的工作机会，工作努力程度比较高，对组织的归属感也比较强。

(4) 老年群体：包括退休员工在内的老年群体也构成了一个宝贵的招聘来源。虽然老年人的体力可能有所下降，但是他们却具有年轻人不具备的工作经验；此外，由于老年人的生活压力比较小，因此他们对薪资待遇的要求并不是很高，这些对组织都非常有利。

(5) 军人：由于军人有真实的工作历史，个人品质可靠，具有灵活、目标明确、纪律性强以及身体健康等特点，因此对组织来说也是非常重要的招聘来源。

(6) 自我雇用者：对于一些要求具备专门知识和技术的工作来说，这也构成了一个很好的招聘来源。

2. 外部招聘的主要方法

当组织内部现有的员工数量与员工结构无法满足组织的人力资源需求时，就要通过外部招聘的方式来获得新的人员。外部招聘的途径是多种多样的，主要有以下几种：

(1) 广告。

广告是组织外部招聘人才最常用的一种方法。一方面，广告招聘可以很好地建立组织的形象；另一方面，广告的信息传播范围广、速度快，获得的应聘人员的信息量大，层次多样。可选择的广告媒体很多，如广播电视、报纸、杂志等，表4-2对主要的广告媒体进行了一个简单的比较。

表4-2 四种媒体类型的招聘广告的优、缺点比较

媒体种类	优点	缺点	适用范围
广播电视	1. 招募信息容易引起注意； 2. 传递信息直接和主动，灵活性强； 3. 创造的余地大，有利于增强吸引力； 4. 自我形象宣传。	1. 费用高； 2. 只能传达简短的信息； 3. 持续时间短； 4. 不能选择应聘者的范围。	1. 需要迅速引起人们的注意； 2. 无法使用印刷广告； 3. 某地区有潜在的多种类型的应聘者。
报纸	1. 广告大小灵活可变； 2. 成本低； 3. 可以限定特定的招募区域； 4. 分类广告为求职者与供职者提供方便； 5. 有专门的人才市场报。	1. 竞争较激烈； 2. 容易被人忽视； 3. 对象没有针对性； 4. 印刷质量比较差。	潜在的应聘者集中在某一地区，并且通常有阅读报纸找工作的习惯。
杂志	1. 印刷质量好； 2. 可长期保存，可不断重读； 3. 广告大小灵活可变； 4. 有许多专业性杂志，可将信息传递到特定的职业领域。	1. 传播周期较长； 2. 难以在短时间里达到招募效果； 3. 地区传播较广。	1. 招聘的职位比较专业； 2. 时间没有限制； 3. 招聘的范围比较广。
互联网	1. 广告制作效果好； 2. 信息容量大，传递速度快； 3. 可统计浏览人数； 4. 可单独发布招募信息，也可以集中发布。	1. 地域传播广； 2. 信息过多容易被忽略； 3. 有一些人不具备上网条件。	招聘范围很广。

从表4-2可以看出，组织应该根据所要招聘的职位类型确定何种媒体是最好的选择。进行广告招聘时，广告费用也是一个不可忽略的问题。由于互联网的兴起，以及新知识人才的大量涌现，网络招聘成了招聘的一种重要方法。互联网不仅

仅是招聘广告的一种载体,而且也成为外部招聘的一种途径,关于网络招聘将在后面作具体阐述。

为了使广告达到预期的效果,还应注意广告内容的设计。一般而言,招聘广告主要根据 AIDA 原则来设计:

A(Attention),即广告内容是要能引起求职者对广告的注意;

I(Interest),即广告的内容是要能引起求职者对工作的兴趣;

D(Desire),即广告的内容是要能激发起求职者申请工作的愿望;

A(Action),即最后让求职者看到广告后能鼓励其采取实际行动。

案例 4-2 招聘品酒师——月薪一万美元

2009 年 6 月,位于美国索诺玛镇的墨菲古德酒厂(Murphy-Goode)面向全球招聘一位写手,他的任务就是住在索诺玛谷中的酒庄 6 个月,只需每天品酒、学习酿酒,再将这些过程和心得记录并发布在博客、及时微型博客 TWITTER、FACEBOOK 等社交网站。

招聘广告中还要求应聘者有一定的媒体经验,提交已经在上述网站发布过的文章以及 60 秒的录像片段,以供招聘方参考。

然而让所有人心动的是,墨菲古德酒厂为这一职位设定的薪水是每个月 10000 美元,工作期限为一年。

可想而知,这次招聘吸引了很多应聘者提交申请,而且其中不乏媒体名人。墨菲古德酒厂还为此次招聘建立了网站,应聘者可以在这个网址上发布自己的视频短片,网友们可以为这些短片投票。

为了进一步扩大影响,墨菲古德酒厂理所当然地把这些视频同步发布在著名视频网站 YouTube 上。

有些应聘者在镜头中说:"让我来告诉你,为什么我是最适合这个职位的人。"或者是简单的视频语音:一位女性小品一口葡萄酒后,转向镜头说:"哦,我没看到你,嗨!"

酒庄的老板雷迪说,整个活动是希望借由一些知名社群网站,拉近一般人和葡萄酒的距离,点燃大家对葡萄酒的兴趣。

墨菲古德收到了近千份视频短片,无论是哪个招聘者胜出,对酒厂来说,已经不太重要,重要的是,酒厂已经通过这个招聘活动成功地完成了一次营销。

资料来源:改编自《实战商业智慧》2009 年第 25 期

一般组织的招聘广告还应包括以下内容,见表 4-3。

表4-3 招聘广告的主要内容

编号	项目	具体内容
1	广告题目	一般是"××组织招聘"、"高薪诚聘"等
2	组织简介	包括组织的全称、性质、主要业务等
3	审批机关	发布招聘广告一般要经过人事主管机关进行审批,一般是当地的人才交流中心
4	招聘岗位	包括岗位名称、任职资格、工作职责、工作地点等内容
5	人事政策	包括组织的薪酬政策、社会保障政策、福利政策、培训政策等内容
6	联系方式	包括组织地址、联系电话、联系传真、网址、电子邮箱地址、联系人等
7	其他注意事项	

(2) 就业服务机构。

在全国的各大中城市,一般都有就业服务机构,这些机构常年为企事业用人单位服务。

就业服务机构作为一种专业的中介机构,一般建有人才资料库,组织可以很方便地在资料库中查询条件基本相符的人员资料;通过就业服务机构选择人员,针对性强、费用低;就业机构作为第三方,能够坚持公事公办,公开考核,择优录用,公正地为组织选择人才。

就业服务机构的劣势在于其不是用人组织本身,可能使较差的求职者通过初选阶段而直接到雇用他们的主管那里,监督人员又不可能做过多的选择就相信就业服务机构的挑选,最终雇用了不合适的人。而且,组织要支付中介费,增加了招聘的费用。

(3) 猎头组织。

猎头组织是一种特殊的就业服务机构,是为适应组织对高层次人才的需求与高级人才的求职需要而发展起来的。社会中具有较好的能力和经验背景的人员通常都具有一份稳定的工作,即使他们对目前的工作并不十分满意,也大多不会天天去关注招聘广告。所以高级管理人员、高级经营人员和高级技术人员的招聘就主要依赖于猎头组织。

猎头组织在搜寻高层管理人员和专门技术人员方面具有很大的利用价值:他们同许多已经被雇用并且没有太大积极性变换工作的高级人才都保持着联系;他们能够对组织的名称保守秘密,一直到职位候选人搜寻过程到最后阶段为止;他们还可以替组织的高层管理人员节约时间,因为他们承担着初期性广告工作及可能对数百人进行预先筛选;而且猎头组织可以帮助组织一开始就接触到高素质的应聘者。国际知名猎头公司有万宝盛华公司(Manpower Inc.)、亿康先达国际咨询公司(Egon Zehnder International)等,国内知名猎头公司有智联招聘等。

案例4-3　Z公司猎头服务流程

- 客户提出服务需求。
- Z公司向客户介绍对客户需求的理解、作业程序、类似案例以及服务报价。
- 双方谈判合作的细节，并订立服务协议和收取委托金。
- Z公司内部对客户公司的文化、历史、产品、管理风格、岗位职责、任职资格及相应的薪酬水准进行分析。
- 分析工作条件与当前市场状况，特别是薪资状况，确定目标访寻对象、访寻办法等。
- 进行有针对性的人才挖掘，以确保提供最适用的人选。
- 对可能适用的候选人进行有效的结构化面试与甄选，检验与确保候选人对职务足够的胜任度。
- 对候选人进行背景调查，以确保信息的可靠性。
- 将候选人信息以及Z公司的确认意见以保密的报告形式提供给客户。
- 根据客户的要求，安排候选人接受面试，并协助客户完成后续的工作；项目完成，收取服务费。

(4) 校园招聘。

学校是人才资源的重要来源，每年我国有几百万毕业生走出校门，步入社会。学校毕业生已成为各组织技术人才和管理储备人才的主要来源。对学校毕业生最常用的招募方法是一年一次或两次的人才供需洽谈会，供需双方直接见面，双向选择。除此之外，有的组织自己在学校召开校园招聘会等，还有的则通过定向委培、委托培养等方式直接从学校获得所需要的人才。

案例4-4　校园招聘"法宝"——欧莱雅的"选人"之道

欧莱雅选择的是能够把诗人的创造性和农民的实干精神融合于一身的人才，而这样的人才最集中的地方便是校园。欧莱雅非常重视校园招聘，它的著名的校园活动——欧莱雅全球在线商业策略竞争，每年吸引着全球成千上万的大学生、MBA参加。

欧莱雅全球在线商业策略竞赛始于2001年，主要是针对对公司管理有兴趣的学生。从第2004届比赛开始，比赛又分MBA组和非MBA组。该项竞争目前是世界上唯一一项面向全球大学生的商业策略竞赛，也是全球规模最大的在线商业策略竞赛，曾获得"欧洲最佳商业旅游奖"。这些竞争已经成为公认的最有创意的招聘工具，是欧莱雅招聘的法宝。参加者通过这些竞赛获得了真正的商业体验，检验了其在全球化竞争环境下的战略思维能力。学生们因此了解了这个行业，了解了欧莱雅这个公司和潜在雇主。欧莱雅则有机会与这个年轻和富有活力的群体保持联系，了解学生，并从中发现和招募优秀的人才。欧莱雅通过运用这种国际化的招聘工具，吸引来自全球各地的精英，建立了一个丰富的人才资源库。

欧莱雅中国公司的CEO曾表示："也许我们不能仅仅通过一次比赛就决定是否录用一位参赛者，但比赛确实在我们与潜在的雇员之间建立了一座相互发现、增进了解的桥梁。"

在一般的校园招聘流程中，招聘组织要到学校的就业服务中心注册。就业服务中心是一个劳动力交换市场，为学生和雇主提供见面并商讨潜在雇用的机会。在招聘时期，应届毕业生通过校园公告牌、学校就业服务中心网站等途径了解招聘组织的来访日程。在就业服务中心，学生可以参加组织的宣讲会，与自己感兴趣的雇主进行初步的面试，并获取关于该组织的宣传资料。初步面试完成后，组织招聘人员根据招聘计划再与应聘者商定第二次面试时间、实习的时间等。在学生毕业之前，需要完成三方协议等手续，完成派遣工作。总体来看，校园招聘主要有以下四大步骤，见图4-3。

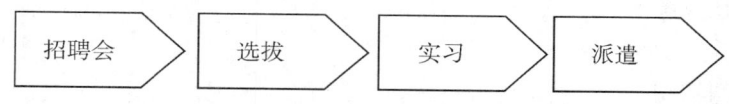

图4-3 校园招聘的主要步骤

校园招聘中，组织必须仔细挑选校园招聘工作人员，优秀的招聘人员能传达良好的组织形象。另外，优秀的招聘人员还需要具备娴熟的人际交往处理能力，因为他们在招聘工作中的反应直接影响应聘者的工作选择决定。

（5）假期实习。

一些组织在寒、暑假雇用学生做实习生或在学期中雇用学生做兼职。实际上，组织中的实习生使用正在快速增长，大部分学生在毕业前都有过至少一次的实习经历。组织开展实习生计划的目的有很多：组织可以发现有才能的潜在雇员；组织可以让实习生担任校园招聘中的"校园大使"，协助组织在学校开展校园招聘工作；使用实习生还可以为组织节省一定的人力资源成本。在实习期结束时，组织会通过和实习生的协商，选择是否让实习生转为正式员工。

组织在开展假期实习生工作时应注意：组织要明确实习生的不同目的，判断该实习生是为了进入组织，希望被组织正式录用，还是只是为了获取实习经验；同时，组织要把握好实习生工作内容的深度，以防实习生接触到的工作过于简单或太过困难，导致实习生产生失望感或受挫感。

（6）招聘洽谈会。

人才交流中心或其他人才机构每年都要举办多场人才招聘洽谈会。在洽谈会中，用人组织或应聘者可以直接进行洽谈和交流，节省了组织和应聘者的时间。随着人才市场的日益完善，洽谈会呈现出向专业化方向发展的趋势，比如有中高级人才洽谈会、应届生双向选择会、信息技术人才交流会等。洽谈会上应聘者集中，组织的选择余地较大，但招聘高级人才还是相对较困难。

通过参加招聘洽谈会，组织招聘人员不仅可以了解当地人力资源素质和走向，还可以了解同行业其他组织的人事政策和人力资源需求情况。

（7）网络招聘。

随着网络技术、通讯技术的发展和普及，网络招聘已成为现在发展最快的一种招聘方法。网络招聘主要有两种：一种是通过职业招聘网站，另一种是在组织的主页上发布招聘信息。

目前我国有许多家提供各种形式的人员招聘的服务网站，网络招聘打破了原有的地域性限制，具有便捷、即时的特点。有招聘需求的组织应该在招聘服务网站上提供一份自我履历，该履历应该言简意赅、通俗易懂，包含所有求职者希望了解的情况，还要包括营业额、具体办公环境等。好的人才网站的标准是：信誉良好；功能强大；客户化设计；服务细致，反应快捷；除了招聘之外，还应提供其他服务等。常见的招聘网站有中华英才网（http：//www.chinahr.com/）、前程无忧（http：//www.51job.com/）等。

越来越多的组织用自己的网站进行外部人员招聘，尤其是那些实力雄厚的组织。这种方法对人才的甄选往往更加具有针对性，因为这些应聘者对组织有一定的了解，而且他们往往认同组织文化，这样招聘的效率可以无形中得到提高。

（8）海外招聘。

海外招聘主要用于招聘高级管理人才或一些尖端技术的专业人才。海外招聘候选人的数量及质量都与国内的招聘不可同日而语。但是也存在着诸多困难，如何核查各种证书，如何实施其背景调查，招聘录用手续也很繁琐；是否能融入国内组织文化也是一个问题。

三、发布招聘信息

招聘信息发布的时间、方式、渠道与范围是根据招聘计划来确定的。由于需要招聘的岗位、数量、对任职者的要求不同，招募对象的来源范围不同，以及新员工报到时间和招聘费用预算的限制，招聘信息发布时间、方式与范围也是不同的。招聘信息的发布对招聘的效果有较大的影响。

一般而言，招聘信息的发布要遵循以下原则。

（一）全面原则

组织在发布招聘信息时，除了要向外界提供有关职位本身的信息外，还要尽可能多地提供其他的相关信息，如该职位发展的机会等。应聘者对组织了解得越多，就越有助于他们做出选择与判断。

（二）广泛原则

该原则即信息发布的范围要广泛。发布信息的范围越广，接受到该信息的人就越多，应聘者也就越多，这样可能招聘到合适人选的概率就越大。相应的，招聘的费用则会增加。

（三）及时原则

在条件允许的情况下，招聘信息应尽早向人们发布，这样有利于缩短招聘进程，而且有利于使更多的人获取信息，使应聘人数增加。

（四）层次原则

对于不同层次的岗位，要根据招聘岗位的要求与特点，向特定层次的人员发布招聘信息，以提高招聘的有效性。

第三节 人员甄选

一、人员甄选的概述

（一）人员甄选的含义

人员甄选是指组织通过一系列科学的测试方法，对已经招募到的应聘者的任职资格和对工作的胜任程度进行系统的鉴别与考察。

（二）人员甄选的信度和效度

信度是指可靠性程度，即通过某项测试所得结果的稳定性和一致性。一般信度包括：稳定系数、等值系数、内在一致性系数。稳定系数指用同一种测试方法对一组应聘者在两个不同时间进行测试结果的一致性。等值系数指对同一应聘者使用两种对等的、内容相当的测试的记录之间的一致性。内在一致性系数指把同一（组）应聘者进行的同一测试分为若干部分加以考察，各部分所得结果之间的一致性。

效度是指有效性，即用人单位对应聘者测试到的品质、特点与其想要测试的品质、特点的符合程度。一个测试必须能测出它想要测定的功能才算有效。效度可以分为三种：预测效度、内容效度、同测效度。预测效度是说明测试用来预测将来行为的有效性。内容效度即某测试的各个部分对于测量某种特性或作出某种估计有多大效用，主要考虑所用方法是否与想测试的特性有关。同测效度是指对现在员工实施某种测试，然后将测试结果与员工的实际工作绩效评估得分进行比较，若两者的相关系数很大，则说明此测试效度很高。

（三）人员甄选的维度

人员甄选主要有知识测验、能力测验和品德测验三个维度。

1. 知识测验

知识测验可通过心理测验、面试、情景测验等多种方式进行，其中最简单、最有效的方式是心理测验。心理测验在知识测验中的应用形式是教育测验，即一般所说的笔试。

2. 能力测验

能力测验即为我们通常所说的智力测验，用来衡量应聘者是否具备完成职位职责所要求的能力。

3. 品德测验

品德测验是指一种建立在对品德特征信息"测"与"量"基础上的分析与判断活动。判断的基本形式一般有三种：一是定性判断；二是定量判断；三是对判断的结果予以报告和解释。

二、人员甄选的主要方法

人员甄选的方法主要有心理测验方法、面试方法、评价中心技术和履历档案方法等。

（一）心理测验方法

1. 心理测验的含义

心理测验是指使用系列心理测量表来测量一个人的潜能和个性特点。心理测验是知识测验的一种具体形式。

一般招聘人员常用的笔试的具体内容即为心理测验。按测验的目的、意图和表现等，心理测验有结构明确的问卷法与结构不明确的投射法。

2. 心理测验的一般程序

测验的编制方法和步骤，依测验的性质和内容不同而异。这里介绍编制心理测验的一般程序，见图4-4。

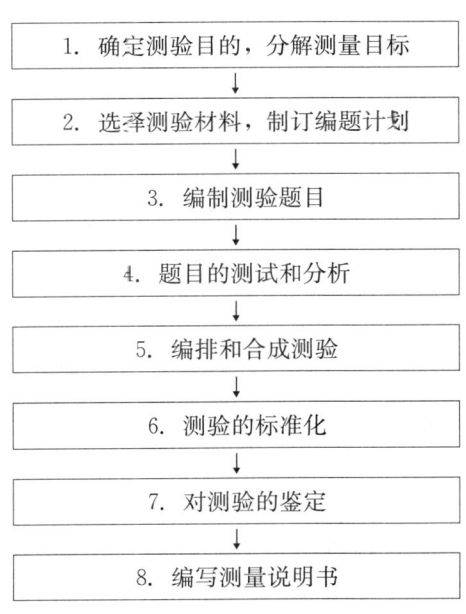

图4-4　测验编制流程图

3. 常用的心理测验

常用的心理测验有智力测验、能力倾向性测验、人格测验和心理健康测验。下面逐一具体介绍。

(1) 智力测验。

智力测验是通过测验来衡量人的智力水平的一种科学方法。智力测验是心理测验中产生最早也最为引人关注的测验。由于人们常把智力看成是各种基本能力的综合，所以智力测验又可称为普通能力测验。智力测验有团队实施的，也有个体实施的。目前组织中常用的智力测验的方法有：韦克斯勒智力测验（Wechsler Intelligence Tests）、瑞文标准推理测验（Raven's Standard Progressive Matrices）等。

(2) 能力倾向性测验。

能力倾向性测验是指测试受测者的较稳定的、表现在认知能力方面的心理特质，主要体现人在外部环境影响下，较不易改变的那些认知特点。能力倾向性测验有两种功能：一是诊断功能，即判断应聘者具有怎样的能力；二是预测功能，即测定应聘者在所从事的活动、工作中成功的可能性。

能力倾向性测试包括一般能力测试和特殊能力测试两类。一般能力测试（General Aptitude Test Battery）最初是由美国劳工部自1934年开始经过十多年的时间研究制定的，包括9种职能能力倾向：一般能力（G）、言语能力（V）、数理能力（N）、书写能力（Q）、空间判断力（S）、形状知觉（P）、运动协调（K）、手指灵活度（F），以及手腕灵巧度（M）。特殊能力测试指那些与具体职位相联系的不同于一般能力要求的能力。特殊能力测试的方法主要有：明尼苏达办事员测试（Minnesota Clerical Test）、西肖音乐能力测试（Seashor Measures of Musical Talents）等。

(3) 人格测验。

人格测验，也称个性测验，主要用于测量个人在一定条件下经常表现出来的、相对稳定的性格特征，如兴趣、态度、价值观等。常用的人格测验有：艾森克人格测验（Eysenck Personality Questionnaire）、卡特尔16种人格测验（Cattell's 16 Personality Test）等。

(4) 心理健康测验。

现代组织越来越关注员工的心理健康状况，这不仅是组织正常运行的一个重要保证，而且关系到组织的长远发展和前景。常用的心理健康测验有心理健康测验（UPI）、管理行为自我测验等。

(二) 面试方法

1. 面试含义

面试又称面试测评，是一种应聘者与面试者之间面对面的交流与沟通，从而了解应聘者心理素质和潜在能力的测评方法。面试是组织招聘中常用的一种方法，也是争议最多的一种方法。

2. 面试的分类

按照不同的标准，可以将面试划分为不同的类型：

（1）从面试的组织形式来看，可分为结构型面试、非结构型面试、混合型面试。

结构型面试是指按照事先设计好的问题进行提问的面试。面试者严格按照设计好的问题对每个应聘者分别作相同的提问。这种面试可以避免遗漏一些重要的问题，同时还可以对不同的应聘者进行比较，但缺乏灵活性，不利于对某一问题进行深入了解。非结构型面试是指根据面试的实际情况随机进行提问的面试。在这种面试中，面试者往往提一些开放式的问题。由于这种面试有很大的随意性，面试者所提问题的真实目的往往有很大的隐蔽性，要求应聘者有很好的理解能力与应变能力。在实际操作中，一般将这两种面试结合起来使用，就可以取两者之长，避两者之短。

（2）从面试所达到的效果来分类，可分为初步面试和诊断面试。

初步面试是用来增进用人单位与应聘者相互了解的过程，在这个过程中应聘者对其书面材料进行补充（如对技能、经历等进行说明），组织对求职动机进行了解，并向应聘者介绍组织情况、解释职位招募的原因及要求。诊断面试是对经初步面试筛选合格的应聘者进行实际能力与潜力的测试。这种面试由用人部门负责，人力资源部门参与，它更像正规的考试。

（3）从参与面试过程的人员来看，可分为个别面试、小组面试和成组面试。

个别面试是指一个面试人员与一个应聘者面对面地交谈，这种面试方式有利于双方建立互信关系，深入地相互了解，但这种面试的结果易受面试人员的主观因素干扰。小组面试时由两三个人组成面试小组对各个应聘者分别进行面试。面试小组由用人部门与人力资源部门的人员共同组成，从多角度对应聘者进行考察。成组面试，也称集体面试，它是由面试小组对若干应聘者同时进行面试。在集体面试过程中，通常由面试主考官出一个或几个问题，引导应聘者进行讨论，从中发现、比较应聘者的表达能力、思维能力、组织领导能力、解决问题能力、交际能力等。

3. 面试的基本程序

面试是一种操作难度较高的测试形式，随意性较大，一般的人难以掌握，或者说由于没能掌握面试的程序和缺少面试的技巧，而达不到面试应有的效果。为了改进这一点，使面试能够被一般水平的人操作，提高面试的质量与可比性，在实施中应掌握面试的程序和技巧。

（1）面试的准备阶段。

本阶段包括确定面试的目的，科学地设计面试问题，选择合适的面试类型，确定面试的时间和地点等，面试者事先确定需要面试的事项和范围，写出提纲，并且在面试前要详细了解应聘者的资料，发现应聘者的个性、社会背景及对工作的态度、是否具有发展潜力等。

（2）面试开始阶段。

面试时面试者应从应聘者可以预料到的问题开始发问，如工作经历、文化程度等，然后再过渡到其他问题，以消除应聘者的紧张情绪。只有这样才能营造和谐的面试气氛，有利于观察应聘者的表现，以求全面客观地了解应聘者。

（3）正式面试阶段。

面试者采用灵活的提问和多样化的形式，交流信息，进一步观察和了解应聘者。此外，还应该察言观色，密切注意应聘者的行为与反应，对所提的问题、问题间的变换、问话时机及对方的答复要多加注意。所提问题可以根据简历或应聘者申请表中发现的疑点，先易后难逐一提出，尽量营造和谐自然的环境。

（4）结束面试阶段。

在面试结束之前，面试者问完了所有预设问题之后，应该给应聘者一个机会，询问应聘者是否有问题要问，是否有要加以补充或修正之处。不管录用还是不录用，均应在友好的氛围中结束面试。如果对某一对象是否记录有分歧意见时，不必急于下结论，还可以安排第二次面试；同时，要整理好面试记录表（见表4-4）。

表4-4　人员面试记录表

应聘者基本情况					
应聘者姓名		性别		年龄	
毕业院校		专业		学历	
应聘职位		应聘时间			
面试记录					
面试项目＼评价等级	优秀	良好	一般	较差	备注
1. 仪容仪表					
2. 语言表达					
3. 专业知识及技能水平					
4. 外语能力					
5. 灵活应变能力					
6. 责任心					
7. 个人品质					
8. 发展潜力					
				面试者：	
面试评价					
综合评定						
录用意见						

（5）面试评价阶段。

面试结束后，应根据面试记录表对应聘人员进行评价。评价可采用评语式评价，也可采用评分式评价。评语式评价的特点是可对应聘者进行深入的评价，而评分式评价能对不同应聘者的相同方面进行比较。

4. 面试的环境布置

（1）面试场所的选择原则。

①根据职位高低选择场所的大小。通常较高职位的面试选择小一点的场所，便于交谈的时间长一些和交流的内容深入一些，同时兼顾到应聘高职位的人原先的工作环境也较好。

②根据招聘岗位面试的人数选择场所的大小。通常面试人数多的应该选择较大的面试场所。

③根据招聘岗位的不同选择场所的大小。不同的工作岗位对场所大小要求也有不同，如需要展示表达能力的，场所要大一些。

④根据是否需要听众和听众多少来选择场所的大小，听众多的场所要大一些。

⑤面试考场必须安静，与其他公共场所隔开。

（2）面试场所的布置。

面试考场的布置必须根据面试的目的要求而定，如对大组织的重要岗位的竞聘，有时需要特意将考场布置成严厉而有压力的，以测试应聘者的心理承受能力。考场应既严肃又有人情味，既紧张又不失温馨。同时考场的布置应注意以下几点：

①应聘者席与面试者席的距离不宜太远，便于面试者观察应聘者的面部表情和身体语言。

②应聘者席与面试者席的桌面布置应基本相同，如用相同颜色的台布、饮料和茶杯、纸、笔等。

③应聘者席的周边或桌上最好有鲜花布置。

④场记应安排在面试者席的右边或左边。

⑤如有听众席，听众席应离面试者席一段距离，坐在面试者席的后面，不要摆在面试考官席的左右两侧，形成"U"字形包围应聘者席，这样会使应聘者感到压力太大。

⑥应有共同的计时钟。

⑦要对面试者席、应聘者席和场记席作出明确标记。

⑧面试考场的不远处应有应聘者的休息预备等候场所。

（三）评价中心技术

1. 评价中心技术的含义

评价中心技术是在第二次世界大战后迅速发展起来，一种现代人才测评的主要形式。评价中心技术是以测评被评人管理素质为中心的标准化的一组评价活动。评价中心技术将各种不同的素质测评方法相互结合，通过创设一种逼真的模拟管理系统和工作场景，将被评人纳入该环境系统中，使其完成该系统环境下对应的各种工作。评价中心技术最主要的特点就是它的情境模拟性，被评人通过这些情境模拟观察应聘者的人际交往能力、分析问题与解决问题的能力等。

2. 评价中心的主要形式

评价中心的形式主要有无领导小组讨论、公文处理、管理游戏、角色扮演。

(1) 无领导小组讨论。

无领导小组讨论的使用频率较高，它也是评价中心常用的一种形式。无领导小组是把应聘者划分为不同的小组，每组4~8人不等，不指定负责人，应聘者地位平等，就某些争议大的问题在限定的时间内进行讨论并作出一个决策。每个组员都应在上面签字，以表明自己同意所作的决策汇报。

面试者一般在旁边观察所有应聘者的表现，看谁善于驾驭会议，善于给出正确意见，并说服他人，达到一致决议。为了增加情境压力，面试者还可以每隔一定时间，给讨论小组发布一些有关议题中的各种变化信息，迫使其不断地改变方案并引起小组争议。当情境压力增加到一定程度时，有的应聘者就会显得焦躁不安，而有的则沉着灵活、处置自如。

面试者评判的标准是：发言次数的多少，是否善于提出新的见解方案，敢于发表不同意见，支持或肯定别人的意见，坚持自己的正确意见；是否善于消除紧张气氛，说服别人，调解争议问题；能否倾听他人意见，是否尊重他人，是否侵犯他人发言权。通过这种方法，面试者可以对应聘者的语言表达能力、分析归纳能力、说服能力、协调组织能力与集体意识等做出评价。

(2) 公文处理。

公文处理是评价中心用得最多的一种测评形式，它也是被认为最有效的一种形式。在这种测评活动中，应聘者假设为接替或顶替某管理人员的工作，在其办公室的桌上堆积着一大堆亟待处理的文件，包括信函、电话记录、电报、包裹和备忘录。他们分别是来自上级、下级、组织内部和外部的各种典型问题和知识、日常琐事和重要事件。接着，让应聘者在规定的时间和条件下处理完毕，并说明理由和原因。通过这种方法，可以对应聘者的规划能力、决策能力以及分析判断能力等做出一定的评价。

(3) 管理游戏。

管理游戏也是评价中心常用的方法之一。在这种活动中，小组成员各被分配一定的任务，必须合作才能较好地完成。有时引入一些竞争因素，如三四个小组同时进行销售或进行市场占领，以分出优劣。有些管理游戏中，包括劳动力组织与划分和动态环境相互作用及负责的决策过程。通过被试者在完成任务的过程中所表现的行为来测评被试者的素质。

(4) 角色扮演。

角色扮演是一种主要用以测评人际关系处理能力的情境模拟活动。在这种活动中，面试者设置了一些尖锐的人际矛盾和人际冲突，要求应聘者扮演某一角色并进入角色情境中去处理各种问题和矛盾。面试者通过对应聘者在不同角色情境中表现出来的行为进行观察和记录，测评其素质潜能。角色扮演的效度不一定高，未能进入角色的人并不一定说明他以后不行，角色扮演很好的人并不一定保证日后什么都行。

通常情况下，评价中心主要是用作高层管理人员的选拔和晋升中的考核手段。与其他素质测评形式比较，评价中心花费大、代价高、应用范围小，并且评价中心的质量很难鉴定，似乎发展会受到一定的限制。但是随着评价中心技术上的革新和其他相应配套措施的继续完善，不断进步的评价中心如发展中心等会有较好的发展前景。

（四）履历档案方法

履历表与档案资料等都是一些现成的，由组织部门与人力资源管理部门保存较长时间的历史资料，它们描述的是被测者过去的情况，"鉴往知来"的事实表明，它们可以作为素质测评的一种有效手段。这种方法是有效、可靠、成本低的，但往往因档案记载不够全面而无法全面了解。

1. 履历表

履历表实际上是一种有关被测者背景情况描述的材料，其项目内容与申请表类似，但又有所不同。从项目与内容上来说，履历表比申请表更详细，更全面；从时效上来说，履历表所反映的是被测者过去的情况，而申请表反映的是当前的情况，显然两者内容会有所不同。

要提高履历表的测评作用，关键在于履历表项目的设计。履历表项目的格式一般包括两部分的内容：一部分是测评者能够核实的项目，包括家庭住址、家庭情况、工龄、学历、年龄等；另一部分则是不能核实的项目，如述职报告等。

履历表项目选择与申请表一样也是以职位要求或工作绩效的相关性为标准。常见的是选择那些与生产效率、出勤率显著相关的项目。

2. 档案法

档案法是一种应用较为广泛的分析方法。我国组织人力资源管理部门提拔或录用某个人时，总是会要看他的档案材料。档案法已在内部招聘的具体方法中作过介绍，在此就不再赘述。

（五）背景调查与体检

背景调查是对应聘者的教育状况、工作经历、个人品质、工作能力、个人兴趣、工作业绩、忠诚度等情况进行调查和核实。在进行背景调查的时候应注意限定调查问题的范围，避免涉及个人隐私，并应事先征得被调查者的同意，或在求职申请表中说明。

体检包括：健康检查、身体运动能力测试等。员工不仅要有健康的体魄，而且必须具备一定的运动能力。只有体检合格的应聘者，才能最终受聘。

（六）其他方法

在人员甄选的实际操作中还存在一些测评方法，这些测评方法有的弥补了前面几种方法的不足，也有其特有的应有价值。

1. 操作能力测试

操作能力测试主要包括工作样本测试和工作模拟测试，主要测试被测者在实际或与其接近的工作环境中的操作能力表现，在实践中也有着广泛的应用。

（1）工作样本测试。

工作样本测试是测量应聘者在一个可控的环境中实际执行工作的某些基本任务的表现。工作样本测试的测试方法比较简单，就是让申请人直接执行任务，但对测试的设计上有较高的专业化要求，需要对工作十分熟悉的专家对工作进行分析分解，才能保证申请人的工作样本测试得分与实际工作绩效间的相关性。工作样本测试的事例有：对计算机编程人员的编程测试，对升降机驾驶员的标准驾驶测试，对交响乐团演奏员的试听测试等。

（2）工作模拟测试。

工作模拟测试是一种非纸笔测试，用来测量申请人与工作表现相关的能力。工作模拟并不是该工作的实际操作，而是通过模拟更接近实际工作。常见的工作模拟测试有：明尼苏达纸制模板测试修订版（Revised Minnesota Paper Form Board）、神经运动能力模拟（Psychomotor Simulations）等。

2. 员工推荐

员工推荐可用于内部招聘，也可用于外部招聘。它是由本组织员工根据组织的需要推荐其熟悉的合适人员，供组织和人力资源部门进行选择和考核。由于推荐人对组织与被推荐者均比较了解，使得被推荐者更容易获得组织与职位的信息，便于其决策，也使组织更容易了解被推荐者，因而这种方法较为有效，成功的概率也较大。

第四节　人员录用与招聘评估

一、人员录用

人员录用环节的主要工作包括：应聘者的信息总结、录用决策、员工录取与辞谢。

（一）应聘者的信息总结

人员甄选阶段结束后，人力资源部门应把应聘者的信息作总结。一是可以检查求职者的信息是否存在前后矛盾、虚假信息等情况；二是通过求职者的信息总结，判断该求职者以后的工作表现及发展方向。

（二）录用决策

让最有潜力的应聘者与用人部门主管进行诊断性面谈，最后由用人主管（或专家小组）作出决定，并反馈给人力资源管理部门，由人力资源管理部门通知应聘者有关录用决定，办理各种录用手续。

（三）员工录取与辞谢

1. 录用通知

组织在作出录用决策后，要及时通知录取者。现实中，一些组织因录用通知不及时而损失了重要的人力资源，并影响组织的外在形象。

在录用通知书中，应说明报到的起止时间、报到的地点以及报到的程序等内容，在附录中详细讲述如何抵达报到的地点和其他应该说明的信息。当然，要记得欢迎新员工加入组织。

2. 辞谢通知

许多组织都忽视了辞谢的程序，周到的辞谢方式除了能树立良好的组织形象外，还可能对今后的招聘产生有利的影响。因此，应该用同样礼貌的方式通知未被录用的人员，可以通过电话委婉地通知对方，也可以用信函的方式告知对方，但切忌用明信片的形式。

3. 拒聘的处理

尽管经过努力，组织还是有可能遇到接到录用通知的人员不来就职的情况。如果拒聘的人员正是组织所需要的优秀人员，则组织的人力资源管理部门甚至最高层主管应该主动与之取得联系，采取积极的态度挽留。如果在招聘活动中，组织被许多应聘者拒聘，就应该反思招聘过程中可能存在的问题和障碍。因此，组织从拒聘的调查中，也可以获得一些对今后招聘有用的信息。

二、招聘评估

（一）招聘评估的维度

员工招聘的评估维度主要有招聘成本效益评估、招聘数量与质量评估和招聘效果的评估。

1. 招聘的成本效益评估

招聘的成本效益评估是指对招聘中的费用进行调查、核实，并对照预算进行评价的过程。

2. 招聘数量与质量评估

录用员工数量评估是对招聘工作有效性检验的一个重要方面。录用人员质量评估实际上是在录用人员选拔过程中对其能力、潜力、素质等进行的各种测试与考核的继续，也可根据招聘的要求或工作分析得出结论。

3. 招聘效果的评估

招聘效果评估主要是看信度与效度评估。信度与效度评估是对招聘过程中所使用的方法的正确性与有效性进行的检验，用于提高招聘工作的质量。

(二) 招聘评估的指标

1. 成本效益评估

成本效益评估主要对招聘成本、成本效用、招聘收益成本比等进行评价。

(1) 招聘成本：招聘成本分为招聘总成本与招聘单位成本。招聘总成本即为人力资源的获取成本，它由两部分组成。一部分是直接录用成本，包括招募费用、选拔费用等；另一部分是间接费用，包括内部提升费用、工作流动费用。招聘单位成本即招聘总成本与录用人数之比。

(2) 成本效用：它是对招聘成本所产生的效果进行的分析，主要包括：

总成本效用 = 录用人数招聘总成本；

$$招募成本效用 = \frac{应聘人数}{招募期间的费用};$$

$$选拔成本效用 = \frac{被选中人数}{选拔期间的费用};$$

$$人员录用效用 = \frac{正式录用的人数}{录用期间的费用}。$$

(3) 招聘收益成本比：它是对招聘工作的有效性进行考核的一项指标。

$$招聘收益成本比 = \frac{所有新员工为组织创造的总价值}{招聘总成本} \times 100\%;$$

招聘收益成本比越高，说明招聘工作越有效。

2. 录用人员的数量评估

录用人员的数量评估主要从录用比、招聘完成比和应聘比三方面进行：

$$录用比 = \frac{录用人数}{应聘人数} \times 100\%;$$

$$招聘完成比 = \frac{录用人数}{计划招聘人数} \times 100\%;$$

$$应聘比 = \frac{应聘人数}{计划招聘人数} \times 100\%。$$

关键术语

招聘、内部招聘、外部招聘、人员甄选、信度、效度、知识测评、能力倾向性测评、心理测验、面试、结构型面试、评价中心、无领导小组讨论

本章思考题

1. 人员招聘的含义及原则是什么？
2. 比较内部招聘和外部招聘的优、缺点。
3. 人员甄选的含义是什么？
4. 信度和效度的含义分别是什么？两者的关系是什么？
5. 常用的心理测验方法有哪些？分别举例。

6. 面试的基本流程是什么?
7. 评价中心技术的主要形式有哪些?
8. 人员招聘的成本效益评估如何进行?

本章案例

H 超市的烦恼

H 超市是一家非常成功的私营连锁超市,曾荣获地方服务业金奖,员工们意识到 H 超市已有良好的声誉,但近来,大家都越来越紧张了,主要是因为超市规模最近扩大了一倍,超市内部也进行了大规模的装修,上架货品也多样化了。然而到目前为止,H 超市还没有招聘到足够的新员工。因此,大部分员工每周工作 48 小时以上,尽管目前的员工受到过良好的训练,报酬较高,工作也比较有保障,但这种紧张的工作开始影响到员工的士气,许多员工认为超市的管理人员似乎并没有打算减轻他们的工作压力。

H 超市基本上完全通过内部招聘的方式雇用新员工。在现有的新员工中,50% 以上的人都是以前那些员工的朋友,管理层喜欢让雇员们引荐他们认识的亲戚朋友来超市工作,同样,不论是什么情况下,超市都欢迎曾在这里工作过的员工回来工作。但是,目前超市的这种内部征召制度无法提供足够的新员工。现在的员工觉得目前的招工面试都是非正式的(面试就是工作实践,由超市的经理助理进行),超市似乎更注重求职者的性格,而不是做好工作必需的资格。由于总经理不愿尽快雇到新的帮手,或利用外部资源来招聘新雇员以尽快解决问题,员工们也感到十分忧虑。

总经理也很苦恼,因为从来都是以雇员们引荐的方式招聘新员工,对于对外招聘他感到非常生疏,不知道该如何下手。

思考题:
1. 假如你是 H 超市总经理,你将采取哪些措施来解决员工短缺的问题?
2. 请你帮 H 超市的总经理制订一份对外招聘计划。

第五章 员工培训

本章结构图

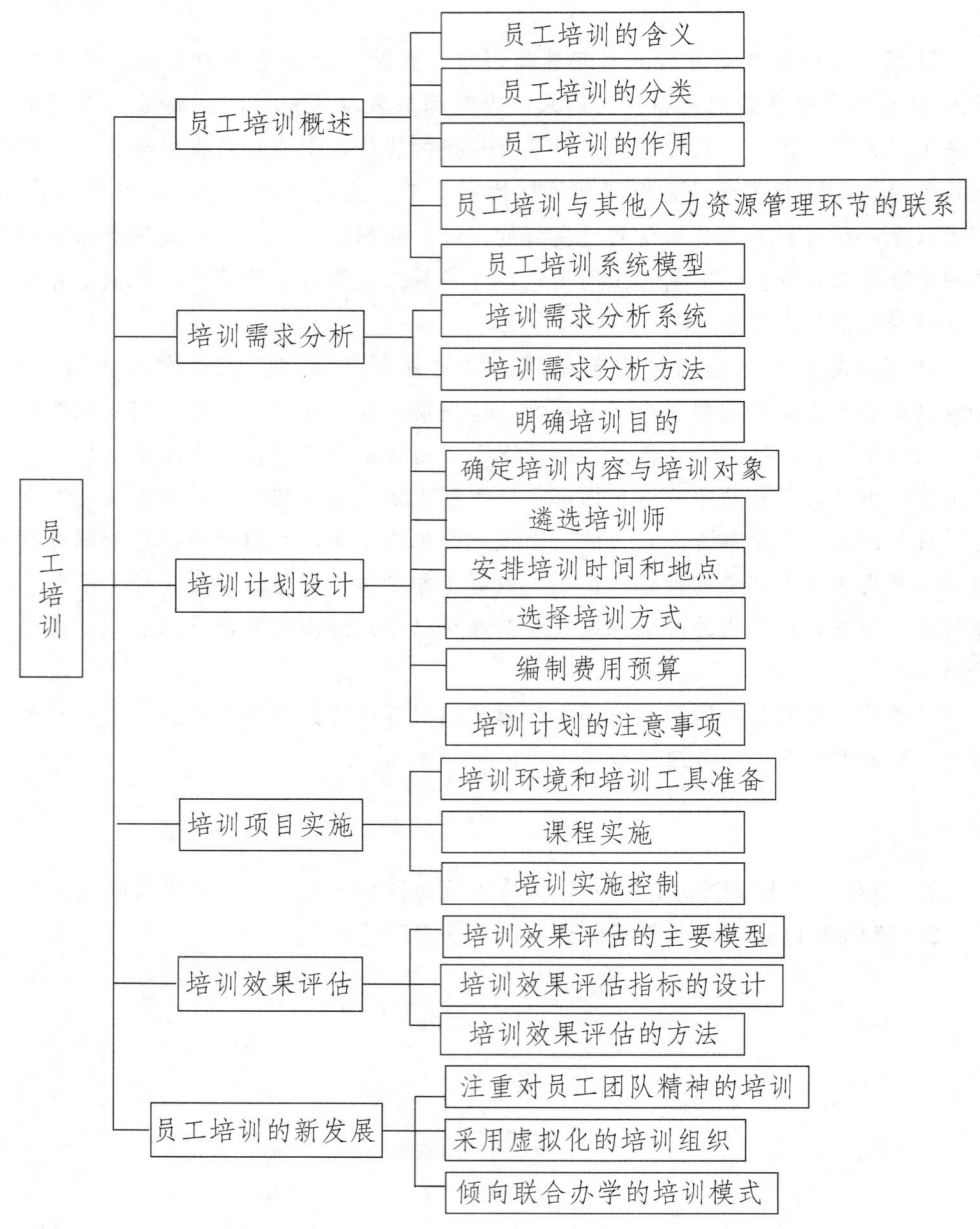

第五章 员工培训

本章学习目标

※ 了解培训的含义和培训的意义
※ 理解培训的系统模型
※ 理解和掌握培训需求分析的层次和方法
※ 理解和掌握员工培训的主要方法
※ 理解培训项目的实施
※ 理解柯氏评估模型的原理
※ 理解员工培训的新发展

开篇案例

摩托罗拉的常青秘诀

世界无线通讯巨人摩托罗拉是世界无线通讯市场上少有的常青树。1930年摩托罗拉公司生产出第一台汽车收音机,迈出了它世界无线通讯市场征程的第一步。从20世纪30年代的车载通讯到第二次世界大战时美国步兵的无线对讲机,直到今天的卫星通讯,摩托罗拉一直走在竞争的前列。到底是什么样的秘诀使摩托罗拉公司能够在当今竞争日益激烈的国际市场上立于不败之地呢?秘诀之一就是搞好员工培训。那么让我们来看看摩托罗拉公司到底是如何进行员工培训的。

一、公司领导层高度重视员工培训

公司领导层意识到知识经济的今天,知识的更新周期越来越短,只有不断地加大对员工的培训才会保持摩托罗拉公司在技术上的领先优势。为此,摩托罗拉每年在培训上的花费高达1.5亿美元;此外,公司还建立了摩托罗拉大学,总部设在伊利诺伊州肖姆堡,从东京到檀香山共设有14所分校,预算超过1.2亿美元。摩托罗拉公司的管理者认为,员工的培训是企业经营成功的金钥匙,公司总部设有专门负责培训和教育的副总裁。

二、员工培训与实际工作紧密结合

(1) 培训课程由辅导工程师制定,内容包括批评式思维、解决难题的方法和管理、计算机、英语补习、如何使用机器人等。为使培训课程具有趣味性,课堂上的许多问题都来自摩托罗拉公司的日常工作,教师采用生动有趣的教学方式进行课程讲授。落后生还可以得到教师的单独辅导。

(2) 员工培训内容更侧重于实际操作。实际上课堂教学仅是摩托罗拉公司培训的一部分,更重要的是现场操作或实习。

(3) 出色地将员工培训与公司的业务目标结合起来。例如,公司要降低某一款手机的成本,那么它就设计出一项课程以解决这一问题。这样,员工的培训就不仅仅是为培训而培训,而是通过培训来解决实际工作中遇到的问题。另外,还会针对相关项目成立相应的攻关小组，小组成员相互讨论学习，也可利用课余时间进行交流。通过这样做就将培训和实际工作有机地结合起来，使员工随时随地参加培训，从而打破了传统培训的时空限制。

（4）将培训与员工的职业发展联系起来。公司为每个员工制订职业生涯规划，帮助员工树立终身学习理念。公司经理与员工共同探讨员工职业发展前景，共同制定一年和三年的奋斗目标，经理与员工每年初讨论要发展哪些技能，学习哪些知识，了解员工需要公司提供哪些帮助以便实现其目标，并将有关资料存入数据库，每年末对照年初的规划进行检查和修改，重新制订下一年的规划，形成滚动发展的运作模式。

三、培训工作能有效地转化为经济效益

对于企业而言，培训效果如何，关键还是要看能否产生经济效益。摩托罗拉公司也宣称，攻关小组和其他类似的工作小组已为公司节约了 40 亿美元左右。同时，培训的效果还体现在公司每年无数的技术创新和产品创新上。这些新技术和新产品为摩托罗拉公司带来了源源不断的经济收益。

摩托罗拉培训的效果并不仅仅局限于其所产生的直接经济效益，更大的收获是来自于"学习型"企业文化的建立。同时，有效的员工培训可以使员工的潜力得到最大限度的发挥，从而极大地提高企业的效率，而这正是摩托罗拉公司在激烈的市场竞争中立于不败之地的常青秘诀。

资料来源：改编自《中国职业技术教育》总第 193 期

第一节　员工培训概述

一、员工培训的含义

培训是指组织为了提高员工学习和工作的有关能力，改善员工工作业绩和组织经营绩效而采取的一系列有计划的人力资本投资过程。这种能力包括完成工作所需要的知识、技能、态度等。

要准确地理解培训的含义，需要把握以下几个要点：

第一，培训的主体通常指政府部门、事业单位、企业以及其他各类组织。

第二，培训的对象不仅包括组织的全体员工，往往还会包括部分外部利益相关者。

第三，培训的目的在于改善员工的工作绩效，满足员工个人发展需要，全面提高员工素质，从而构建组织的核心竞争力和战略优势，最终实现组织的发展目标。

第四，从性质上看，员工培训是战略性人力资本投资和创造智力资本的过程，是对员工素质发展与学习活动的管理过程和优化活动，是人力资源管理的重要组成部分，具有开发的属性。

二、员工培训的分类

按照不同的标准，可以将员工培训划分为不同的类型。

（1）按照培训对象的不同，可以将员工培训划分为新员工培训和在职员工培训两大类。新员工培训指对刚刚进入组织的员工进行培训，在职员工培训指对已经在组织中工作的员工进行培训。由于培训的对象不同，这两类培训之间存在着比较大的差别。

（2）按照员工所处的层次不同，在职员工培训又可以继续划分为基层员工培训、中层员工培训和高层员工培训三类。由于这三类员工在组织中所处的层次不同，承担的职责不同，发挥的作用也不同，因此培训的内容和方法上也有较大的差别。

（3）按照培训形式的不同，可以将员工培训划分为在职培训和脱产培训两大类。在职培训（on-the-job training，ONJT）指员工不离开工作岗位，在实际工作过程中接受培训；脱产培训（off-the-job training，OFFJT）则是指员工离开工作岗位，专门接受培训。这两种培训形式各有利弊，组织在实施过程中需要根据实际情况来选择恰当的形式。

（4）按照培训性质的不同，可以将员工培训划分为传授性的培训和改变性的培训。传授性的培训指那些使员工掌握自己本来所不具备的内容的培训，例如员工本来不知道如何操作机床，通过培训使他能够进行操作。改变性的培训则是指那些改变员工本来已具备的内容的培训，例如员工知道如何操作机床，但是操作的方法有误，通过培训使他掌握正确操作的方法。

（5）按照培训内容的不同，可以将员工培训划分为知识性培训、技能性培训和态度性培训。知识性培训是指以业务知识为主要内容的培训，技能性培训是指以工作技术和工作能力为主要内容的培训，态度性培训则是指以工作态度为主要内容的培训。这三类培训对于员工个人和组织绩效的改善都具有非常重要的意义，因此在培训中都应当给予足够的重视。

三、员工培训的作用

组织之所以日益重视员工的培训，是因为培训对于员工发展和提高组织绩效发挥着巨大的作用，主要表现为以下几方面。

（一）提高员工的素质

在科技迅猛发展、市场竞争日趋激烈的今天，组织要想取得竞争的优势，就必须正视知识技能更新与市场情况快速变化的现实，高素质员工已成为实现组织目标极为重要的因素，而只有通过培训，提高员工素质，使他们胜任工作，才能实现组织的发展目标。

(二）提高组织的效益

美国经济学家西奥多·W·舒尔茨（Theodore W. Schultz）在其《人力资本学说》一书中得出过这样的结论："只要企业开始有效利用人力资源，并挖掘迄今未发挥的潜力去实现企业的目标，则职工个人生产率提高50％并不罕见。"因此，把培训当作回报率极高的投资，通过培训改善人力资源已经成为现代人力资源管理中的重要思想。

(三）推动员工的职业生涯规划与发展

目前，组织员工的职业生涯已从单一型职业生涯发展转向复合型职业生涯发展，员工个人都有自己的奋斗目标，都有自身的理想与价值。因此，员工渴望掌握新的知识和技能，并由此获得更高的报酬和待遇。组织可以通过培训直接或间接地满足员工的需求，一方面可以完善员工的个人能力，另一方面也可以降低员工的流失率。

(四）促进优秀组织文化的建立

良好的组织文化对员工具有强大的凝聚、规划、导向和激励作用，这些对组织来说有着非常重要的意义，因此，越来越多的组织开始重视组织文化的建设。通过员工的培训，能够使员工逐步理解并接受组织的优良传统和组织精神，有效地贯彻组织的战略目标，使员工的思想观念和行为有利于组织的运转，与组织融为一体，共同求得生存与发展。

案例 5-1 爱立信的人本培训

爱立信公司是世界知名通讯设备生产商，公司早在20世纪90年代就已经进入中国，随着公司业务的迅猛发展，公司急需培训一批适应公司发展需要的人才。在北京培训中心成立之前，中国客户的培训都要在国外的爱立信培训中心进行，即使是爱立信本身的员工培训也要在国外进行，这对客户和爱立信中国公司来说都是一笔昂贵的费用，爱立信北京培训中心成立后，大大缓解了这种矛盾。

爱立信北京培训中心成立之初，只有约1000平方米的教室及办公室，没有自己的教师，所有的培训课都请爱立信其他培训中心的教师来讲，因为只有得到爱立信瑞典培训中心资格认证的教师才能讲授各类技术课程。这引起了两个问题，一是费用较高，二是教师用英语授课，难以满足中国客户的要求。于是，爱立信北京培训中心开始招聘、培养自己的教师，逐步实行教师本地化。到1997年，爱立信北京培训中心已有办公及教学面积2000平方米，教师40人，运作支持人员23人，很大程度上满足了客户和本公司员工对技术培训的需要。到1997年底，共完成30000个学生的培训任务。

目前，爱立信有93000多名员工在130多个国家和地区为客户解决电信需求问题。爱立信在中国和世界范围取得成功的关键环节之一是它能充分调动员工潜力，重视员工与客户的培训。

四、员工培训与其他人力资源管理环节的关系

作为人力资源管理系统的组成部分，培训与人力资源管理的其他各项职能活动之间都存在着密切的关系。

（一）工作分析

工作分析是实施员工培训活动的重要基础之一，通过工作分析形成各个职位的工作描述，这是员工培训的重要依据；此外，通过工作分析还可以界定出各个职位的任职资格条件，这是进行培训需求分析时需要考虑的一个重要因素。

（二）人力资源规划

在世界经济快速发展的今天，员工的素质和水平直接影响着组织的竞争力。员工培训作为一项人力资本投资，必须和组织的战略联系起来，从人力资源规划和开发的战略出发，充分考虑组织人力资源战略和员工的基础素质，充分考虑规划的超前性和培训效果的不确定性，根据人力资源规划确定培训目的、培训内容、培训方式，满足组织和员工两方面的要求。

（三）员工招聘

培训与招聘录用的关系也是相互的。一方面，招聘录用的质量会对员工培训产生影响。招聘录用的质量高，人员与职位的匹配程度高，培训的任务相对就会比较轻；反之，培训的任务就会比较重。另一方面，培训也会影响到招聘录用，尤其是员工招聘，如果组织比较重视培训工作，提供的培训机会比较多，那么对应聘者的吸引力就比较大，招聘的效果就比较好；反之，则会影响到招聘的效果。

（四）绩效管理

一方面，绩效管理是确定培训需求的基础，依据绩效管理结果确定培训对象和培训内容，会使培训工作更有针对性；另一方面，培训工作可以改善员工的工作业绩，有助于更好地实现绩效管理的目的。

（五）薪酬管理

员工培训往往会提高员工的工作技能，改善员工的工作态度，提高员工的归属感，这些变化会带来员工工作绩效的变化，并间接带来员工薪酬的变化；同时，培训作为员工福利的一种形式，是薪酬的一部分，良好的薪酬管理也会推动员工培训的开展。

五、员工培训系统模型

为确保在员工培训上的投入能最大限度地改变员工和组织的绩效，应遵循并采用完备的培训系统模型。这一系统模型包括4个阶段：培训需求分析、培训设计、培训项目实施以及培训效果评估。培训需求分析是员工培训的起点，是员工培训成功的基础；培训设计主要包括确定培训目的，确定培训内容与培训对象，选择培训方式，编制费用预算等环节，是培训实施的依据；培训实施包括培训环境和培训工

具的准备，课程实施，课程实施控制等环节，是员工培训成功的重要保证；培训效果评估是对本次培训的总结回顾，是员工培训的最后一个环节，也是不断提高员工培训效果的必要措施，如图5-1所示。

图 5-1　培训系统模型

第二节　培训需求分析

培训需求分析是培训活动的首要环节，它回答为什么要培训以及培训要达到什么效果的问题。因此，在计划培训活动时，正确进行培训需求分析是十分重要的，它是确立培训目标、设计培训方案、实施培训计划和评估培训效果的基础。

一、培训需求分析系统

只有先发现组织在员工培训方面的确切需求，培训才能有的放矢，取得良好的效果，否则会劳而无功，单纯地为了培训而培训。

培训需求分析是一个复杂的系统，它涉及人员、工作、组织及组织所处的环境。这三方面也构成了培训需求分析系统的主体部分，如图5-2所示。

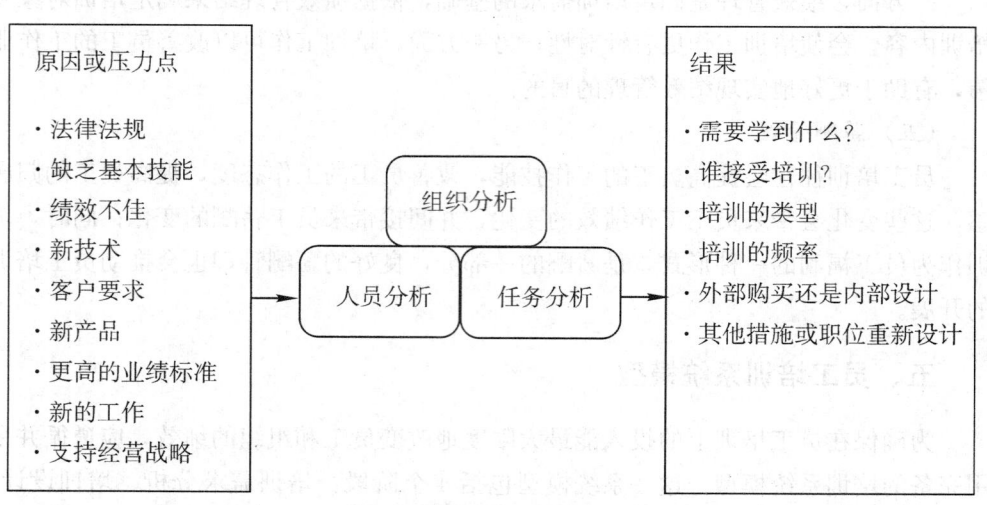

图 5-2　培训需求分析示意图

资料来源：［美］雷蒙德·A·诺伊等：《人力资源管理：赢得竞争优势》（第五版），北京：中国人民大学出版社，2005年版，第292～296页。

（一）组织分析

培训需求的组织分析主要是通过对组织目标、结构、内部文化、政策、绩效及未来发展等因素的分析，找出组织存在的问题与问题产生的根源，以确定培训是否是解决这类问题的有效方法。培训需求的组织分析涉及组织的各个方面，包括对组织目标的检验、组织资源的评估、组织特征的分析以及环境影响作用的分析等方面。组织分析的目的是在收集和分析组织绩效和组织特质的基础上，确认绩效问题及其原因，寻找解决的办法，为培训部门提供参考。具体而言，组织分析主要包括以下几个方面的内容。

1. 组织目标

明确的组织目标既对组织发展起决定性作用，也对培训计划的制订与执行起决定性作用。组织目标分析主要围绕组织目标的达成、政策的贯彻是否需要培训或者组织目标未达成、政策未得到贯彻是否与没有培训有关等展开。比如，如果一个组织的目标是提高产品质量，那么培训活动就必须围绕这一目标进行。

2. 组织资源

如果没有明确可以利用的人力、物力和财力资源，就难以确立培训目标。组织资源分析包括对组织的资金、时间、人力等资源的分析。

资金是指组织所能提供的经费，它将影响培训的宽度和深度。时间对一个组织而言就是金钱，培训需要相应的时间保证，如果时间太紧或安排不当，就会影响培训效果。人力是决定培训是否可行和有效的另一关键因素。组织的人力状况包括人员的数量、年龄、技能和知识水平，人员对工作与单位的态度及工作绩效等。

3. 组织特征

组织特征对培训能否取得成功也起重要的影响作用。因为，当培训计划和组织的价值不一致时，培训的效果就很难保证。组织特征分析主要是对组织的系统结构、文化、信息传播情况的了解。

（1）系统结构特征　指组织的输入、运作、输出、次级系统互动以及与外界环境间的交流特征。系统结构特征分析即通过审视组织运行系统能否产生预期效果、组织结构是否需要改变以及是否有相应的培训需求等，使培训组织者能够系统地了解组织，避免出现以偏概全的现象。

（2）文化特征：指组织的软硬件设施、规章制度、组织经营运作的方式、组织成员的行为和价值观等。文化特征分析能使培训组织者深入了解组织，而非仅仅停留在表面。

（3）信息传播特征：指组织部门和成员收集、分析及传递信息的分工与运作形式或方式。信息传播特征分析能使培训组织者了解组织信息传递和沟通的风格与特性。

（二）工作分析

培训工作分析是指通过查阅工作说明书或具体分析完成某一工作需要哪些技

能，来了解员工有效完成该项工作必须具备的条件，找出差距进而确定培训需求。其目的在于了解与绩效问题有关的工作详细内容、标准，以及达成工作所应具备的知识和技能。培训需求的工作分析主要从以下几方面展开。

1. 工作的复杂程度

这主要是指工作对思维的要求，是抽象性还是形象性或者兼而有之，是需要更多的创造性思维还是按照有关的标准要求严格执行等。

2. 工作的性质

这主要是指工作量的大小以及工作所消耗的时间长短等。例如，行政部的工作大多是琐碎而繁杂的，但是工作时间相对固定，而技术开发部的工作具体而复杂，工作时间弹性大。如果对这两个部门的员工进行培训，其培训内容自然就不同。

3. 工作内容和形式的变化

随着组织经营战略和业务的不断发展，有些部门的工作内容和形式的变化较大，有些部门的工作变化则较小。例如，市场部的工作会随着业务的发展迅速变化，财务部门的工作变化则较小。因此，在进行培训需求分析时应注意这一点，对于未来所要发生的工作变化有一定的前瞻或预测，从而使组织在不断的发展过程中能够坦然应对，不至于在衔接或过渡中出现问题。

工作分析需要从组织整体发展的角度分析工作层面的培训需求。组织的发展壮大，对各个部门的要求不是一成不变的。组织发展对岗位工作的要求既是分析培训需求时需充分考虑的一个重要因素，也是培训追求的一个目标，因为培训是一个循序渐进的过程，随着组织的发展而发展。

（三）人员分析

人员分析是指从培训对象的角度分析培训的需求，通过人员分析确定哪些人需要培训以及需要何种培训。人员分析一般需要对照工作绩效标准，分析员工目前绩效水平，找出员工现状与标准的差距，以确定培训对象和培训内容以及培训后需达到的效果。人员分析主要包括以下几个方面。

1. 个人绩效评估分析

它主要包括员工的工作能力、平时表现、意外事件、参加培训的记录等。

2. 员工的自我评量

自我评量是以员工的工作清单为基础，由员工针对每一单元的工作成就、相关知识和相关技能真实地进行自我评量。

3. 知识技能测验

它是以实际操作或笔试的方法测验工作人员真实的工作表现。

4. 员工态度评量

运用定向测验或态度量表，可以帮助了解员工的工作态度。

组织、工作、人员三个层面的培训需求分析是一个有机的系统，缺少任何一个层面都不能进行有效的分析。在人力资源管理实践中，组织、工作、人员三方面的需求往往并不完全一致,而是呈交叉甚至错位的现象。对一个组织而言,确立培训需求应选择组织整体、工作业务及个人三方的共同培训需求,并以此作为组织的培训目标。

二、培训需求分析方法

培训需求分析的方法很多,包括行为观察法、绩效评估法、面谈法、调查问卷法等。这些方法各有优缺点,在实践中,组织要根据实际情况来选择合适的方法。表 5-1 是这几种方法优缺点的比较。表 5-2 是培训需求调查表。

表 5-1 培训需求分析方法的优缺点比较

培训需求分析的具体技术	优点	缺点
问卷法:以标准化的问卷通过调查对象的选择进行培训需求分析	·应用范围广 ·多样式的提问 ·成本低 ·有利于数据的分析	·编制时间较长 ·不利于交互沟通
访谈法:通过各种访问的方式获取培训需求的方法	·有利于发现培训需求的问题和根源	·费时 ·需要熟练的访谈技巧
观察法:通过现场观察员工的工作表现获取培训需求的分析方法	·可获取有关工作环境的资料 ·降低分析活动对工作的干扰	·需要高水平的观察者 ·被观察者的行为可能因被观察而改变
资料查阅法:通过查阅有关资料确定培训需求	·是有关工作程序的理想信息来源 ·资料容易获得 ·目的性强	·需要具备专业知识 ·资料的时效性差
关键事件法:通过研究对组织有重要影响的事件发现潜在的培训需求	·以组织目标为导向 ·关注关键事件的原因和后果	·对确定哪些是关键事件要求高 ·对记录的完整性要求高
绩效分析法:通过分析绩效不足的原因来确定培训需求	·以绩效改进为目的 ·较强的针对性	·需有明确的考核标准

表5-2 培训需求调查表

部门		姓名		您以前参加过的培训:
岗位		填表日期		

培训现状与需求调查（请在认可的答案"□"内打勾，如选"其他"，请在空格内简要表述）		
1	您在工作中遇到了哪些困惑希望通过培训得以解决？（请至少写出三项）	
2	您认为培训对组织有哪些作用?	□提高竞争力　　□增强员工对集团的归属感、责任感与满意度 □促进集团与员工、管理者与下属的沟通，增强向心力 □培训后备管理人员与技术骨干　　□其他_____（请填写）
3	您认为培训对自己有什么用？	□开阔视野　　□提高技能　　□端正下属的工作态度 □增加知识 □升职、加薪　　□增加和其他同事的沟通机会 □其他_____（请填写）
4	您喜欢哪些培训方式？	□课堂讲授（内训形式）　　□外聘专家来集团培训　　□外出学习　　□读书、自学　　□进学校深造　　□案例分析　　□现场演练　　□看录像或电影　　□通过做游戏体会实际工作情景　　□技术竞赛　　□其他_____（请填写）
5	目前影响培训开展的因素是什么？	□工作太忙，没时间培训　　□这些课程对我的工作没用，浪费我的时间 □培训老师讲的都是理论，在实际工作中我用不上 □上级不重视培训　　□下属们认为培训没用 □培训老师授课水平一般　　□其他_____（请填写）
6	您希望培训时间安排在哪个时间段？	□周一至周五上午　　□周一至周五下午　　□周一至周五晚上　　□周六　　□周日　　□其他_____（请填写）
7	您希望每次培训时间为	□60分钟　　□120分钟　　□半天　　□一天　　□只要有用，我会尽量挤出时间参加
8	您想参加下列哪些课程？	质量管理类： □发现与解决问题 □质量小组活动 □内审员提高班 □质量管理体系（ISO 9000）基础知识 其他_____　　自我发展类： □如何经营自己的未来（职业生涯规划） □怎样教会徒弟（在岗工作教导技术） □时间管理 □礼仪与打扮 其他_____　　管理与领导能力类： □怎样成为优秀的班组长 □怎样让别人接受我的主意（沟通技巧） □如何给下属下达任务（任务布置） □让他们充满干劲（有效激励） □怎样定目标 其他_____　　专业技术： （烦请自行填写）

续表5-2

9	您的（培训）意见及建议（可附页）：	
	衷心感谢您的认真填写！	

第三节 培训计划设计

在确定培训需求之后，为了保证培训活动的顺利实施，需要设计明确的培训计划以指导培训工作的实施。通常来讲，完整的培训计划主要由八种基本要素（简称6W2H）构成，即培训目的（Why）、培训内容（What）、培训师（Who）、培训对象（Whom）、培训时间（When）、培训地点（Where）、培训方式（How）、费用预算（How Much）。

一、明确培训目的

通常来讲，培训的目标主要有提高员工角色意识、获取知识技能、转变员工态度三大类。

（一）提高员工在组织中的角色意识

员工只有完全融入组织，才能充分履行其职能。这一点对于新进员工尤为重要。俗话说，"良好的开端是成功的一半"。如何使新员工尽快熟悉组织的各个方面，消除陌生感，以一种良好的方式开始工作，在组织与员工之间建立默契和承诺，决定了新员工导向培训在组织培训工作中的重要作用。

（二）获取知识和技能

通过培训，提高员工在工作中必需的知识、技能水平。这些知识与技能分为以下几种：

（1）基本知识。如语言、数学等。对某些工作而言，这些知识是必需的，如从事会计工作，必须掌握一定的数学知识。

（2）人际关系技能。这些技能主要指工作中普遍需求的技术与技能，如沟通技巧、合作能力等。

（3）专项知识和技能。这些知识和技能是做好组织中某一具体工作所必需的，如机床工必须掌握机床操作技能，销售员必须掌握销售技巧等。员工运用所学的专项知识和技能可以在实际工作中表现得更有绩效。

（4）高层次整合的技能。这类技能主要针对组织的中、高级管理人员而言，要求能适应复杂变化的情景，如领导、战略规划、经营决策、组织设计等。

（三）转变态度动机

通过培训提高员工对组织与工作的认知，改变态度，形成良性动机，进而改善绩效。

二、确定培训内容与培训对象

一般来说，组织通常根据培训需求来确定具体的培训内容，不同的培训内容之间相差甚远，应当根据不同培训的特点和培训对象来确定。培训对象基本是由培训需求分析确定的，但这并不等于一经确认就是培训对象，因为在确定培训对象的时候还需充分考虑员工的兴趣爱好和个性特征，尽量避免安排员工参加他们不感兴趣或与其个性相排斥的培训项目。

在实践中，培训内容和培训对象的确定通常有两种方法，一种是自上而下法，即由人力资源部门统一安排培训内容和培训对象，各业务部门积极参与，这种方法有利于控制培训成本，有利于将培训目标和组织战略相结合；另一种是自下而上法，即由各业务部门申报培训内容、推荐培训对象，由人力资源部统筹安排，这种方法有利于增加培训的目的性和针对性。

三、遴选培训师

培训师是员工培训的重要实施者，培训师的业务水平在很大程度上影响着培训的效果。其来源一般有两种渠道，一种是外部渠道，另一种是内部渠道，从这两种渠道选择培训师的利弊如表5-3所示。

表5-3 培训师的两大来源优缺点比较

渠道	优　点	缺　点
外部渠道	·培训师比较专业，具有丰富的培训经验 ·没有什么束缚，可以带来新的观点和理念 ·与组织没有直接关系，员工比较容易接受	·费用比较高 ·对组织不了解，培训的内容可能不实用，针对性不强 ·责任心可能不强
内部渠道	·对组织情况比较了解，培训更有针对性 ·责任心比较强 ·费用比较低 ·可以和受训人员进行更好的交流	·可能缺乏培训经验 ·受组织现有状况的影响比较大，思路可能没有创新 ·员工对培训师的接受程度可能比较低

资料来源：董克用：《人力资源管理概论》（第二版），北京：中国人民大学出版社，2007年版，第306页。

在人力资源管理实践中，为充分发挥两类培训师的优势，很多组织往往两种方法结合使用，根据培训的对象和培训的内容选择合适的培训师。通用性的素质培训通常选择外部培训师，聘请相对固定的外部培训师有利于增加培训师的责任感，增加培训内容的针对性，而专业性培训通常选择内部培训师。

四、安排培训时间和地点

确定培训时间要考虑培训目的、培训师和培训对象的时间安排等因素。既要保证培训及时进行，保证组织目标或培训目标的顺利实现。同时又要考虑培训师和培训对象的工作安排，不能因为培训而耽搁日常工作的开展。在时间点的选择上，通常当有新员工入职、员工晋升或岗位轮换、知识技能更替等情况时，就需要对员工进行培训。

培训地点的选择主要根据培训方式和培训内容确定。合适的培训地点有利于创造良好的培训范围，增强培训效果。如果采用授课法则首选在教室进行；如果采用讨论法则首选在会议室进行；如果选择素质拓展等方法，则需要借助外部专业培训机构的场地和培训设施。在确定培训地点的同时还应当配备培训所需要的各类培训设施设备，如投影仪、电脑、音响、笔、教材等。

五、选择培训方式

在组织培训中，培训方法的选择是决定培训效果的一个重要环节。组织在进行培训时，应当根据培训的内容、培训的对象、培训的目的以及培训的经费等因素来选择合适的培训方式。

培训方式可以按照不同的标准划分为不同的类型，这里我们分为两大类：传统的培训方式和新兴的培训方式。

（一）传统的培训方式

1. 学徒培训

学徒培训主要是指师傅带徒弟，可以说是最为传统的方式。一般在需要手工艺的工作上使用该种培训，如木匠、理发师、机械师和印刷工等。在培训中，这些学徒身份的员工收入低于负责指导他们的师傅。培训期依据所需技艺的不同而有所变化。

许多组织采取了学徒培训的方式来提高职业工人预备队伍的技能，使员工在某个类型的技能行业中获得资格证书。案例5-2是某公司通过创新性和深入系统的学徒培训来培养技能工的例子，在高科技企业中，这种培训被称为"导师制"，如华为公司就采用了这种培训方式。表5-4为学徒培训方法的优缺点比较。

案例5-2 某公司的学徒培训

某公司是由通用汽车公司和丰田汽车公司组成的合资企业，这个企业对机械维护师采用学徒培训的方式进行重点培训。机械维护师的职责是维护所有的机械设备，也包括诸如制造机器人等特殊项目。受训者需要花费大约5年的时间学习5种类型的行业技能。学习项目大约包括20%的讲授和80%的演练，另外还有在职培训作为辅助。合格的受训者可以获得资格证书。

在参加项目之前,参加者都需要接受测验,包括基本技能和他们的个人手艺。基本技能方面的缺陷可以通过课堂学习得到弥补。课程每天有2小时;在最紧张的培训阶段,每周有4天的课程。每个课程中的实验室分成10~15个项目,受训者必须都能够满意地完成项目。每个项目有三个步骤:对过程的描述,把材料进行列表,对最终产品的质量和数量进行研究。项目的复杂程度和难度可以从对小部件的故障诊断到制造需要进行焊接的部件。受训者必须能够以80分以上的水平通过,并能够重复操作。培训在生产车间可以得到继续,由某个领域熟悉的技师在任务的执行过程中帮助他们的同事。

在实验室培训上的辅助包括基本的电子设备、机器工具、焊接设备和装置以及其他的对工厂来说常规的设备和工具。

维护师认为经过交叉培训后,他们的生产效率得到了很大的提高。

表5-4 学徒培训方式的优缺点比较

优 点	缺 点
·新员工在师傅指导下开始工作,可以避免盲目摸索 ·有利于新员工尽快融入团队 ·有利于组织传统优良工作作风的传递 ·新员工可从指导人处获取丰富的经验 ·通常能在培训师与受训者之间形成良好的关系,有助于工作的开展 ·师傅具有的技能在其退休、辞退、调动和提升而离开工作岗位时出现空缺 ·组织能有训练有素的员工顶上,从而不影响工作效果或效率	·易受"带会徒弟饿死师傅"这种传统的消极观念的限制,为防止新员工对自己构成威胁,指导者可能会有意保留自己的经验、技术,从而使指导浮于形式 ·指导者本身水平对新员工的学习效果有极大影响 ·指导者不良的工作习惯会影响新员工 ·不利于新员工的工作创新 ·可能会导致员工技能过于单一

2. 讲座

讲座指的是由专家以口头讲解的形式向目标群体传递信息的过程。讲座是最常用的培训技术之一。它之所以非常流行,原因之一是这种方法可以在相对较短的时间内将事实性信息有效传递给大量的听众。如果能在讲座过程中配合使用一些视觉资料,比如幻灯片、图表、阅读材料等,那么这种方式可以有效地让听众理解理论、概念、程序和其他陈述性资料。可以说,讲座法是成本最低、最节省时间的培训方式之一。但是讲座法也存在缺点,它主要是一种被动的学习方式,偏重对学习者的单向沟通,存在着学习者缺少参与、反馈、对材料澄清,以及与工作实际环境密切联系的机会,难以赢得并保持学员的专心,难以有效把握学习者的理解程度,难以有效地将学习成果用于实践等弱点。因此,使用这类方法时,材料须富有内涵并与工作相关,为学习者提供更多的参与机会,并穿插附加问题,调动学习者积极思考，在加强教学互动中，提高学习者的注意力和学习成效。

3. 讨论

讨论涉及培训师和受训者，以及受训者之间的双向沟通过程。在培训过程中通常需要受训者的积极参与，而讨论则为受训者提供了获得反馈、澄清疑问、交流思想的机会。由于有了双向互动的过程，采用讨论的方式可以克服单纯的讲座带来的问题。讨论的组织者必须遵循这样一个原则："不要替讨论的人做他们自己应该做的事情。"讨论的效果取决于培训师以提问的方式来引导讨论的能力。一般采用的提问方式有直接式提问、回馈式提问、开放式提问。

讨论的方法也存在一定的缺点。第一，它需要有一个善于组织讨论的人，而这种能力不是每个人都能很快学会的。要掌握这种本领，通常需要经过大量的练习和实践，并且在讨论开始前还要做充分的准备工作。第二，如果希望讨论能够有一定的深度和意义，需要有充分的讨论时间。第三，参加讨论的受训者之间还需要有一个共同的讨论焦点，否则不同的人可能说的是风马牛不相及的东西，使得思想无法产生碰撞，讨论只能停留在表面上。在讨论之前布置大家阅读相关的资料，可以在一定程度上克服这个问题。

4. 案例研究法

案例研究法是对参加培训的学员，提供一个有关组织问题（案例）的书面描述，让他们各自去分析这个案例，诊断问题所在，提出解决方案，然后，在"导师"的指导下，集体讨论各自的研究结果，形成一定的共识。这种方法的重要意义在于，通过分析研究和讨论，加之训练有素的"导师"的引导，可以让受训者学习掌握分析和解决复杂问题的方法和过程。

5. 工作轮换

工作轮换就是让受训者在预定时期内变换工作岗位，使其获得不同岗位的工作经验的培训方式。工作轮换是管理人员培训常用的一种方法。主要用于新进员工，或者新进入组织的年轻的管理人员或有管理潜能的未来的管理人员。工作轮换能丰富受训者的工作经历，受训者在短时间内从事不同的工作能使组织识别受训者的长处和短处，帮助组织更好地开发员工所长。同时可以改进各部门之间的合作，有助于完成跨部门、合作性的任务。

但在工作轮换中，员工在每一工作岗位上停留的时间太短，以至于认为自己是某个部门的参观者而不是该部门的成员，有"走过场"的想法，工作敷衍了事，而且如果他们的工作水平不高，可能会影响到整个工作小组的效率。

6. 行动学习法

行动学习法是指给受训集体或工作小组布置一项实际工作难题，要求他们合作制订出解决该问题的行动计划并负责组织实施这一计划的培训方式。受训集体或团队一般由 6~30 人组成，可以包括不同部门的代表、顾客和经销商等人士。这种方法由于其"行动"涉及的是员工实际面临的问题，有助于发现妨碍团队有效解决问题的非正常因素，并有利于学习与培训成果向实践高效转化，因此在欧洲已被广泛采用。

7. 管理游戏

管理游戏主要用于开发受训者的经营决策能力和管理技能。在管理游戏中，受训者被要求在规定的场景中，必须收集信息，分析情况，仿照商业竞争规则或管理规则，作出决策，推行方案，涉及组织经营管理实践、财务管理、市场营销、劳工关系等各个方面的活动。管理游戏能够模拟出商战的竞争性质，能够帮助培育凝聚力很强的群体，并迅速构建团队的信息框架，具有很强的参与性、互动性和一定的仿真性，因此可以激发受训者的学习动力。

案例5-3 管理小游戏——地雷阵

一家公司、一个团队，彼此间的信任是最重要的。那么，你所在的公司、团队有着怎样的信任度？如何提升人与人之间的信任感？做完了这个游戏，你就知道了。

目标：使学员在活动中建立及加强对伙伴的信任感。

规则：用绳子在一块空地上圈出一定的范围，撒满各式玩具（如娃娃、球等）作障碍物。学员两人一组，一人指挥，另一人蒙住眼睛，听着同伴的指挥通过地雷阵，过程中只要踩到任何东西就要重新开始。指挥者只能在线外，不能进入地雷阵中，也不能用手扶伙伴。

讨论：

1. 请问各位在通过地雷阵的时候有什么感觉？
2. 平时你在跟其他人互动时是否需要刚才所讲的想法、做法？
3. 若再有一次机会，我们还可以加强些什么？

注意：

1. 不可用尖锐或坚硬物作障碍物。
2. 不可在湿滑地面进行。
3. 需注意两位蒙眼者是否对撞。

教具：界限绳一条、障碍物若干。

8. 其他培训方式

除了上面列出的培训方式之外，下面几种方式是通过参加者的自身努力、自我实践能够完成的，组织只起到鼓励、支持、引导的作用。

（1）函授、业余进修。

参加函授也就是通过鼓励员工主动到高校进行各种专业技能方面的学习，从而提高自己素质的一种途径。这种培训中的花费一般不需要组织支付，而是由员工自己负责。但有的组织为了引导员工积极进取的精神，通常采取为取得毕业证书的学员担负一定数额学费的做法。

（2）读书活动。

组织定期或不定期为员工开办读书活动，可以让员工在活动中积极进行业务知识、工作中存在的难题等方面的讨论，从而提高员工的素质水平。开展读书活动在提高员工知识水平的同时，还有利于加强员工之间的交流合作。但成功的读书活动要有一个比较好的活动组织者，否则活动容易流于形式。另外，读书活动中相关的材料准备要符合员工工作需要。

（3）参观访问。

组织员工到成功的组织或本组织内其他成功部门参观访问，通过员工身临其境地观看、接触，从而获取成功做法的范例。

（二）新兴的培训方式

1. 电子通讯技术

卫星、微波传送、有线电视和光纤网络的诞生，使我们有可能借助电子通讯技术将培训节目发送到世界各地。

（1）电视教学。

可以让不同地点的人们同时参加某个培训，以看电视的方式完成整个课程的教学。比如现在高等院校开设了越来越多的远程教学课程，人们可以通过有线电视和卫星传送的教学课程完成学士和硕士学位的学习。

（2）网络培训。

网络培训有许多潜在的优点：可以轻易地得到内容更新并可以提高广大听众对培训的接收性；也可以在受训者需要的时候及时实施培训，学习者可以控制怎样接受信息和何时接受信息；可以使用对附加信息的链接，也可以选择信息和练习的深度以更好地适应个体的培训需要。

2. 多媒体的培训方式

多媒体是由计算机驱动，使各种类型的课文、图表、图像和声音信息交互性交流的系统。各种方式的多媒体相互结合可以使各种不同的内容被使用者以多种不同的方式获得，学习进度也可以由使用者自由掌握。

3. 自定进度的计算机辅助式培训

与其他的培训方式和技术相比，计算机辅助培训有几大优势，尤其是它的自定进度的特点。

（1）计算机辅助培训可以按受训者的反应来呈现不同难度的学习材料，直到受训者完全掌握了需要学习的内容为止。

（2）它允许受训者自己掌握教学的进度，以树立他们对学习的信心。

（3）计算机辅助教学需要的后勤工作很简单，受训者可以通过内部的资料散发系统（比如人力资源开发部门）得到相关的资料，或者从中央电脑或因特网上直接下载，这样即使员工身在远离总部的地方也可以很方便地接受培训，大大节省了人工费和差旅费。

（4）计算机辅助教学还提供了一个教学管理和报告系统，这个系统可自动"跟踪受训者的学习进度，对终端机、培训者和教室等教学资源进行合理配置和使用"。

4. 虚拟现实培训

虚拟现实培训是使受训者能够看到他们在工作中可能遇到的任何情境，在这个模拟的环境中受训者能够接触、观看以及进行操作演练。这种培训目前受到了极大的关注，是因为它能够高度地激励人、吸引人，是一个有效的培训工具。

虚拟培训的优点在于它的仿真性、超时空性、自主性、安全性。学员在虚拟的环境中操作的设备和真实的设备功能一样，操作方法也一样，理想的虚拟环境甚至让学员无法辨出真假；虚拟环境具有超时空的特点，它能够将过去世界、现在世界、未来世界、微观世界、宏观世界等拥有的物体有机地集合到一起；在培训中，学员能够自主地选择或组合虚拟培训场地或设施，而且学员可以在重复中不断增强自己的训练效果；更重要的是，这种虚拟环境使他们脱离了现实环境培训中的风险。

新兴培训方式的优缺点比较如表5-5所示。

表5-5 新兴培训方式的优缺点

培训技术	优　点	缺　点
多媒体培训	·内容具有连续性 ·互动式学习 ·反馈及时	·开发费用高昂 ·不能快速更新
网络培训	·信息资源共享 ·简化培训管理过程 ·项目更新快速	·受到网络速度限制 ·开发成本高 ·培训成果转化一般
远程学习	·多人同时培训 ·节约费用 ·不受空间限制	·缺乏沟通 ·受传输设备影响大
虚拟现实	·适合危险或复杂工作培训 ·培训成果转化率高 ·反馈及时	·有时缺乏真实感

六、编制费用预算

通常来讲，培训设计时需要编制培训的费用预算，费用分为整体计划的费用预算和单独培训项目的费用预算两类。费用预算时只计算直接发生的费用，不包括间接费用或隐形成本。主要的费用支出项目有讲师授课费、教材费、培训设施费用、场地租赁费以及其他必要的费用。费用预算既是培训顺利进行的必要条件，也是培训评估的一个重要维度。提高新员工计算机水平系列培训计划见表5-6。

表5-6 提高新员工计算机水平系列培训计划

项目名称：提高新员工计算机水平系列培训
培训内容：

课程名称	课时数（小时）	讲课老师
1. 操作系统常用功能	24	张婧
2. office系列办公软件	24	徐琳
3. VF数据库应用	24	赵鸣
4. 局域网应用概述	20	刘继友

培训目的：使新员工能够快速掌握基本的计算机应用技能，更好地适应工作岗位。
培训方式：
　　1. 讲课形式：集中授课。
　　2. 授课地点：公司总部办公楼A-307。
　　3. 考试形式：由于该培训是集中式培训，并且是面向所有数据分析开发人员的，所以不应根据岗位区分考试难度，建议每门授课结束时，采取一次性笔试考试（类似于学校考试）。考试成绩分为优秀、良好、及格和不及格四类，与当月绩效考评挂钩。
授课准备：
　　1. 教材：购买教材。
　　2. 教学工具：使用投影或白板书写。

培训时间：
　　1. 以一天4课时计算，每门课程需要6天时间，共需23个工作日，约1个月左右。
　　2. 时间安排
　　上午：8：30—9：30　　　　讲课　　　教师讲解，学员聆听
　　　　　9：30—10：00　　　技术讨论　学员讨论，教师辅导
　　　　　10：00—11：00　　　讲课　　　教师讲解，学员聆听
　　　　　11：00—11：30　　　技术讨论　教师学员共同讨论
　　中午：11：30—14：00　　　休息
　　下午：14：00—15：00　　　讲课　　　教师讲解，学员聆听
　　　　　15：00—15：30　　　技术讨论　学员讨论，教师辅导
　　　　　15：30—16：30　　　讲课　　　教师讲解，学员聆听
　　　　　16：30—17：00　　　技术讨论　教师学员共同讨论
　　3. 具体日程安排：定于3月20日开课。

培训费用：
　　1. 教材费：以20人、每人120元计算，需教材费2400元。
　　2. 授课补助：以每课时50元计算，共92课时，需补助4600元。
合计：7000元

七、培训计划的注意事项

一些成功组织培训计划活动的经验表明，除了应具有系统性外，它的成功也依赖于一些其他因素，归纳起来有以下几点。

（一）注意投入与效益产出的分析

组织运营过程中所能运用的资源是有限的，如何运用有限的资源产出更多对组织有利的成果，这是组织应当充分考虑的。因此在培训过程中，要特别注意对培训投入和效益产出的分析，这是培训有效性的评价维度之一，也是获得管理层对培训支持的重要依据。

（二）寻求获得高级管理层对培训的支持

赢得高级管理层对培训的支持至关重要。高级管理层掌控着组织的资源，洞悉组织的长远发展目标与组织需求，如果培训活动与战略发展目标紧密联系，管理层就会全力支持计划的执行并提供所需的资源。

（三）直线管理层参与培训计划的制订

在制订培训计划的过程中，也应该让直线管理层参与设计培训计划，这一点很重要。直线管理层对业务需求与人员的了解，能帮助培训部门更准确的定位培训的重点；同时，直线管理层对培训计划与培训目标的理解，能有效保证今后培训活动的开展获得积极的支持。

除了上述三点以外，建立培训部门在组织中的地位与信用度，对于培训活动被认同也具有一定的意义。当组织内的各职能部门通过培训提高了绩效后，必然会增强对培训部门的信任，并将会对培训工作给予更多的支持。

第四节　培训项目实施

培训的实施是员工培训的主要环节，应当根据培训目标和培训计划有序开展，并对培训过程中的各类问题及时进行调整和控制，从而保证培训工作顺利进行。培训项目实施主要包括培训环境和培训工具的准备、课程实施、培训实施控制三个方面。

一、培训环境和培训工具的准备

（一）培训环境的准备

培训环境的准备是指培训组织者通过准备和改善培训的硬件环境与软件环境创造良好的学习氛围的过程。该工作旨在保证培训的顺利进行，使培训对象感到培训的必要性和重要性，引导员工积极地投入到培训项目中，并将所学知识和技能运用到日常工作中，加快培训成果转换的速度和效率。

1. 硬件环境准备

硬件环境的准备主要根据培训内容和培训方式确定，包括培训的地点安排、距离控制、噪音控制、食宿安排等，硬件环境的准备应当参考坚持以下原则：

（1）培训场地符合培训内容的要求；
（2）地理距离合适，方便培训师和培训对象准时到达；

(3) 培训室的结构和空间符合培训要求；
(4) 光线明亮，通风状况良好；
(5) 噪音较小或可控；
(6) 音响经调试确认符合要求；
(7) 符合保护商业机密的要求；
(8) 住宿和饮食地点到培训场地的距离控制在步行 10 分钟之内。

2. 软件环境准备

软件环境的准备旨在让培训对象重视培训，体现对培训对象的尊重和关怀，引导培训对象能够以更开放、更积极的合作性心态参加培训，表现出自己最佳的状态。通常来讲，软件环境的准备主要采取以下措施：

(1) 充分共享培训资源，使员工培训更有吸引力和号召力；
(2) 将接受培训的时间作为晋升或绩效考核的评估项目；
(3) 部门主管鼓励和支持员工尽可能多地参加培训；
(4) 鼓励培训对象积极参与；
(5) 鼓励培训对象自由发表建议；
(6) 提供学习指导；
(7) 提供回忆的线索；
(8) 强化和详细描述培训内容。

(二) 培训工具的准备

培训工具也是影响培训效果的重要因素，受培训预算、培训对象数量、培训场所等方面的影响。通常来讲，需要准备的培训工具主要包括以下项目：

(1) 计算机；
(2) 投影仪和幻灯机；
(3) 教材与资料；
(4) 光盘及其他多媒体；
(5) 白色写字板和白板笔；
(6) 录音机和摄像机；
(7) 活动挂图。

二、课程实施

课程实施是对培训效果最具有实质性影响的环节，培训需求分析得再好、培训项目设计得再好，如果没有高效有序的课程实施，任何培训项目都是纸上谈兵。课程的实施通常包括前期准备、培训课程实施、课后回顾三个部分。

(一) 前期准备

课程实施的前期准备包括确认培训时间、确认并通知培训学员，培训环境的准备、各类教材、幻灯片、座位卡的编制、打印和封装等内容。良好的前期准备是培训课程有效实施的基本保证。

（二）课程实施

在课程实施中，对培训师而言，要通过各种方式吸引培训对象的注意力，调动他们参与培训的积极性和热情，以培训对象喜闻乐见的方式和语言讲授相关的知识，尽量避免专业、晦涩的词语和表达方法。课程的实施通常包括主题和自我介绍、"破冰"和培训对象介绍、培训规则介绍、课程讲授、课程回顾几个部分。对培训对象而言，应当紧跟培训师的思路，积极参与课程互动，将所学的知识和工作实际结合起来；对培训后勤服务人员而言，应做好记录工作，协调安排培训的后勤服务工作，维护和保管相关的培训工具和器材。

（三）课后回顾

培训结束之后，培训师通常会用 5～10 分钟的时间对培训内容进行总结和回顾，其目的在于帮助培训对象梳理思路，这关系到他们如何把培训的内容运用到日常工作中，因此在回顾阶段，培训师通常采用引导和鼓励培训对象参与的方式完成课程回顾，并给出建议和意见。有效的课后回顾也是成功培训的主要组成部分。

三、培训实施控制

培训实施控制主要是根据培训计划对培训设施的进展不断进行控制和调整的过程。培训实施控制主要包括培训预算控制、培训内容控制、课程实施控制等方面。在培训实施控制中还可能出现一种情况，即在培训实施过程中发现培训计划有疏漏或者计划不妥的地方，如课程安排不合理、工作协调困难等，可以根据培训的实际需要对培训计划进行修订。

第五节　培训效果评估

培训效果评估是培训流程的最后环节，与管理中的控制职能相似，在组织培训的某一项目或某一课程结束后，要对培训的效果进行评估，以便找出受训者究竟有哪些收获或提高。它既是对整个培训活动实施成效的评价和总结，又是以后培训活动的重要输入，为下一个培训活动确定培训需求提供了重要的依据。

一、培训效果评估的主要模型

（一）柯克帕特里克模型

该模型由美国人力资源管理专家唐纳德·柯克帕特里克（Donald Kirkpatrick）于 1959 年提出，是目前国内外应用最为广泛的模型，简称柯氏评估模型。柯氏评估模型从反应、学习、行为、结果四个层面对培训项目进行评估。

1. 反应层面的评估

反应层面的评估是指受训人员对培训项目的看法，包括对教材、老师、设施、方法和内容等的看法，属于一级评估。反应层面评估的主要方法是问卷调查，问卷调查是在培训项目结束时，收集受训人员对于培训项目的效果和有用性的反应，受训人员的反应对于重新设计或继续培训项目至关重要，见表 5—7。在这个层面提供的是学员对培训班的短期主观评价，如果评估只在这个层面进行，则实用价值不大。

表 5—7　反应层评估的问卷调查表

尊敬的学员：感谢您参加了本次培训。为了改进课程与服务，请您配合告诉我们您对这次培训的看法。您的评价将有助于我们改进以后的培训。希望您客观地发表意见。谢谢！				
编号：_____　员工姓名：_____　职位：_____　所属部门：_____ 培训课程名称：_____ 培训讲师：_____ 培训时间：____年__月__日至____年__月__日				
非常好	较好	一般	较差	很差
5	4	3	2	1
填写说明： 1. 请在最接近您看法前划"√"，并认真填写自主意见； 2. 填写完成后请交予人力资源部。				
1. 您对本课程教学的总体评价　讲师准备是否充分，课堂讲述是否精彩，培训是否易于接受： 　□ 非常好　□ 较好　□ 一般　□ 较差　□ 很差				
2. 您对教学内容的评价　内容与培训需求有无针对性，培训主题联系是否紧密，层次是否清晰： 　□ 非常好　□ 较好　□ 一般　□ 较差　□ 很差				
3. 您对课程准备的充分程度的评价　准备是否充分，对课程是否熟悉，是否具有系统性、条理性： 　□ 非常好　□ 较好　□ 一般　□ 较差　□ 很差				
4. 您对讲师仪表及精神面貌的评价　精神面貌是否良好，对参加培训人员是否有积极影响： 　□ 非常好　□ 较好　□ 一般　□ 较差　□ 很差				
5. 您对讲师的语言表达能力的评价　口齿是否清晰，语言是否流利，有无辅助性身体语言： 　□ 非常好　□ 较好　□ 一般　□ 较差　□ 很差				
6. 您对课堂精彩程度的评价　课堂讲述是否精彩，是否欠缺培训技巧，有无吸引力： 　□ 非常好　□ 较好　□ 一般　□ 较差　□ 很差				
7. 您对教学课件的评价　内容与主题的关联性，文字是否清晰： 　□ 非常好　□ 较好　□ 一般　□ 较差　□ 很差				

续表5—7

8. 您对培训课程可接受程度的评价 是否有所收获，对课程是否清楚，培训需求是否得到满足： □ 非常好　□ 较好　□ 一般　□ 较差　□ 很差
9. 您对课程实用性的评价 对实际工作有无指导作用： □ 非常好　□ 较好　□ 一般　□ 较差　□ 很差
10. 您对培训时间安排与频度安排的评价 时间安排是否紧凑，频度是否合理： □ 非常好　□ 较好　□ 一般　□ 较差　□ 很差
11. 您对培训准备工作的评价 培训设备、资料准备是否充分： □ 非常好　□ 较好　□ 一般　□ 较差　□ 很差
您学完本课程最大的收获：
您对培训的意见和建议：
您认为此类培训有哪些地方需要改进：
您以后还需要哪些方面的培训：

2. 学习层面的评估

二级评估需要检查学员的学习成果，是目前最常见、也是最常用到的一种评价方式。它用于测量受训人员对原理、事实、技术和技能的掌握程度。学习层面评估的方法包括笔试、技能操练和工作模拟等。培训组织者可以通过笔试、绩效评估等方法来了解受训人员在培训前后，知识以及技能的提升程度。笔试是了解知识掌握程度的最直接的方法，而对一些技术工作，例如工厂里面的车工、钳工等，则可以通过绩效评估来掌握他们技术提高的程度。强调对学习效果的评价，也有利于增强受训人员的学习动机。

3. 行为层面的评估

三级评估主要衡量学员工作表现的变化。这是为了记录学员是否真正掌握了课程内容并运用到了工作中去，例如受训者的生产质量是否提高、工作态度是否改进等。行为层的评估往往在培训结束一段时间后进行，由上级、同事、客户或下属观察受训人员的行为在培训前后是否有差别,他们是否在工作中运用了培训中学到的知识。这需要借助于一系列的评估表。需要注意的是,受训者行为的变化可能是由多种因素引起的。因此,为了克服这种干扰,可以用对照测定法来测定培训的效果。

4. 结果层面的评估

四级评估要衡量培训是否有助于组织业绩的提高,这是最为困难的一个层面。如果一门课程达到了让员工改变工作态度的目的,那么就需要考察这种改变是否对提高组织的经营业绩起到了应有的作用。结果层的评估应当上升到组织的高度,即组织是否因为培训而经营得更好。这可以通过一些指标来衡量,如顾客满意度是否提高、人员流动是否减少、员工满意度是否增加、劳动生产率是否提高、销售额是否上升、利润是否增加等。

(二)菲利普斯的 ROI 模型

该模型由杰克·菲利普斯(Jack Phillips)提出,ROI 是 "Return On Investment" 的首字母缩写,指投资回报率。ROI 模型在柯氏模型的基础上加了第五个层次即投资回报率,分别称反应和已经存在的行动、学习、工作应用、组织结果和投资回报率。

第一层次测量受训者的满意度以及他们如何应用培训所学。这一层次的评估通常是在培训结束后采用问卷调查测量。几乎所有的组织都会评估这一层次。

第二层次测量受训者在培训过程中所学的知识技能。可以采用的评估方法有测试、技能练习、角色扮演、模拟、多人评估等。学习检查有助于确保受训者是否掌握了材料并且知道如何使用它们。

第三层次使用许多跟踪方法测量受训者新技能的使用频率等来判断受训者是否将所学应用于实际工作中。

第四层次测量受训者应用培训材料后对组织产生的积极影响,通常测量产量、质量、成本、时间和顾客满意度。

第五层次计算 ROI。将培训结果的货币价值以及培训项目的成本用百分比的形式表示。评估的重点是培训项目所带来的货币利润与其成本进行比较。只有将第五级评估结束之后整个评估过程才算完成。投资回报率的计算公式为:

$$投资回报率(ROI)= \frac{培训课程净效益}{培训课程成本} \times 100\%$$

其中培训课程净效益为培训项目效益减去培训项目成本。

二、培训效果评估指标的设计

通常来讲,培训效果评估指标体系主要从定量和定性两方面绩效设计。定量的评估指标是指能够通过数据的统计和分析得出的,如生产率、人员流失率、次品率、客户投诉次数等;定性的评估指标主要是指员工的态度、工作满意度、工作的主动性等。定性和定量的指标体系和分类如表 5-8 所示。

表 5-8 培训效果评估指标体系和分类

分类	评估重点	评估指标
定量指标	知识技能	纸笔考试成绩、情景模拟成绩等
	工作产出	工作产出、工作效率、任务的完成数量、销售额、订单处理数量等
	工作质量	次品率、废品率、差错率、返修率、生产故障、存货调整等
	成本控制	预算执行情况、项目成本节约、管理成本、平均成本节约等
	时间节约	标准工时、设备停工时间、修理时间、停工时间、平均损失时间等
定性指标	学员反应	对培训内容的满意度、对培训师的满意度、对培训组织的满意度等
	行为改变	消极怠工的次数、沟通的次数、违反安全规定的次数等
	组织氛围	员工投诉、员工抱怨等
	满意度	工作满意度、态度的变化、员工忠诚度、客户或顾客的满意度等
	积极性	新建议的提出、主动接受挑战性的工作等

需要指出的是，定量指标比较客观，容易测量和比较，更容易转化成货币价值，是衡量培训效果的常用指标；而定性指标往往具有较强的主观性，具有行为导向的作用，但衡量的可信性比较低，不易于衡量。在确定培训效果评估指标的实践中，往往根据不同的培训内容，采用以定量指标为主、定性指标为辅的方法确定。

三、培训效果评估的方法

培训效果评估的方法有问卷调查法、访谈法、考试法、直接观察法、演讲法、情景模拟法和档案分析法等，各种方法各有优劣，因此通常根据培训的内容和培训的方式选择适当的培训效果评估方法。

通常来讲，对于反应层面的评估主要采用问卷调查法、访谈法和直接观察法；对于知识层面的评估主要采用考试法、问卷调查法、演讲法、情景模拟法；对于行为层面的评估主要采用观察法、档案分析法和访谈法；而对于结果层面的评估主要采用分析投资回报率、绩效考核、历史数据比较等方法。各层面评估方法的选择、评估重点和评估时间的选择如表 5-9 所示。

表 5-9 培训效果评估方法比较表

评估层面	评估重点	评估方法	时间选择
反应层面	培训对象对培训的主观感受	·问卷调查法 ·访谈法 ·直接观察法	培训中或培训结束后
知识层面	培训对象对知识和技能的掌握情况	·考试法 ·问卷调查法 ·演讲法 ·情景模拟法	培训结束后

续表5-9

行为层面	培训内容对培训对象行为的影响程度及两者的相关性	· 观察法 · 档案分析法 · 访谈法	培训结束后三个月或下一考核周期
结果层面	培训后个人、团队和组织绩效改进的情况及两者的相关性	· 投资回报率 · 绩效考核 · 历史数据比较	下一考核周期或半年后

第六节　员工培训的新发展

经济全球化的不断深入和日益激烈的市场竞争给组织的生存和发展带来了极大的挑战和机遇，外部环境和客户不断给组织的适应性和快速响应能力提出更高要求，这促使员工要不断地提高自身的素质和能力。员工培训作为员工能力提升的重要途径，也随之出现了一些新的变化和发展。

一、注重对员工团队精神的培训

现在培训的目的比以往更加广泛，除了新员工上岗引导、素质培训、技能培训、晋升培训、轮岗培训之外，培训的目的更注重组织文化、团队精神、协作能力、沟通技巧等。这种更加广泛的培训目的使每个组织的培训模式从根本上发生了变化（参见图5-3）。

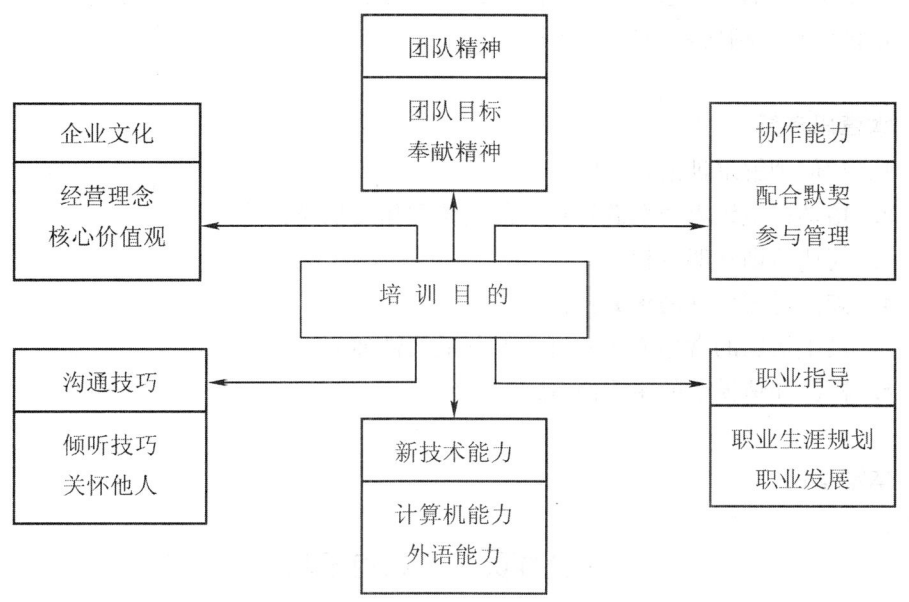

图5-3　培训目的发生变化

资料来源：廖泉文：《人力资源管理》，北京：高等教育出版社，2006年版，第262页。

二、采用虚拟化的培训组织

虚拟培训组织能达到传统培训组织所无法达到的目标,它引用现代化的培训工具和培训方式,借助社会化的服务方式而达到培训的目的。现代化的培训工具及方式包括多媒体培训、远程培训、网络培训、电视教学等。在虚拟培训过程中,虚拟培训组织更加注意以顾客为导向,凡是顾客需要的课程、知识、项目、内容,他们都能及时供给并更新原有的课程设计。虚拟组织转向速度快,更新知识和更新课程有明显的战略倾向性。另外,虚拟组织还会根据差异化的需求做出创造性的设计,培训过程中强调培训者与被培训者的互动,使被培训者在角色扮演过程中提高学习的积极性。

三、倾向联合办学的培训模式

培训模式已不再是传统的组织自办培训的模式了,更多的是组织与学校联合、学校与专门培训机构联合、组织与中介机构联合或混合联合等方式,社会和政府也积极地参与培训,如再就业工程,社区积极地参与组织与管理。政府的专门职能部门也与组织、学校挂钩,如人事部门组织关于人力资源管理的培训,妇联组织关于妇女理论与实践的培训和婚姻、家庭、工作三重角色相互协调的培训等。

关键术语

员工培训、培训流程、培训需求分析、组织分析、工作分析、人员分析、培训目标、培训计划、学徒培训、讨论法、讲座法、行动学习、案例研究法、培训效果、培训评估、柯氏评估模型

本章思考题

1. 如何理解培训的含义?
2. 培训在组织人力资源管理中的地位和作用如何?
3. 简述培训一般流程。
4. 如何进行培训需求分析?
5. 员工培训的常用方法有哪些?其适用性如何?
6. 柯氏评估模型的主要内容是什么?

本章案例

A公司员工培训的困境

今天,A公司进行了年度工作总结。忙碌一年,终于可以松口气了,大家都

在憧憬着会后的聚餐，可是，人力资源部负责人张君却高兴不起来，耳边不时回响着王总在会上的讲话：公司今年成绩斐然，业务拓展蓬勃开展，但是，内部管理还存在着严重不足，特别是公司制度建设和员工培训，与我们预先设想的目标还有相当大的距离。

王总并没有点名批评人力资源部，相反还批评其他相关部门负责人配合不力。张君感激王总的支持和理解，但是，培训工作没有做好，自己终归是要负责任的。几天前，财务部还明确提出今年的培训费用太高了，耗时耗力却收效甚微，可以说，人力资源部过去一年主抓的员工培训，基本上是失败的。

张君来 A 公司时间并不长，两年前作为公司招聘主管进入公司，在招聘岗位干了一年，部门负责人调离后，他以诚恳的工作态度和娴熟的专业技能赢得了王总的青睐，提升为人力资源部负责人。走马上任之初，王总单独找张君长谈过一次：近几年来，公司急于业务拓展，员工人数大增，但疏忽了内部管理，再加上前任人力资源部负责人自身能力的关系，员工整体素质大不如前。因此，王总希望，张君上任后能够把整个人力资源管理抓起来，首先用一年时间把员工培训做好。

张君首先走访了各部门同事，特别是各部门负责人和基层的一线员工，听取大家的培训想法和意见。与此同时，张君还组织人力资源部发放培训需求调查表，对公司全体员工进行书面调查。经过两周的访谈和调查，人力资源部分析出了公司全体人员的培训需求，开始着手编写公司培训管理办法。

首先是年度培训预算费用。张君提出，A 公司的培训总预算占上一年总销售额的 1.5%。在公司例会上讨论方案时，各部门负责人表示，培训预算费用太高。在王总的建议下，预算费用削减一半，方案算是通过了。但针对近几年新员工增加比较多，对企业认同感比较低，人力资源部准备请知名培训专家来公司做企业文化培训时，由于费用的原因，只好取消了相关计划。

考虑到培训预算，张君决定开发课程，编写教材，选拔一批业务熟练、表达能力强的人组成内部讲师队伍。由企业内部培训师培训，不涉及教材的版税，只要员工的工资，再加上一些设备、材料的损耗费，培训费用最低。

张君将培训分成公司培训和部门培训两个层级。人力资源部把公共类的课程和计划早早地编写完，但各个部门叫苦不迭，初次接手课程编写就一下子要编写那么多。专业培训课程迟迟不能出炉，一拖就拖到了年后 3 月份，催了几次才陆续交来，内容和形式大部分都达不到要求。反复修改，勉强定稿，已经是 4 月份，但内部讲师却几乎没有人报名参加，平时工作已经很累，哪有时间和精力备课，报酬又寥寥无几。最后下了任务，每个部门必须指定一人，讲师才基本到位。

但各部门负责人似乎希望人力资源部能全力承担所有的培训工作，基本都没有完成专业培训计划。新入职员工自从人力资源部做完入职培训后，部门几乎就没有再专门做其他培训，一部分经验相对少的员工在试用期内就萌生了离职念头。

折腾了一年，公司培训似乎还是原来的样子。张君沉思着，这里面到底有什么问题呢?

资料来源：改编自《人力资源开发》2008年第3期

思考题：
1. 该公司的员工培训存在哪些问题？
2. 张君应当采取哪些措施来解决当前所面临的问题？

第六章 职业生涯管理

本章结构图

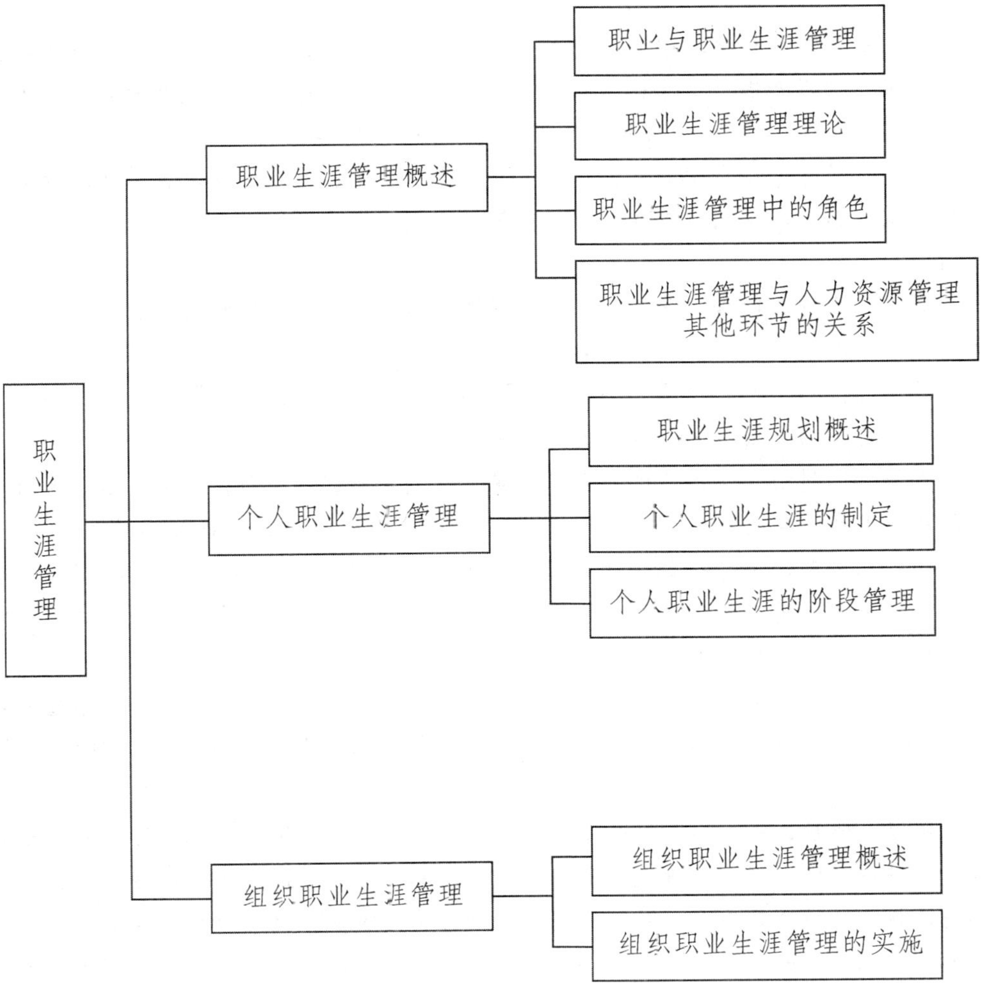

```
                    ┌─ 职业生涯管理概述 ─┬─ 职业与职业生涯管理
                    │                   ├─ 职业生涯管理理论
                    │                   ├─ 职业生涯管理中的角色
                    │                   └─ 职业生涯管理与人力资源管理
                    │                      其他环节的关系
职业生涯管理 ───────┤
                    │                   ┌─ 职业生涯规划概述
                    ├─ 个人职业生涯管理 ┼─ 个人职业生涯的制定
                    │                   └─ 个人职业生涯的阶段管理
                    │
                    └─ 组织职业生涯管理 ┬─ 组织职业生涯管理概述
                                        └─ 组织职业生涯管理的实施
```

本章学习目标
※ 理解职业、职业生涯、职业生涯管理的概念
※ 了解职业生涯管理的理论
※ 理清职业生涯管理与人力资源管理的关系
※ 掌握职业生涯规划的步骤
※ 分清个人职业生涯规划与组织职业生涯管理的区别与联系
※ 学会为自己设计一份职业生涯规划

开篇案例

孙振耀不平凡的职业生涯

前惠普全球副总裁、中国区总裁孙振耀在2007年4月突然宣布提前退休，称自己已加入"惠普提前退休计划"。这位刚满51岁的美籍华裔，毅然放弃了自大学毕业就工作了25年的惠普公司，离开时惠普中国的业绩正好。孙振耀在给公司全体员工的电子邮件中表示，自己的退休生活是有目标、有计划的，在退休之后会做三件事情：第一，回到学校继续学习；第二，抽出更多时间陪伴家人；第三，拿到飞行执照。

孙振耀为什么能如此惬意，并能从容提前退休呢？从他的经历来看，他早就设计好了自己的职业生涯规划。1982年，孙振耀大学毕业后，进入惠普台湾公司，以普通工程师的身份开启了他捆绑在IT上的人生。他先从业务代表做起，经过分公司经理的职位，到1990年，他成为惠普台湾公司计算机业务的负责人。1991年，孙振耀跨过海峡，出任中国惠普计算机系统事业部总经理。之后，由于他所负责的惠普业务连年大幅度增长及与国内客户的合作不断深入，1995年他被晋升为中国惠普副总裁，并继续兼任计算机系统部的总经理，2000年至2007年担任中国惠普公司总裁。他了解自己的个性，清晰自己的定位，知道哪条路更适合自己的发展，知道如何去发展，并且善于抓住机会。

其实，外企的"退休计划"与我们通常理解的退休并非同一概念，孙振耀实际上就是从惠普离职，但与辞职或者被裁员不同，"退休"可享受公司相关的待遇。所谓退休只是孙振耀离开惠普，但并不表示孙振耀的职业生涯就此结束。

休息一年后，孙振耀于2008年3月出山，一口气接下了两家公司的董事长职务。先是出任联发科（总部在台湾地区新竹科学园）旗下的上市公司扬智科技的董事长，扬智科技原董事长、第一大股东只担任法人董事。扬智科技是一家芯片设计企业，总部在台北内湖区；之后孙振耀还担任了海辉软件的董事长，海辉的主营业务是软件外包，和扬智科技不会发生直接竞争。

孙振耀在自己的退休感言中提到："职业生涯就像一场体育比赛，有初赛、复

赛、决赛。初赛的时候大家都刚刚进社会，大多数都是实力一般的人，这时候努力一点认真一点很快就能让人脱颖而出，于是有的人二十多岁做了经理，有的人迟些也终于赢得了初赛，三十多岁成了经理。然后是复赛，能参加复赛的都是赢得初赛的，每个人都有些能耐，在聪明才智上都不成问题，这个时候再想要胜出就不那么容易了，单靠一点点努力和认真还不够，要有很强的坚忍精神，要懂得靠团队的力量，要懂得收服人心，要有长远的眼光……"

第一节　职业生涯管理概述

一、职业与职业生涯管理

（一）职业的含义

职业（Occupation）是指人们利用自己的知识和技能，参与社会分工，在为社会建设贡献力量的同时获得合理的报酬作为自己主要生活来源，并能满足精神需求的工作。职业包括四方面内容：

（1）与人类的需求及职业结构相关，强调社会分工；
（2）与职业的内在属性相关，强调利用专门的知识与技能；
（3）与社会伦理相关，强调创造物质和精神财富；
（4）与个人生存生活相关，强调物质生活来源，并涉及精神生活。

小资料6-1

任何一种职业的产生，必定为社会所承认，为国家的职业管理部门所认可，并具有相应的职业标准。因此，职业的存在必须有法律效力，为国家授予和认可。《中华人民共和国职业分类大典》将我国社会职业归为8个大类，66个中类，413个小类，1838个职业。8个大类分别是：

第一大类，国家机关、党群组织、企业、事业单位负责人，其中包括5个中类、16个小类、25个细类；

第二大类，专业技术人员，其中包括14个中类、115个小类、379个细类；

第三大类，办事人员和有关人员，其中包括4个中类、12个小类、45个细类；

第四大类，商业、服务业人员，其中包括8个中类、43个小类、147个细类；

第五大类，农、林、牧、渔、水利业生产人员，其中包括6个中类、30个小类、121个细类；

第六大类，生产、运输设备操作人员及有关人员，其中包括27个中类、195个小类、1119个细类；

第七大类，军人，其中包括1个中类、1个小类、1个细类；

第八大类，不便分类的其他从业人员，其中包括1个中类、1个小类、1个细类。

(二) 职业生涯的含义

职业生涯（Career），是指一个人在职业岗位上所度过的、与工作活动相关的连续经历，是一个动态的过程。每个工作着的人都有自己的职业生涯，不论成功与否，职位高低，也没有快慢之分。职业生涯是人一生中最重要的历程，是追求自我实现的重要人生阶段，对人生价值的实现起着决定性作用。

职业生涯与职业的区别是职业生涯注重发展，即将个人的职业生活看成是一个动态的过程，而职业则是个分类性的静态的概念。职业是一个静止的结构性概念，而职业生涯是一个动态的时间函数。职业生涯更能体现个人的主体性特点，表示个人的职业生活的发展和变化历程。将职业生活理解成生涯，体现着一种价值观的转变，即将职业作为谋生手段的工具作用减少，而将职业与个人生命的意义联系在一起。

(三) 职业生涯管理的含义

职业生涯管理（Career Management）是指组织和个人对职业生涯进行设计、规划、执行、评估和反馈的一个综合性的过程。通过个人和组织的共同努力和合作，使每个人的职业生涯目标与组织相一致，使员工的发展与组织的发展相吻合。在职业生涯管理的过程中有两个主体：组织和个人。从个人角度看，职业生涯规划必须由自己决定，要结合自己的性格、兴趣和特长进行设计。而组织在进行职业生涯管理时，所考虑的因素主要是组织的整体目标，以及所有成员的整体职业生涯管理，其目的在于通过对所有成员的职业生涯管理，充分发挥成员的集体潜力和效能，最终实现组织发展目标。

职业生涯管理对于组织能否完成组织目标以及个体能否满足个人目标有着重要的影响。对个人来说，职业生涯管理使他们具有洞察力和行动的方向，并且给他们提供了方法去应对模糊的角色要求和组织要求，去识别职业发展的机会，减轻与职业调整相关的压力。对组织来说，职业生涯管理可以用好、发展好人才，提高效率、增长利润、促进组织发展。

二、职业生涯管理理论

(一) 职业选择理论

1. 职业—人匹配理论

职业匹配论的代表人物是美国波士顿大学教授帕森斯（Parsons）。他在《职业选择》一书中指出，每个人都有自己独特的人格特性与能力模式，这种特性和模式与社会某种职业的实际工作内容及其对人的要求有较大的相关度。个人进行职业选择以及社会对个人的选择进行指导时，应尽量做到人格特征与职业因素的接近和吻

合。这种匹配过程包括三个步骤:

第一,特性评价,即评价将要选择职业的人的各种生理、心理条件及社会背景。

第二,因素分析,即分析职业对人的要求,包括各种职业的不同工作内容,它们对人的不同生理、心理、文化等条件的要求等。通过分析,使个人有了较明确的选择目标。

第三,两者匹配,即把对个人的特性评价与对职业的因素分析结果对照,从而使人选择自己适于从事的职业。这种匹配方法在职业介绍和职业选择中均有所应用。

2. 职业性向理论

约翰·霍普金斯大学心理学教授约翰·霍兰德(John Holland)认为,人格(包括价值观、动机和需要等)是决定一个人选择何种职业的另一个重要因素。霍兰德基于自己对于职业性向测试的研究,一共发现了6种基本的职业性向。然后根据劳动者的心理素质和择业倾向,将劳动者划分为6种基本类型:

(1) 社会型。喜欢与人交往,不断结交新的朋友,善言谈,愿意教导别人;关心社会问题,渴望发挥自己的社会作用;寻求广泛的人际关系,比较看重社会义务和社会道德。其典型职业有喜欢要求与人打交道的工作,能够不断结交新的朋友,从事提供信息、启迪、帮助、培训、开发或治疗等事务,并具备相应能力,如教育工作者、社会工作者。

(2) 企业型。追求权力、权威和物质财富,具有领导才能;喜欢竞争,敢冒风险,有野心、抱负;为人务实,习惯以利益得失、权力、地位、金钱等来衡量做事的价值,做事有较强的目的性。典型职业有喜欢要求具备经营、管理、劝服、监督和领导才能,以实现机构、政治、社会及经济目标的工作,并具备相应的能力,如项目经理、销售人员、营销管理人员。

(3) 常规型。尊重权威和规章制度,喜欢按计划办事,细心、有条理,习惯接受他人的指挥和领导,自己不谋求领导职务;喜欢关注实际和细节情况,通常较为谨慎和保守,缺乏创造性,不喜欢冒险和竞争,富有自我牺牲精神。其典型职业有喜欢要求注意细节、精确度、有系统、有条理,具有记录、归档、据特定要求或程序组织数据和文字信息的职业,并具备相应能力,如秘书、办公室人员、记事员。

(4) 实际型。愿意使用工具从事操作性工作,动手能力强,做事手脚灵活,动作协调;偏好于具体任务,不善言辞,做事保守,较为谦虚;缺乏社交能力,通常喜欢独立做事。其典型职业有喜欢使用工具、机器,需要基本操作技能的工作,如技术性职业(计算机硬件人员、摄影师)、技能性职业(木匠、厨师)。

(5) 调研型。思想家而非实干家,抽象思维能力强,求知欲强,肯动脑,善思考,不愿动手;喜欢独立的和富有创造性的工作;知识渊博,有学识才能,不善于领导他人;考虑问题理性,做事喜欢精确,喜欢逻辑分析和推理,不断探讨未知的领域。其典型职业有喜欢智力的、抽象的、分析的、独立的定向任务,要求具备智力或分析才能,如科学研究人员、大学教师、电脑编程人员、医生。

(6) 艺术型。有创造力,乐于创造新颖、与众不同的成果,渴望表现自己的个性,实现自身的价值;善于表达、怀旧,心态较为复杂。喜欢的工作要求具备艺术修养、创造力、表达能力和直觉,并将其用于语言、行为、声音、颜色和形式的审美、思索和感受,并具备相应的能力,不善于事务性工作,如艺术家、音乐家、文学家。

然而,大多数人都并非只有一种性向,某些人的性向中很可能是同时包含着社会性向、实际性向和调研性向这三种。霍兰德认为,这些性向越相似,相容性越强,则一个人在选择职业时所面临的内在冲突和犹豫就会越少。为了帮助描述这种情况,霍兰德建议用一种六角形图来理解,如图 6-1 所示。

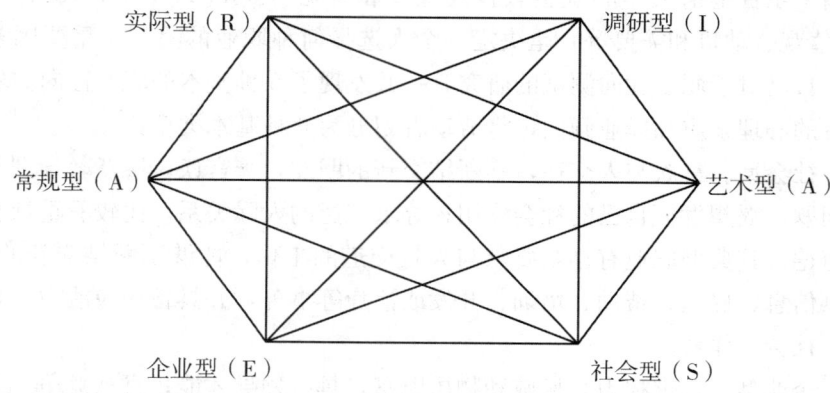

图 6-1 霍兰德的职业性向选择图

3. 择业动机理论

美国心理学家弗鲁姆(Vroom)在 1964 年出版的《工作和激励》一书中,提出了解释员工行为激发程度的期望理论。

期望理论的公式为:

$$F = V * E$$

公式中:F 为动机强度,指积极性的激发程度,表明个体为达到一定目标而努力的程度;V 为效价,指个体对特定目标重要性的主观评价;E 为期望值,指个体对实现目标可能性大小的估计。

员工个体行为动机的强度取决于效价大小和期望值的高低。效价越大,期望值越高,员工行为动机就越强烈。就是说为达到一定目标,他将付出更大的努力。如果效价为零乃至负值,则表明目标实现对个人毫无意义,甚至给个人带来负担。这种情况下,目标实现的可能性再大,个人也不会产生追逐目标的动机,不会对此有任何积极性,付出任何努力。如果目标实现的概率为零,那么无论目标实现意义多么重大,个人同样不会产生追求目标的动机。

弗鲁姆将这一期望理论用来解释个人的职业选择行为，具体化为职业动机理论。该理论的应用，即个人如何进行职业选择，分为两个步骤：

第一步，确定择业动机，用公式表示：

$$择业动机 = 职业效价 \times 职业概率$$

公式中，择业动机表明择业者对目标职业的追求程度。职业效价指的是择业者对某项职业价值的评价。职业效价取决于择业者的职业价值观和择业者对某项具体职业要素如兴趣、劳动条件、工资、职业声望等的评估，即

$$职业效价 = 职业价值观 \times 职业要素评估$$

职业概率是择业者获得某项职业可能性的大小。职业概率的大小通常取决于四个因素：某项职业的需求量，择业者的竞争能力，竞争系数和其他随机因素。因此，职业概率＝职业需求×竞争能力×竞争系数×随机性

择业动机公式表明，对择业者来讲，某项职业的效价越高，获取该职业的可能性越大，那么，择业者选择该项职业的意向或者倾向就越大；反之，某项职业对择业者而言其效价越低，获取此项职业的可能性越小，择业者选择这项职业的倾向也就越小。

第二步，比较择业动机，职业择业者对其视野内的几种目标职业，进行了价值评估并获取了该项职业可能性的评价，在测定对几种职业的择业动机的基础上，横向进行择业动机比较。择业动机是对职业的全面评估，择业者已经对多种择业影响因素进行了全面考虑与利弊得失的权衡，一般来讲，多以择业动机分值高的职业作为自己的选定结果。

所以，劳动者要做出最后的职业选择决策，就需要比较择业动机，进而确定选择的职业。

（二）职业发展阶段理论

1. 金斯伯格的职业生涯阶段理论

美国著名的职业指导专家、职业生涯发展理论的先驱和典型代表人物金斯伯格（Eli Ginsberg）研究的重点是从童年到青少年阶段的职业心理发展过程。他将职业生涯的发展分为幻想期、尝试期和现实期三个阶段。金斯伯格的职业生涯阶段理论，实际上揭示了初次就业前人们职业意识或职业追求的发展变化过程。金斯伯格的职业生涯理论侧重个人的早期职业生涯发展，对实践活动曾产生过广泛的影响。

（1）幻想期。

幻想期指 11 岁之前的儿童时期。这个时期，儿童们对大千世界，特别是对于他们所看到的或接触到的各类职业工作者，如教师、医生、护士、警察、军人、飞行员、演员、售货员等，充满了新奇、好玩之感，幻想着长大成为什么样的人、当什么等，并常常在游戏中扮演他们各自所喜爱的角色，甚至在日常服饰打扮、语言行动上进行效仿。此时期的职业需求特点是：单纯由自己的兴趣爱好所决定，并不考虑也不可能考虑自身的条件、能力水平和社会需要与机遇，完全处于幻想之中。

(2) 尝试期。

尝试期指 11~17 岁，为接受初等和中等教育并由少年向青年过渡的时期。这一时期，人的心理和生理均在迅速成长发育和变化，有独立的意识，价值观念形成，知识和能力显著增长与增强，初步懂得社会生产与生活的经验。在职业需求上呈现出的特点是：不仅注意自己的职业兴趣，而且还更多地和客观地审视自身各方面的条件、能力和价值观；开始注意职业角色的社会地位、社会意义，以及社会对该职业的需要。

(3) 现实期。

现实期指 17 岁以后的青年和成年期。这一时期，即将步入社会劳动，能够客观地把自己的职业愿望或要求，同自己的主观条件、能力，以及社会现实的职业需要密切联系和协调起来，寻找适合于自己的职业角色。这一时期的职业需求不再模糊不清，已有具体的、现实的职业目标，表现出的最大特点是客观性、现实性、讲求实际。

2. 萨柏的职业生涯阶段理论

萨柏（Super）是美国一位有代表性的职业管理学家，他以美国白人作为自己的研究对象，从生命周期的角度来说明个人是如何通过职业道路的选择来实现自己的人生理想，以年龄作为心理职业生涯的坐标，把人的职业生涯划分为 5 个主要阶段：成长阶段、探索阶段、确立阶段、维持阶段和衰退阶段。

(1) 成长阶段。0~14 岁。经历对职业从好奇、幻想到兴趣，再到有意识培养职业能力的逐步成长过程。萨柏将这一阶段具体分为 3 个成长期。

幻想期（10 岁之前）：儿童从外界感知到许多职业，对于自己觉得好玩和喜爱的职业充满幻想和进行模仿。

兴趣期（11~12 岁）：以兴趣为中心，理解、评价职业，开始作职业选择。

能力期（13~14 岁）：开始考虑自身条件与喜爱的职业相符合否，有意识地进行能力培养。

(2) 探索阶段。15~24 岁。择业、初就业，也可分为 3 个时期。

试验期（15~17 岁）：综合认识和考虑自己的兴趣、能力与职业社会价值、就业机会，开始进行择业尝试。

过渡期（18~21 岁）：进入劳动力市场，或者进行专门的职业培训。

尝试期（22~24 岁）：选定工作领域，开始从事某种职业。

(3) 建立阶段。25~44 岁为建立稳定职业阶段。经过两个时期。

尝试期（25~30 岁）：对初次就业选定的职业不满意，再选择、变换职业工作。变换次数各人不等。也可能满意初选职业而无变换。

稳定期（31~44 岁）：最终职业确定，开始致力于稳定工作。

(4) 维持阶段。在 45~64 岁这一长时间内，劳动者一般达到常言所说的"功成名就"情景，已不再考虑变换职业工作，只力求维持已取得的成就和社会地位。

(5) 衰退阶段。人达到 65 岁以上，其健康状况和工作能力逐步衰退，即将退出工作，结束职业生涯。

3. 格林豪斯的职业生涯阶段理论

美国心理学博士格林豪斯（Greenhaus）的研究侧重于不同年龄段职业生涯所面临的主要任务，并以此为依据将职业生涯划分为5个阶段：职业准备阶段、进入组织阶段、职业生涯初期、职业生涯中期和职业生涯后期。

（1）职业准备阶段。

其年龄一般为0~18岁。这一时期的主要任务是：发展职业想象力，培养职业兴趣和能力，对职业进行评估和选择，接受必需的职业教育和培训。

（2）进入组织阶段。

其年龄一般为18~25岁。进入组织阶段的主要任务是：以求职者的身份出现在劳动力市场上，在获取足量信息的基础上，尽量选择一种合适的、较为满意的职业，并在一个理想的组织中获得一份工作。

（3）职业生涯初期。

其年龄一般为25~40岁。这一时期的主要任务是：了解和学习组织纪律与规范，接受组织文化，逐步适应职业工作，适应和融入组织，以获取组织正式成员资格，不断学习职业技术，提高工作能力，为未来职业生涯成功做好准备。

（4）职业生涯中期。

其年龄一般为40~55岁。职业生涯中期阶段的主要任务是：不断学习新的知识，努力工作，并力争有所成就。这时，还需要对早期职业生涯进行重新评估，以便强化或转变自己的职业理想，重新选定职业。

（5）职业生涯后期。

其年龄一般为从55岁直至退休。职业生涯后期的主要任务是：继续保持已有的职业成就，成为一名良师，对他人承担责任，维护自尊，准备引退。

表6-1是我国古代教育家孔子给出的人生计划。

表6-1 孔子的人生规划

孔子人生7阶段		
年龄阶段	发展阶段	主要特征
0~15岁	从学前期	已开始学习
15~30岁	立志与学习时期	与从学前期相比，此时的学习与志向更相结合
30~40岁	自立时期	懂理，独立阶段
40~50岁	不惑时期	不被外界事物所迷惑，办事不犹豫
50~60岁	知天命时期	认识自然规律，知道自己的人生使命
60~70岁	耳顺时期	冷静倾听别人的意见，分别真假，明辨是非
70岁以上	从心所欲不逾矩阶段	言行自由，自觉遵守客观规律

资料来源：郑小明：《人力资源管理导论》，北京：机械工业出版社，2005年版，第237页。

(三) 职业锚理论

职业锚理论由美国麻省理工大学的施恩（Schein）教授提出。职业锚指的是人们选择和发展自己的职业时所围绕的中心。职业锚理论认为，当一个人面临职业选择时，很难放弃职业中的那种至关重要的价值观。这种理论有助于帮助个体和组织认清各种不同的工作倾向。根据这种理论，人们自我感知的才能、动机和价值观等构成了人们对自身的职业锚，而职业锚又是人们自己的职业观念的核心。职业锚的形成，要靠若干年的工作经验和实际考验，才能完全清楚、明确地建立起来，而且一旦确立，将对人的职业选择产生巨大的影响。

施恩教授根据自己多年长期研究的结果，发现职业锚可以分成 8 种类型：

（1）技术型或职能型定位：主要关注工作的实际内容，希望能一直在自己擅长的技术或者职能领域工作。

（2）管理才能型定位：从事直线管理工作，而不是在某个职能部门，关注点主要是如何把其他人的努力整合起来，衡量的是总体效果。

（3）自主权型定位：主要考虑自身如何才能不受组织各种规章制度的限制，自行决定工作内容、形式和强度，为了这种自主权，甚至宁可得不到提拔。

（4）安全－稳定型定位：基本出发点是长期保持稳定的职业，希望得到稳定、可预测的工作。

（5）服务和奉献型定位：主要关注的是追求实现某些有意义的结果，例如，从事帮助性职业来改善他人的生活水平。

（6）纯粹竞争型定位：主要工作需求是解决那些看起来无法解决的难题或不可逾越的困难和障碍，强烈追求工作的新鲜感、多变性和挑战性。

（7）企业家型定位：主要目标是追求创新，包括克服某些障碍、敢于冒险和突出个人成就，追求的是拥有按照自己的方式创办组织的自由。

（8）生活方式平衡型定位：主旨在于实现自身生活各主要方面的平衡，追求家庭生活和工作之间的协调一致。

职业锚概念有三个显著的特点：第一，它是一种自我感觉到的品质和能力，来源于过去在工作中取得的成绩；第二，它是自我感觉到的动机和需要，来源于实现中的自我诊断和他人反馈；第三，它是自己感觉到的态度和价值观，是个体在与各种组织规章制度的互动中形成的。

三、职业生涯管理中的角色

（一）组织的角色

1. 确定不同职业生涯期员工的职业管理任务

员工职业生涯分为不同时期或阶段，在各个时期或阶段，员工的职业工作任务、任职状态、职业行为等有所不同，呈现出不同的特征。组织可以根据不同职业生涯期的个人职业行为与特征，确定每个阶段具体职业管理任务与职业发展内容。

2. 进行有效的职业指导

职业指导是协助个人选择职业、准备就业、安置就业并在职业上获得成功的过程。

3. 为员工职业发展开辟通路

员工职业生涯发展，首先需要自身的积极努力，自我开发和发展甚为重要，但是作为组织，决不能将员工的职业发展视为只是员工个人的事情，从而不予重视和支持。组织应当清醒地认识到，员工职业生涯发展，是组织存在与发展的必要条件和动力源泉，并与组织的发展互相促进。因此，提供条件，设置职业通路，给员工职业发展以帮助，是组织应尽的责任和义务，也是组织的一项重要任务。

案例 6-1　柯达为员工提供的职业发展计划

当每一名人才成为柯达的员工，把自己的职业生涯托付给柯达开始，柯达就开始为员工发展殚精竭虑。适合于柯达价值观的员工肯定能够在柯达找到自己的位置，取得职业生涯的成功。

柯达有一个正式的发展人才的计划，名为"员工个人发展计划"（EDPP，Employee Development Planning Process）。每一名进入柯达的员工都要了解公司对自己的期待，如何根据自身的兴趣与特长来进行职业生涯的设计。每年年初，公司都会与员工一起设定当年的工作目标，要求每一名员工在新的一年中挑战自己的目标。员工与自己的主管谈自己的发展计划，每年都做一年的工作计划。通过对员工个人发展计划的讨论，员工可以发现自己的长处与弱项。

柯达对员工进行绩效评估时，主管会坐下来，与员工面对面地沟通与交流，就一年的工作作回顾，对做得好的方面予以肯定与表扬，对做得不好的地方希望在下一年中提高。主管也有机会通过员工来了解，团队有哪些力所不能及的需要经理来协助。

在柯达，coach 是一个非常时髦的词汇，即"教练"。柯达非常推崇在工作中由资深员工辅导帮带新员工，这也是一种融合在日常工作之中的培训，是柯达重视人才发展的重要方法之一。公司还会给有潜力的员工配一名资深领导人，员工在工作与生活上都可以与之沟通，得到帮助，从而得到更快的成长。

柯达的六大业务部门每年会在自己的部门内部实施职能岗位轮换，而在柯达的六大业务部门间也经常进行工作的轮换，让员工做不同职能部门的工作，会对柯达的发展战略与业务领域有更多的了解，也有机会把员工锻造成复合型的"多面手"人才。

表现杰出的员工会得到许多在柯达海外公司或纽约总部开展工作的机会，从中国到新加坡，到亚太地区其他国家和地区，到美国纽约罗彻斯特总部。通过这种岗位的提升与工作环境的变换，可以达到锻炼与发展人才的目的。

（二）个人的角色

在个人职业生涯发展中，员工应彻底改变被动接受组织安排的观点，应确保员工对自己的职业生涯发展负责。只有员工自身才有能力保证其职业生涯道路与组织的需求和愿望相融合，也只有其本人才能使职业生涯开发与管理的各种措施发挥效用。

随着组织对员工职业生涯开发与管理工作的重视，员工自身在其职业生涯发展中的作用也越来越重要。在个人职业生涯发展中，相对组织而言，个人既拥有一定的权利，也负有一定的义务。

1. 权利

作为个人职业生涯发展的主要角色，员工的权利和义务是对等的。在职业生涯发展中，员工有要求获得信息的权利和要求公平的权利，包括：

（1）要求获得信息的权利。组织往往向员工灌输有关企业发展的信息，却很少提供个人发展的相关信息，两者形成很大差异。为解决这一问题，组织应向同一系统的员工们提供一个清单，包括人员变动及近期有可能空缺的职位，各种不同岗位的报酬情况，组织的建议，特别是职业生涯发展的建议途径或必要途径。同样，每个管理人员都应该明确地了解别人对自己的看法，并有权调阅与自己有关的档案。

（2）要求公平的权利。为使员工获得公平的权利，组织应开展以下几方面内容的工作：让更大范围内的组织的员工了解自己的职业生涯规划；由人力资源部门负责员工的职业生涯管理，以确保良好的监控和严肃性；一名员工的晋升不应由一个人决定而应由集体决定；员工有拒绝某一职务变动建议的权利；尊重个人，对正在进行的商谈确保保密性；对被拒绝的候选人正式解释原因等。

2. 义务

在获得权利的同时，员工也应负一定的义务。包括：

（1）提高个人透明度。组织与员工间的透明度不应只是单向的，员工也应向组织清晰地表达他的个人职业生涯计划和职业发展愿望。

（2）增强责任感和团结意识。一个将自己的利益置于集体利益之上，把个人职业生涯的发展看得比做好本职工作还重要的员工只能被认为是个被雇用者。所以，员工不能忽视职业生涯的发展是从本职工作的发展开始的，绝不能将职业生涯开发与管理理解为先去换个职位。

（3）有效地管理自己的职业生涯。批评管理中的"家长制"及不能对管理人员提出任何明确职业生涯计划建议的上级是很容易的，但员工个人必须承担起管理自己职业生涯责任并具有相应的能力，这是一项非常有激励性的工作。

（4）职业生涯发展是企业期望与个人目标及自身限制之间不断进行整合的结果。每个员工都是其职业生涯开发与管理的最主要角色，无论是"处境困难"还是"春风得意"的管理人员，都有可能主动收集劳动市场信息，比较自己的条件，判断在劳动市场中的地位。因此，在职业生涯发展的不同过程中进行定期的重新讨论，并加以思考，这项工作不应只针对"处境困难"的员工进行。

（三）其他角色

在职业生涯管理中除上述角色之外，企业外部专家、家庭主要成员等都扮演着重要的角色，发挥着重要作用。

1. 组织外部专家

职业生涯发展中的组织外部专家可由大学管理学院的人力资源教授、人力资源管理咨询专家、职业指导专家、职业咨询专家或退休的高级管理人员等担任。组织外部专家的意见不受某一公司内部具体情况的局限，可以使管理人员视野宽阔，对员工的职业生涯发展往往会产生重要的指导作用。

2. 家庭主要成员

家庭主要成员对员工个人的职业生涯发展往往会有重要的影响，如家庭成员的职业价值观、地域偏好、需求等都会对员工的职业生涯选择与发展产生明显影响。但家庭成员意见的重要程度取决于员工对家庭生活与职业生活关系的价值判断。由以上的分析可以看出，职业生涯管理的角色有多种，不同角色居于不同的地位，发挥着不同的作用，这些角色相互作用、相互影响和相互联系，共同构成个人职业生涯发展的角色体系。

四、职业生涯管理与人力资源管理其他环节的关系

（一）员工招聘

员工进入组织或员工更换组织，正好对应于人力资源管理中的人员招聘工作，个人寻求进入理想的组织和职业岗位，组织也希望能获得符合组织文化、能胜任招聘岗位、有发展潜力的员工。招聘工作的质量也决定了职业生涯管理工作的难易程度以及人力资源开发的水平。如果招聘工作成功，组织获得了许多优秀的有潜力的员工，组织的人力资源丰厚，加上成功的职业生涯管理，组织的竞争力就会显著增强。

个人进入组织中的职业领域，通常有两个方面的考虑：首先是个人价值观与组织的价值观是否一致；其次是组织中的具体岗位是否符合自己的特长和爱好。个人的价值追求与周围的工作环境、政策吻合，人与环境的冲突少，就会比较和谐，离职意愿低，有利于创造个人职业生涯辉煌，也有利于组织的持续发展。

（二）员工培训

现代社会以竞争为特征，为了占据竞争的主动权，组织和员工都在不断地追求完美。组织希望自己更加贴近消费者、理解员工、盯住竞争对手；员工希望获得培训和学习的机会，实现自我价值。员工的学习与组织的培训有区别，也有联系。区别是：员工的学习提高，通常是从自己的职业生涯发展角度考虑的，即为了实现自己的职业目标，针对自己的不足，专门地学习，力争尽快地达到自己的职业目标；组织的培训往往比较现实，即希望通过培训，要么提高员工的生产绩效，要么是为

了适应组织变革的需要。在许多情况下，组织出于产品生产和推广的需要，对相关的员工进行培训，但这种培训对组织有利，个人如果不喜欢现在的职业，则这种培训就不是职业生涯管理的内容；如果两者方向一致，培训自然是职业生涯管理的内容。

二者的联系主要体现为培训通常能促进员工的职业生涯发展，体现员工的部分利益。尽管有些员工可能不喜欢现在的岗位，但那毕竟是少数，对员工的培训通常提高了员工的竞争力和适应性，有利于员工的发展，满足了组织和员工双方的愿望。现在，组织为应对知识经济的挑战，开发隐性知识，使隐性的知识尽快地显性化，为组织创造利润，因而增加了培训的费用，培养更多有发展潜力、有协作习惯、富于创造的员工。通过这些员工的努力，不断地推出新产品、新观念、新服务，维持组织持久的竞争力。在传统的培训工作中，培训方式一般有在职培训和脱产培训，这主要是针对一项具体工作中所需的技能和知识而进行的培训，如对生产线上的工人的技术培训工作。而在现在乃至未来的培训中，不仅要求员工掌握其工作中所需的知识和技能，同时还要求员工掌握沟通技巧、团队工作技巧等诸多方面的技巧。因为未来的社会是协作性社会，以合作谋求竞争才能达到利益的最大化。在这种情况下，只有掌握多种技能的员工才能在现代企业的工作中如鱼得水，在日益激烈的竞争中取胜。

（三）绩效管理

从职业生涯管理角度看，绩效管理和职业生涯管理相辅相成。对于组织来说，绩效评估的结果是员工的晋升、岗位轮换和培训的依据；对于个人来说，绩效评估的结果是自我认识的重要途径，也是个人制定职业生涯发展目标的基础。

绩效评估所获得的信息可用于两个主要的目的：一是发展目的，诸如确定如何激励员工使其有更高的绩效表现，评估员工存在的且可通过额外的培训加以改进的弱点，帮助员工形成适宜的职业目标；二是评价和决策目的，诸如人员晋升的决定、薪酬等级的设定及任务的分派等。将绩效评估与员工职业生涯发展联系起来，非常重要的前提是绩效评估指标的全面性以及评估结果的准确性。通常，个人的特质，如价值观、兴趣、能力等的评估比较困难，而行为表现、结果性的成绩相对比较容易考察。价值观等软性因素的评估也是不好量化的。

（四）薪酬管理

职业生涯管理与薪酬的关系主要通过职业生涯发展的水平联系起来。职业生涯发展好的，晋升比较快，往往薪酬也会比较高。特别是当今社会，比较关注效率，业绩好的人职业晋升快，而职位高的人待遇好。过去，我国企业采取的薪酬体系的基本思路是尽可能缩小差距，高级岗位和中级岗位、中级岗位和初级岗位待遇相差幅度很小，往往是几十、上百元的差异；而外资企业则强调待遇的差异幅度，希望这种差异能让人有显著的心理感受，从而激发人们追求高级岗位和职级。

图6-2概要地显示了职业生涯管理与人力资源管理各环节的关系。

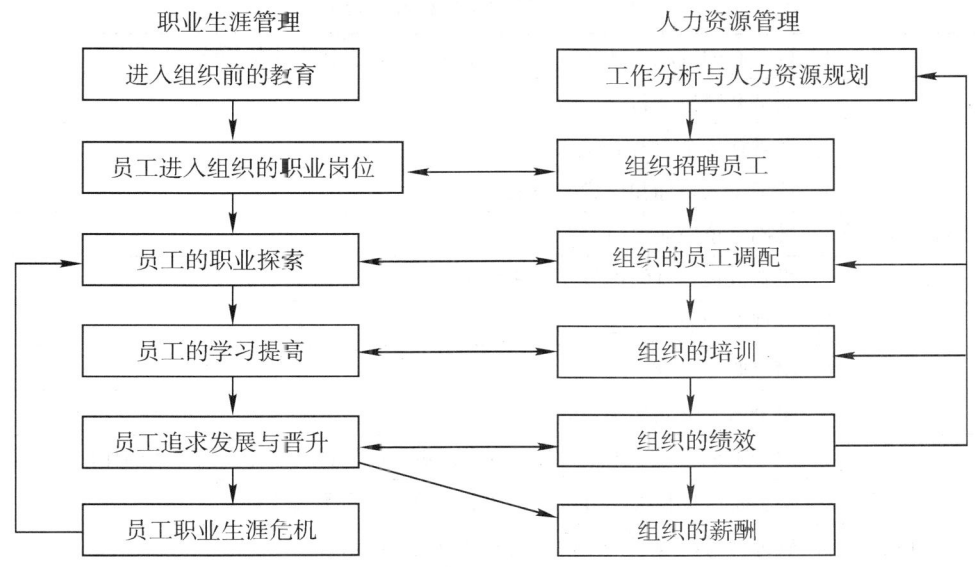

图 6-2 职业生涯管理与人力资源管理各环节的关系

第二节 个人职业生涯管理

一、职业生涯规划概述

（一）职业生涯规划的含义

职业生涯规划，是指个人根据对自身的主观因素和客观环境的分析，确立自己的职业发展目标，选择实现这一目标的职业，以及制订相应的工作、培训和教育计划，并按照一定的时间安排，采取必要的行动实施职业生涯目标的过程。根据定义，职业生涯规划首先要对个人特点进行分析，再对所在组织环境和社会环境进行分析，然后根据分析结果制定一个人的事业奋斗目标，选择实现这一事业目标的职业，编制相应的工作、教育和培训的行为计划，并对每一步骤的时间、顺序和方向做出合理的安排。

（二）职业生涯规划的作用

职业生涯规划在个人的职业决策过程中必不可少，它有助于个人发现自己的认识目标，平衡家庭与朋友、工作与个人爱好之间的需求。另外，职业生涯规划能使一个人做出更好的职业选择：接受还是拒绝某项工作，有无"跳槽"的必要，是否寻找更具挑战性的工作以及何时辞掉压力过大的工作。更为重要的是，职业生涯规划有助于个人在职业变动的过程中，面对已经变化的个人需求及工作需求，进行恰当的调整。职业生涯规划无论对个人还是对组织都有重要意义，如表 6-2 所示：

表6-2 职业生涯规划的作用

对个人	1. 以既有的成就为基础，确立人生的方向，提供奋斗的策略
	2. 突破并塑造清新充实的自我
	3. 准确评价个人特点和强项
	4. 评估个人目标和现状的差距
	5. 准确定位职业方向
	6. 重新认识自身的价值并使其增值
	7. 发现新的职业机遇
	8. 增强职业竞争力
	9. 将个人、事业与家庭联系起来
对组织	1. 更深刻地了解员工，使其感到自己更加受重视，从而发挥更大的作用
	2. 使员工产生积极的上进心，从而为组织作出更大的贡献
	3. 管理者可以根据具体情况来安排对员工的培训
	4. 使个人目标与组织目标更好地统一起来，降低员工的失落感和受挫感
	5. 使员工看到自己在组织中的目标和希望，可稳定员工队伍

（三）职业生涯规划的参与者

职业生涯规划涉及员工本身、上级管理人员和组织。完整的职业生涯规划应是三者共同努力来完成，三者都有其具体的责任。

1. 员工

对员工职业生涯规划负主要责任的是员工本身。职业生涯规划必须由员工亲自来做。只有员工知道自己真正要从职业中得到什么，并且这些愿望显然是因人而异的。

制订自己的职业生涯规划是一项有难度的工作。尽管个人对自己的职业生涯规划承担最终责任，但实践表明，如果没有得到鼓励和指导，则很难取得进展。组织可以通过专家来帮助员工制订职业生涯规划，每隔一段时期留出几小时的工作时间让员工制订职业生涯规划。

2. 上级管理人员

虽然上级管理人员不是职业生涯规划方面的专家，但是他们应该在推进下属的职业生涯规划方面发挥重要作用。他们应该向员工说明进行职业规划的程序，然后帮助员工评价职业生涯规划的结论，对职业生涯规划起到反馈的作用。

在帮助下属制订职业生涯规划的过程中，上级管理人员可能起到的作用包括充当顾问、评价者、教练和指导者等。在实践中，很多管理者不把帮助员工制订职业生涯规划作为自己职责的一部分，这并不是他们反对在该方面发挥作用，而是他们没有考虑到这是他们工作的一部分。为了克服类似这样的问题，组织应有相应的培训计划，以使管理人员在这方面引起充分重视和形成必要的技能。

3. 组织

在员工的职业生涯规划中,组织的责任是制定和向员工传递组织内所存在的职业选择。在新的职位出现和老的职位被淘汰时,人力资源管理部门一般负责使这些信息能马上被员工了解。人力资源管理人员由于与员工和他们的管理人员在工作上具有紧密的联系,他们应该知道是否传递了准确的信息,以及不同职业历程的关系是否被理解。因此,组织并不是要对制订职业生涯规划承担主要责任,而是要改善环境和创造条件,以促进员工职业生涯规划的制订和获得职业发展。

综上所述,成功职业生涯规划是个人、上级管理人员和组织协调努力的结果,其中,规划要由员工自己来制订,上级管理者给予指导和鼓励,而组织则要提供资源和渠道。

二、个人职业生涯规划的制订

职业生涯规划一般包括自我分析、环境分析、职业生涯目标的确定、职业选择、职业生涯路线的制定、评估反馈与修正六大环节,如图6-3所示。

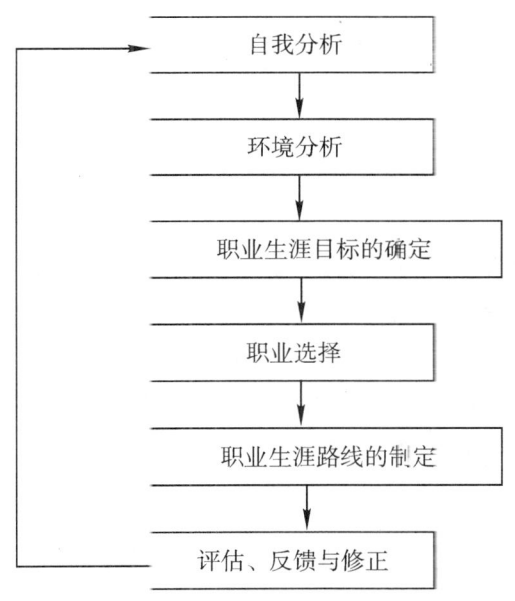

图6-3 职业生涯规划的步骤

(一)自我分析

自我分析就是对自己进行全面的分析,通过自我分析认识自己、了解自己,以便准确地为自己定位。自我分析的过程,实际上是自我暴露和解剖的过程。其重点是分析自己的条件,特别是性格、兴趣、特长与需求。性格是职业选择的前提,内向的人从事外向性的工作,难以成功。兴趣是工作的动力,如果一个人的工作与自己的兴趣相符,那么工作就是一种享受和乐趣。特长主要是分析自己的能力与潜力。需求主要是分析自己的职业价值观,弄清自己究竟要从职业中获得什么。因此,自我分析是职业生涯规划的基础,直接关系到个人的职业成功与否。

自我分析的方法有多种,常用的有三种:橱窗分析法、自我测试法、计算机测试法。

1. 橱窗分析法

橱窗分析法是自我分析的重要方法之一。心理学家把对个人的了解比成一个橱窗。为了便于理解,可以把橱窗放在一个直角坐标系中加以分析。坐标的横轴正向表示别人知道,负向表示别人不知道;纵轴正向表示自己知道,负向表示自己不知道。坐标橱窗可用图6-4表示:

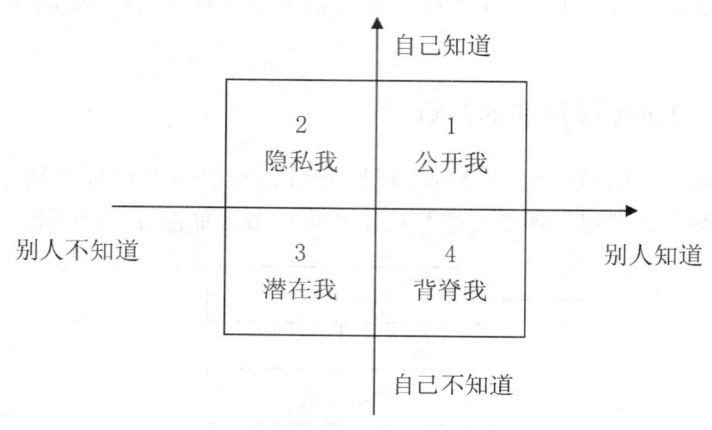

图6-4 橱窗图

在进行自我分析时,重点是了解"潜在我"和"背脊我"这两部分。"潜在我"是影响一个人未来发展的重要因素。因为每个人都有巨大的潜能,许多研究都表明,人类平常只发挥了极小部分的大脑功能。"背脊我"是准确对自己进行评价的重要方面,如果你诚恳地、真心实意地对待他人的意见和看法,就不难了解"背脊我"。当然,这需要开阔的胸怀、正确的态度和有则改之、无则加勉的精神;否则,就很难听到别人的真实评价。

2. 自我测试法

自我测试法是通过回答有关问题来认识自己、了解自己。测试题目是由心理学家们经过精心研究设定的,只要如实回答,就能大概了解自己的有关情况。这是一种比较简便经济的自我分析方法。在自测回答问题时,切忌寻找标准答案,而应该是自己怎么想、怎么认识就怎么回答,这样的测试才有实际意义。自我测试的内容和量表很多,包括方方面面,如性格测试、气质测试、情绪测试、智力测试、技能测试、记忆力测试、创造力测试、观察力测试、应变能力测试、想象力测试、管理能力测试、人际关系测试、行动能力测试等,可供选择和使用。

3. 计算机测试法

计算机测试法是一种了解自己、认识自己的有效的现代测试手段和方法,这种方法的科学性、准确性相对较高。目前，用于测试的软件多种多样，许多网站也开设了网上测试。国内外比较常用的几种测试方法有：

（1）人格测试。人格是个人带有一定倾向性的、比较稳定的、本质的心理特征的综合，包括气质、能力、性格、兴趣等心理特征。

（2）智力测试。智力具有抽象性与隐蔽性的特点，难以把握。有必要了解一些智力测试的方法，以便于我们开发与选择合适的智力测验工具，提高自我分析的水平。

（3）能力测验。能力测验的内容较多，有文职人员能力与机械能力两种测验。文职人员是指工作地点在办公室并且主要从事创造力要求较低工作的脑力劳动者，例如，会计员、簿记员、出纳员、秘书、干事等。

（4）职业倾向测验。职业能力的大小及其发展，与任职者对职业的倾向与兴趣有很大关系。

通过自我分析认识自身的条件，进行比较准确的自我评价，并对此作深层次的分析，以便根据自身的特点设计自己的职业发展方向和目标。

（二）环境分析

在制订职业生涯规划时，要分析环境的特点、环境的发展变化情况、个人与环境的关系、个人在环境中的地位、环境对个人提出的要求以及环境中对自己有利与不利的因素等。环境分析主要是通过对组织环境特别是组织发展战略、人力资源需求、晋升发展机会的分析，以及社会环境、经济环境等有关问题的分析与探讨，弄清环境对职业发展的作用及影响，以便更好地进行职业目标的规划与职业路线的选择。

1. 对社会环境的分析

社会环境对每个人的职业生涯乃至发展都有重大的影响，它不但影响到我们的职业，还影响到我们生活的方方面面。通过对社会大环境进行分析，可以了解所在国家或地区的经济、法制建设发展方向，寻求各种发展机会。

（1）社会文化环境。社会文化是影响人们行为、欲望的基本因素。它主要包括教育水平、教育条件和社会文化设施等。在良好的社会文化环境中，个人能力受到良好的教育和熏陶，从而为职业发展打下良好的基础。

（2）价值观念。个人生活在社会环境中，必然会受到社会价值观念的影响，大多数人的价值取向在很大程度上都是为社会主体价值取向所左右的。个人的思想发展、成熟的过程其实就是认可、接受社会主体价值观念的过程。社会价值观念正是通过影响个人价值观而影响个人的职业选择的。

（3）政治制度和氛围。政治和经济是相互影响的，政治不仅影响到国家的经济体制，而且影响着组织的组织体制，从而直接影响到个人的职业发展；政治制度和氛围还会潜移默化地影响个人的追求，从而对职业生涯产生影响。

2. 对组织环境的分析

对组织环境的分析具体包括对组织内部环境的分析和对组织所面临的外部环境

的分析两部分。

（1）对内部环境的分析：一是组织特色，包括组织规模、组织结构、组织文化、人员流动等。二是经营战略组织的发展战略与措施、竞争实力、发展态势等。三是人力评估，包括人才的需求预测、升迁政策、培训方法、招聘方式等。重点了解组织未来需要什么样的人才，需要多少人，对人才的具体要求是什么，升迁政策有哪些规定。四是人力资源管理，包括人事管理方案、薪资报酬、福利措施、员工关系等。

（2）对外部环境的分析：主要包括组织所面临的市场状况，在本行业中的地位与发展趋势以及所从事行业的发展状态及前景。

（三）职业生涯目标的确定

职业生涯目标是指一个人渴望获得的与职业相关的结果。职业生涯目标的设定是职业生涯规划的核心。职业生涯目标可以通过很多方式影响个人的行为和表现：第一，它可以刺激高水平的努力；第二，它可以给高水平的努力固定方向；第三，它可以提高朝目标努力的坚持性；第四，具体的目标有助于形成实现目标的战略；第五，目标可以量化行为结果的有效性，向个体提供积极的反馈。一个人事业的成败，很大程度上取决于有无正确适当的目标。

在确定目标的过程中要注意如下几个方面的问题：

（1）目标要符合社会与组织的需要，有需要才有市场、才有位置。

（2）目标要适合自身的特点，并使其建立在自身的优势之上。

（3）目标要高远，但绝不能好高骛远，一个人追求的目标越高，其才能就发展得越快，对社会越有益。

（4）目标幅度不宜过宽，最好选择窄一点的领域，并把全部身心力量投进去，这样更容易获得成功。

（5）要注意长期目标与短期目标间的结合，长期目标指明了发展的方向，短期目标是实现长期目标的保证，长短结合更有利于生涯目标的实现。

（6）目标要明确具体，同一时期的目标不要太多，目标越简明、越具体，就越容易实现，越能促进个人的发展。

（7）要注意职业目标与家庭目标以及个人生活与健康目标的协调与结合，事业要成功，家庭与健康是基础和保障。

案例 6-2 小刚的目标

有这样一则关于"小刚的目标"的故事：

18 岁，高中毕业典礼上，小刚发誓要当李嘉诚第二、中国首富。

20 岁，春节老同学聚会上，小刚想创立自己的公司，30 岁时拥有资产 2000 万元。

23 岁，在某工厂当技术员，第二职业是炒股。"在这里工作太没前途了。我将全力炒股，三年内用5万炒到300万元。"

25岁，炒股失意、情场得意，小刚开始准备结婚，希望一年后能有10万元，风风光光地结婚。

26岁，在不太风光的婚礼上，小刚的理想是生一个胖小子，将来当个车间主任，别的不多想。

28岁，工厂效益下滑，正逢妻子怀胎十月。小刚希望这次下岗名单里千万不要有自己的名字。

对于这样的生活写照，美国佐治亚州立大学咨询与心理服务系教授宗耀民从职业规划的角度谈了他的看法："要想在未来职业生涯中获得成功，首先必须确定一个切合实际的职业定位和目标，再把目标分解，设计出合理的职业生涯规划，并且付诸行动。"

资料来源：改编自新浪网（http://www.sina.com.cn）

（四）职业的选择

职业选择是个人对于自己就业方向和工作岗位类别的比较、挑选和确定，是人们职业生活的正式开始。个人和组织既作为选择对方的主体，个人的条件和组织的空缺岗位又是对方选择的客体。在这种双向的选择过程中，个人的能力、意愿与社会的岗位结合在一起，即三者的统一能够实现时，个人才能真正解决职业选择问题。美国学者蒂雷曼（Tiedman）把职业选择过程分为两个阶段：

1. 期望与预后阶段

第一步，探索。考虑与自己的经验和能力有关的生涯发展目标。

第二步，成形。在上述基础上准备进行具体的定向，这时要考虑个人确定职业生涯新方向的价值、目的和能够获得什么报酬。

第三步，选择。在生涯目标成形后做出决策，找到和确定自己所期望的具体职业。

第四步，澄清。进一步分析和考虑上述选择，解除可能发生的疑问。

2. 完成和调整阶段

第一步，就职。将职业选择付诸行动，得到一个新职位，在这个时候开始对自己的职业生涯目标和职业岗位寻求认可。

第二步，重新形成。人在开始从事工作后，对于所从事的职业及其环境有了现实的了解和把握，这时，个人和组织也存在着互动，存在着相互影响。这也是职业生涯选择目标在现实意义上的再次形成。

第三步，综合。个人达到了解自我，在岗位上也被他人看做是成功，达到平衡。这就是职业选择的完全实现。

（五）职业生涯路线的制定

职业生涯路线是指一个人选定职业后从什么方向上实现自己的职业目标，例如是向专业技术方向发展,还是向行政管理方向发展。发展方向不同,要求就不同。因此,在职业生涯规划时必须对此做出选择,以便安排今后的学习和工作,使其沿着生涯路线和预定的方向发展。生涯路线选择是人生发展的重要环节之一。在进行生涯路线选择时,可以从以下三个方面考虑:

(1) 希望向哪一条路线发展,主要考虑自己的价值、理想、成就动机,确定自己的目标取向。

(2) 适合向哪一条路线发展,主要考虑自己的性格、特长、经历、学历等主观条件,确定自己的能力取向。

(3) 能够向哪一条路线发展,主要考虑自身所处的社会环境、政治与经济环境、组织环境等,确定自己的机会取向。

职业生涯路线选择的重点是对生涯选择要素进行系统分析,在对上述三方面的要素综合分析的基础上确定自己的生涯路线。

案例6-3 博士的烦恼

李强是个来自农村的孩子,当时家乡需要种暖棚材料的价格很昂贵,父母觉得制造暖棚能赚大钱,于是萌生了让他报考材料系的想法。一向缺乏主见的他遵从了父母的意愿,考入了某交大的高分子材料系。

其实,李强小时候在少科站接触过计算机,电脑一直是他最大的兴趣。于是他在本科期间双管齐下,获得了材料和计算机双学士文凭。到了大四,由于成绩突出,学校给了他材料系硕士博士连读的机会,看着别人羡慕的眼光,他把兴趣甩在一边,顺理成章地踏上了学校为其铺就的光明大道。后来,由于导师推荐改换专业方向,辗转6年李强才取得了博士学位。期间,兴趣的驱动让他考取了微软公司的计算机认证,有过网站维护的兼职经历,但后来随着本专业课程的加重,便再也无暇顾及计算机的学习了。

毕业后,注重研究型的科研机构他不愿意去,而想去的企业需要实用型人才,他也想过靠计算机本科文凭求职,在喜欢的领域做,但他读博士期间就再也没学习过,早已经生疏,相比计算机的专业人才,完全没有竞争优势,况且多年学成的博士专业完全放弃,也未免可惜。他空有名校博士的荣誉,却无路可走,百般后悔。

资料来源:改编自《北京人才市场报》2005年总第614期

(六) 职业生涯路线评估、反馈与修正

在制订职业生涯规划时,由于对自身及外界环境都不十分了解,最初确定的职业生涯目标往往都是比较模糊或抽象的,有时甚至是错误的。这就需要对职业生涯目标和路线进行必要的调整。这一阶段可以分解为以下两个步骤:

1. 评估

随着时间的推移，很多影响职业生涯执行的因素会发生变化，因此，有意识地回顾自己的言行得失，可以检验自己的职业定位与职业方向是否合适。在实施职业生涯规划的过程中自觉地总结经验和教训，可确保规划的可行性和有效性。

2. 反馈与修订计划

通过反馈与修订，纠正最终职业目标与分阶段职业目标的偏差，保证职业生涯规划的行之有效，还可以极大地增强员工实现职业目标的信心。关于修订的时机，必须考虑下列四点：

第一，定期检测预定目标的达成进度。

第二，每一阶段目标达成时，要依据实际效果修订未来阶段目标可采用的策略。

第三，客观环境改变影响到计划的执行。

第四，有效的生涯设计要不断地反省，修正生涯目标。

三、个人职业生涯的阶段管理

（一）职业生涯早期阶段的管理

职业生涯早期阶段是指一个人由学校进入组织并在组织内逐步"组织化"，为组织所接纳的过程。这一阶段一般发生在20~30岁之间，是一个人由学校走向社会、由学生变成员工、由单身生活变成家庭生活的过程，一系列角色和身份的变化，必然要求经历一个适应过程。在这一阶段，个人的组织化以及个人与组织的相互接纳是个人和组织共同面对的职业生涯管理任务。

1. 职业生涯早期的个人特征

职业生涯早期阶段，人员个人年龄正值青年时期，这一阶段无论从个人生物周期、社会家庭周期还是从生命空间周期来看，其任务都较为单纯、简单，个人的主要任务包括：

（1）进入组织，学会工作；

（2）学会独立，并寻找职业锚；

（3）向成年人过渡。

这一时期，突出的员工心理特征是：

（1）进取心强，具有积极向上、争强好胜的心态；

（2）职业竞争力不断增强，具有做出一番轰轰烈烈事业的心理准备；

（3）开始组建家庭，逐步学习调试家庭关系的能力，承担家庭责任。

在职业生涯早期阶段，个人尚是职业新手，一切还在学习、探索之中。而这一阶段的心智特征将对其职业生涯发展产生重要影响。

2. 个人组织化

所谓个人组织化是指应聘者接受雇用并进入组织后，由一个自由人向组织转化所经历的一个不断发展的进程,它包括向所有员工灌输组织及其部门所期望的主要态度、规范、价值观和行为模式。个人组织化的途径是组织创造条件和氛围,使新员工学会在该组织中如何工作,如何与他人相处,如何充当好个人在组织中的角色,接受组织文化,并逐渐融入组织的过程。在这一过程中,新员工和组织都有各自的任务和容易产生的一些问题,个人和组织都必须学会相互接纳。所谓相互接纳,是指组织与新员工个人之间的相互关系。相互接纳使新员工与组织之间的关系清晰化、明确化、确定化。组织确认了新员工作为组织正式成员的资格,新员工则获得了组织正式成员的身份;相互接纳是一种心理契约,新员工与组织之间没有书面的接纳证明,只是在思想认识、情感上以及工作行为上互相承认、认同和接受;相互接纳可以用具体事物标明,尽管相互接纳是一种心理契约,但是仍有显著的标志,新员工努力工作以及安心于组织,便是他向组织发出的认同信号,组织给新员工加薪、晋升等,则象征着组织对新员工的接受。个人在这个过程中要积极主动,表现出组织所期望的行为,促使组织尽早接纳自己。

(二)职业生涯中期阶段的管理

个人职业生涯在经过了职业生涯早期阶段,完成了员工与组织的相互接纳后,必然进入职业生涯的中期阶段。

1. 职业生涯中期的个人特征

职业生涯中期的开始,有两种表现形态:

(1) 得到晋升,进入更高一层的领导或技术职位;

(2) 薪资福利增加,在选定的职业岗位上成为稳定的贡献者。

2. 职业生涯中期阶段个人面临的管理任务

职业生涯中期阶段是一个时间周期长(年龄跨度一般是 25~50 岁,长达多年)、富于变化,既有可能获得职业生涯成功(甚至达到顶峰),又有可能出现职生涯危机的一个很宽阔的职业生涯阶段。职业生涯中期作为人生最漫长、最重要的时期,其特殊的生理、心理和家庭特征使职业生涯发展面临一些问题,例如,缺乏明确的组织认同和个人职业认同,现实与职业理想不一致,工作发生急剧转折或下滑,工作与家庭的冲突,精神压力过大,健康状况不佳等。因此,在这一阶段,个人对自己的职业生涯管理任务包括:

(1) 持积极进取的精神和乐观的心态;

(2) 零星的职业与职业角色选择决策;

(3) 成为一名良师,担当起言传身教的责任;

(4) 维护职业工作、家庭生活和自我发展三者之间的均衡。

(三)职业生涯晚期阶段的管理

从年龄上看,职业生涯后期阶段的员工一般处在 50 岁至退休年龄之间。由于职业性质及个体特征的不同,个人职业生涯后期阶段开始与结束的时间也会有明显的差别。这一阶段,员工面临的个人任务是:

(1) 承认竞争力和进取心的下降，学会接受和发展新角色；
(2) 学会和接受权力、责任和中心地位的下降；
(3) 回顾自己的整个职业生涯，准备退休。

第三节 组织职业生涯管理

一、组织职业生涯管理的概述

（一）组织职业生涯管理的含义

组织职业生涯管理，即从组织角度对员工从事的职业和职业发展过程所进行的一系列计划、组织、领导和控制活动，以实现组织目标和个人发展的有效结合。在员工制订和实施其个人职业生涯发展计划的过程中，都需要组织的参与和帮助，员工个人的职业发展是不可能脱离组织而存在的，因此组织在员工个人的职业生涯发展中起着重要的作用。

组织职业生涯管理的目的是帮助员工真正了解自己，并且在进一步详细衡量内在与外在环境的优势、限制的基础上，为员工设计出合理可行的职业生涯发展目标，协助员工在达到和实现个人目标的同时实现组织目标。组织应对员工的职业生涯规划有长远而系统的考虑，帮助新员工制订职业生涯规划，使新员工树立起追求的目标，知道实现的途径和过程，增强组织对员工的吸引力。

组织职业生涯管理主要包括以下几个方面。

1. 建立信息系统

该系统内既包括企业或组织员工的所有相关信息，也包括组织的发展战略、职位空缺、各岗位任职资格标准、晋升标准等方面的信息。这个系统是对员工进行职业生涯管理的出发点。组织公布了企业的发展战略，就提供了发展舞台的信息；组织及时、广泛地公开职位空缺信息，就会激发员工向其流动的愿望；组织提供各岗位任职资格标准信息，使员工能对照自己向往的岗位，有计划、有目的地努力，逐步达标，参与这些岗位的竞争；组织提供纵向的晋升标准，员工就有了努力的方向。

2. 开展职业生涯管理的活动

职业生涯管理是由组织有目的、有计划地实施的激励工作，实施者的知识、经验和能力需要培养；职业生涯管理要有专门的渠道、场地、资料、人员；此外，职业生涯管理活动的时间、经费如何保证等也是实施职业生涯管理的重要方面。

3. 职业生涯管理效果的评价

职业生涯管理是一项好的人力资源开发活动，但其所取得的效果往往会因为操作程序、操作内容、实施主体不同而不同。因此，对职业生涯管理落实的情况，需要及时进行总结、评估，在总结和评估时发现问题，寻找对策，逐步使职业生涯管理进入规范化轨道。

（二）个人职业生涯管理与组织职业生涯管理

职业生涯管理的主体有两个：一是组织，二是个人。这两个主体的努力方向有时是一致的，有时则不一致。如果二者一致，往往能实现双赢；如果不一致，则会引发冲突，最后损伤组织或个人的利益，产生消极的效果。为了使二者很好地匹配，求同存异，相互认可，就需要执行职业生涯管理的具体实施者能积极主动地开展工作，主动地、超前地、引导性地与员工沟通，在沟通中增进彼此的感情，在沟通中增进彼此的了解，在沟通中消除误会，在沟通中达成共识，最终实现组织和个人目标尽可能的相容，在提高个人竞争力的同时，提高组织的竞争力。

与组织内部一般的奖惩制度不同，职业生涯管理着眼于帮助员工实现职业计划，即满足职工的职业发展需要。要实行有效的职业管理，必须了解员工在实现职业目标过程中会在哪些方面碰到问题，如何解决这些问题，员工的漫长职业生涯是否可以分为有明显特征的若干阶段，每个阶段的典型矛盾和困难是什么，如何加以解决和克服。组织在掌握这些情况之后，才可能制定相应的政策和措施帮助员工找到内部增值的需要。组织需要是职业生涯管理的动力源泉，无法满足组织需要将导致职业生涯管理失去动力源而中止，最终导致职业管理活动的失败。

施恩根据职业生涯管理的内涵，设计了一个职业生涯中个人与组织相互配合的流程图，见图6-5。

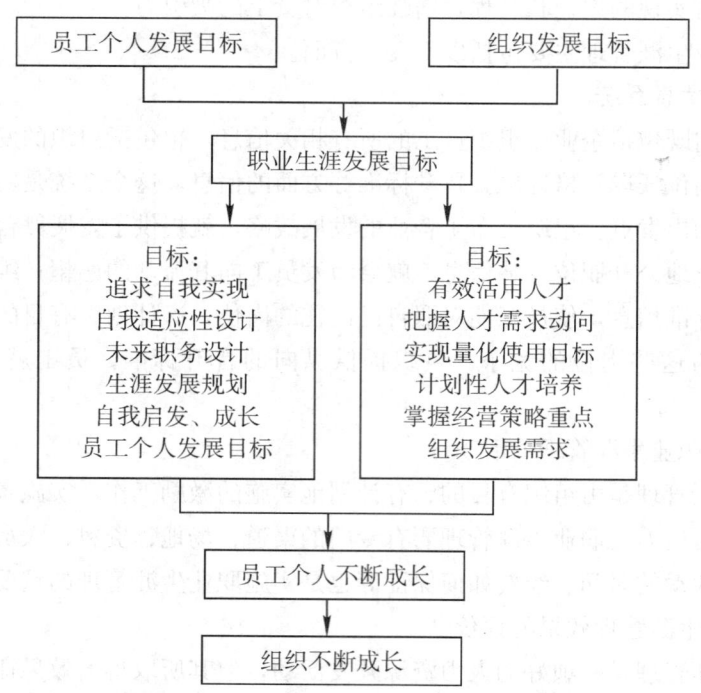

图6-5 职业生涯管理中个人与组织相互配合发展示意图

二、组织职业生涯管理的实施

（一）帮助员工制订和实施职业生涯规划

在组织中，员工的职业生涯规划不能被仅仅当成个人的行为，它也是组织的事情，是组织管理的重要任务，组织要帮助员工制定合理的前程目标，找出达到目标的手段、措施，重点协助员工在个人目标与组织提供的机会之间实现更好的结合。其内容如下：

（1）确定目标。在分析重要的主、客观因素的基础上，确定个人总的发展目标，然后将目标具体化，分成多个次目标，并将目标阶段化，分成长期、中期和短期目标。

（2）执行计划。首先将可能实现目标的途径详细列出；其次是依据个人因素和客观状况，一一评估这些途径的可行性，从中选出最合适的途径；最后依据阶段目标，拟订执行步骤、执行进度表，付诸实施。

（3）评估与修订。计划实施后，要随时对计划内容、实施成效、执行方法加以评估，定期检测预定目标的完成进度。另一项重要工作是当某一阶段目标完成之时，要考虑客观环境是否变化，以便对以后的计划内容、实施策略进行修正。

（二）确立员工不同职业生涯期的职业管理任务

职业生涯分为不同阶段，在各个阶段中员工的职业任务、任职状态、职业行为方式都有所不同。组织要促进员工的职业发展，就要根据不同职业阶段的特征，确定相应的职业管理任务。

一般来说，组织适应于员工不同职业阶段的管理任务，大致包括如下内容。

1. 进入组织阶段

这一阶段组织的主要任务是做好员工的招聘、挑选和配置工作，组织员工上岗培训，考察评定新员工，与员工之间达成一种可行的心理契约，接纳和整合新员工。

2. 早期职业阶段

这是员工和组织之间相互发展和相互认同的时期。组织通过试用和赋予员工工作责任，发现员工的才能，帮助员工确立长期贡献区，帮助员工建立和发展职业锚。

3. 中期职业阶段

这一阶段员工的职业发展基本定型，个人特征表现明显，人生情感复杂化，引发职业生涯中期的危险。面对这一复杂的人生阶段，组织要特别加强职业管理。一方面，通过各种方式方法，帮助员工解决诸多实际问题，激励他们继续奋进，将危机变为成长的机会；另一方面，针对不同人的不同情况，分类指导，为其提供和理顺事业发展的职业通道。

4. 后期职业阶段

员工年老，即将结束职业生涯，此时组织的任务依然重要。一方面，要鼓励、帮助员工继续发挥自己的能力和智慧,帮助他们在组织中成为其他成员的良师益友,传授自己的经验;另一方面,帮助员工做好退休的心理准备和退休后的安排,并适时做员工招新和人事调整。

(三) 为员工职业发展开辟通道

1. 为员工设置职业道路

职业道路也称工作阶梯,是员工实现职业理想和达到职业生涯目标的制度性路径。组织成员的职业目标能否实现,个人特质和能力当然重要,但是没有外在条件,如组织提供的机会,职业发展也是不可能的。从这个意义上讲,组织设置职业道路是员工职业发展的基本条件。组织要设置员工职业发展道路,首先应当建设主干道,同时又不拘泥于单条路,可以设置多条临近主干道的路。例如,某员工很有才华,适合做高级管理者,他的目标是做一名高级主管。当组织考核认同、计划提拔人后,就要为他设置通道。根据这个人的情况,可以派其去高校学习工商管理专业,为其升迁提供专业知识;或者,可以派其轮流在几个职能部门任职,使其在实践中锻炼,为其升迁提供经验条件。

2. 为员工疏通职业道路

职业发展道路的建立是重要的,但这还不够,路虽已开设,但在行进之中可能会遇到路障,及时有效地扫除通道上的障碍,是组织的又一项重要的工作任务。员工职业发展的障碍,既来自员工自身,又来自组织和家庭,还产生于个人的生物、社会生命周期。所以,组织必须从不同类型的员工职业生命空间中发现问题、解决问题。

关键术语

职业、职业生涯、职业生涯管理、职业生涯规划、职业锚、自我分析、职业分析、职业生涯目标、职业生涯路线、个人职业生涯、组织职业生涯

本章思考题

1. 职业与职业生涯的区别是什么?
2. 职业生涯管理的内容是什么?
3. 谈谈职业生涯管理理论对你进行职业生涯规划的启示。
4. 如何进行个人职业生涯规划?
5. 个人职业生涯发展如何与组织发展相结合?
6. 组织职业生涯管理如何实施?
7. 为自己设计一份职业生涯规划。

本章案例

6 个 offer 的挣扎

在"不愁嫁"的北大博士里,小凡的择业心态相当具有代表性。她心目中择业要考虑的因素排名是:发展前景、收入、家庭因素和个人喜好、稳定性。选择去哪个城市,也是类似的考虑顺序。在毕业前,她一共得到了 6 个 offer:

Offer 1:日本的一个导师邀请她去一所大学做博士后,月薪 30 万日元,但是如果要出国的话她希望去英语国家,所以拒绝了。

Offer 2:硕士的导师在香港浸会大学,可以提供一个研究助理的职位给她,但是时间比较短,只有半年到一年,完成学习后还是要面临就业的问题。香港的环境的确不错,不过以后应该有机会去做访问学者,所以拒绝了。

Offer 3:为了解决应届毕业生压力,国家今年出台了一个政策,学校提供"科研助理"的职位。虽然是临时岗位,但除了没有编制,其他待遇跟正式员工差不多,两年后可以解决北京户口,转正留校的机会也比较大。整个药学院符合报名条件的只有她一个人,但是她所在的实验室当时已经有 5 位教师,人员多自然竞争激烈,将来高校评职称是个很严峻的问题,如果评不上,对事业发展会影响很大。留在北大当教师,应该是很多人的梦想,社会地位高,收入不算特别丰厚但也可以,比较稳定。但是有教学和科研的双重压力,人才济济,出头很难,所以拒绝了。

Offer 4:她所在的实验室参与了政府一个总共 12 亿预算的项目,为了运作这个平台,北大医学部打算要建一个研究院,她的导师很希望她能留下帮他主持这个项目。但是资金一直没有到位,如果不签约,应届生的户口到今年 9 月就要迁回原籍,不然的话还可以再等等。

Offer 5:去协和医科大学药物所做博士后。当时她在网上看到业界比较年轻的一个学科带头人在招聘工作人员,就给他发了一封 E-mail 问是否需要博士后,因为今年进京指标的问题,这位教师没招到合适的工作人员,但是又确实需要有人帮他带学生和做课题,看了她的简历后为她向学校申请了一个导师自筹经费的博士后指标,给的待遇是月薪 5000 元,像一般博士后一样给解决住房,这个导师很年轻,手头课题很多,跟着他辛苦两年,应该也会有很大收获。

Offer 6:她是广西人,正好所在的实验室跟广西的药用植物园有合作,导师去参观过几次,强烈建议她回去看一下,毕竟是故乡。论文答辩后她去了南宁,看到情况很好,那边求贤若渴,希望她先去做两年博士后,然后再作为学科带头人进行培养,5 年之后给一套房子,还有 20 万元的科研启动经费。

前 3 个 offer 不用下很大决心就能决定放弃,后 3 个却让小凡思前想后拿不定主意。北京和南宁,到底该去哪个城市,成为她心头的天平两端变幻不定的筹码。

资料来源:摘自《职场》2009 年 11 月号总第 43 期

思考题：
1. 小凡面临着怎样的职业环境？
2. 你认为职业选择和哪些因素相关，如果你是小凡，你会如何选择？为什么？

第七章 绩效管理

本章结构图

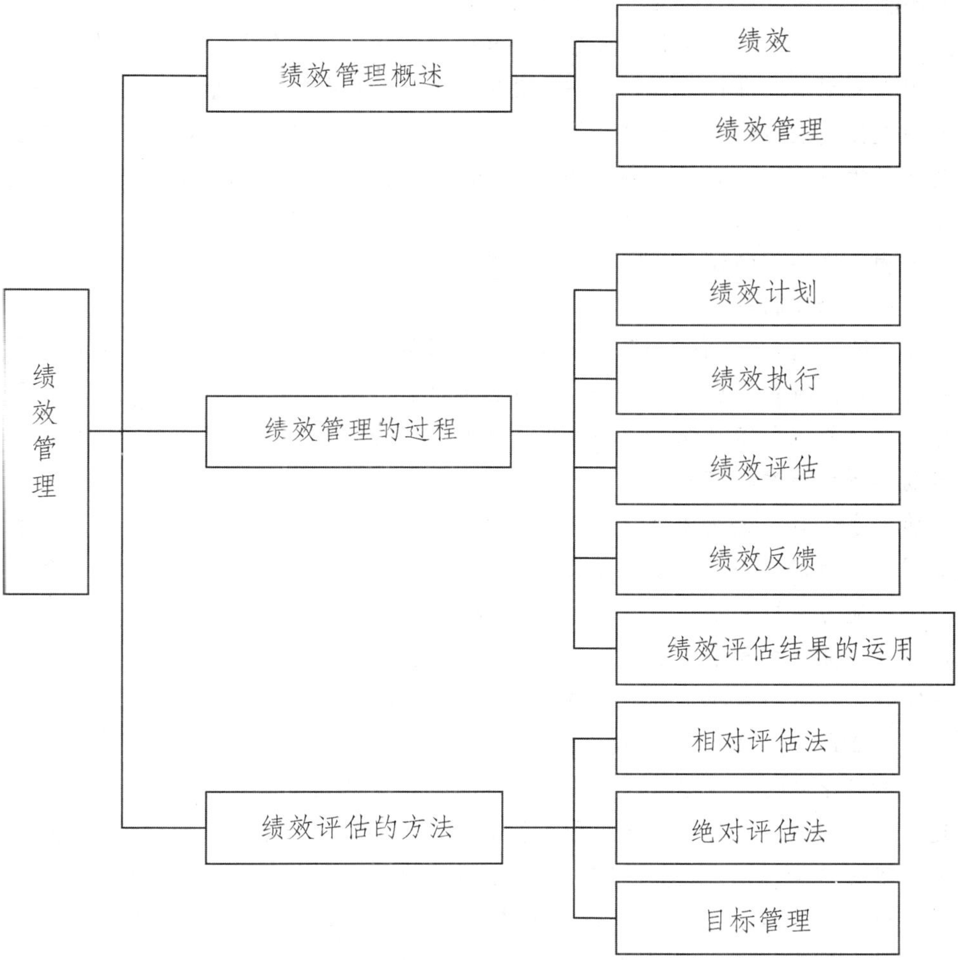

```
                    ┌─ 绩效管理概述 ──┬─ 绩效
                    │                └─ 绩效管理
                    │
                    │                ┌─ 绩效计划
                    │                ├─ 绩效执行
绩效管理 ───────────┼─ 绩效管理的过程 ┼─ 绩效评估
                    │                ├─ 绩效反馈
                    │                └─ 绩效评估结果的运用
                    │
                    │                ┌─ 相对评估法
                    └─ 绩效评估的方法 ┼─ 绝对评估法
                                     └─ 目标管理
```

本章学习目标

※ 理解什么是绩效管理
※ 了解绩效管理系统带来的竞争优势
※ 掌握绩效评估的方法、流程

※ 掌握绩效管理过程中评估指标的设定、沟通、反馈等技巧
※ 理解如何避免绩效管理中可能出现的问题
※ 掌握如何进行有效的绩效面谈

开篇案例

NEC（中国）的绩效管理理念

对于知识员工的绩效，很多企业都很难制定评估的标准，这是由于知识员工一般并不独立工作，他们往往组成工作团队，通过跨越组织界限以便获得资源的综合利用。因此，劳动成果多是团队智慧和努力的结晶，这给衡量个人的绩效带来了困难，因为分割难以进行。除此之外，成果本身有时也是很难度量的。比如，一个市场营销人员的业绩就难以量化，原因不仅在于营销效果的滞后性，也在于影响营销业绩因素的多样性。同样问题也出现在 NEC 通信中国有限公司，其公司副总裁、人力资源总监曹来京认为，不能仅仅依靠量化指标管理来评估知识员工的绩效，文化融合和建立公平的评估制度显得更为重要。

文化是心理的契约

在 NEC 中国公司做了 15 年人力资源管理的曹来京认为，绩效评估实际上是企业对员工，同时也是员工对企业的一种目标诉求。双方的这种诉求不是简单的一种要求，对于知识员工来说，这种诉求更为复杂，企业对知识员工的绩效评估的目的是激励其更好地发挥能力，而不是惩罚。

曹来京认为，企业文化是员工与组织心灵沟通的桥梁，是一种无形的管理方式；同时，他把整个企业的战略目标、企业愿景和企业使命与组织能力、部门能力、个人能力有机地整合，从而通过绩效管理的方式把企业或员工的行为展现出来，实现企业目标和个人目标的同构。所以，企业文化是企业与员工达成心灵契约的关键因素，这一点对于企业和员工之间达成绩效评估的认同非常重要。

对于 NEC，文化对于绩效还有另外一层作用。"我们都知道，日资企业薪酬与欧美企业相比较低，这些从欧美知名企业过来的企业精英的薪酬必须得到保障，但是这又无疑会成为一件容易产生矛盾的事情，怎样说服日本员工接受这一点显得很重要。我必须告诉他们这些从欧美知名企业过来的员工的价值以及市场行情。这样的沟通最后使招聘工作平稳完成。"曹来京认为，如果没有一个强大文化理念在起作用，仅仅因为待遇这方面的分歧就很难通过任何的绩效评估手段来弥补。

公平性是评估的关键

在 NEC，构成绩效评估的重要体系是激励机制和评估体系。在曹来京看来，一个企业没有有效激励制度，员工就不会发挥出自己的最大能力。"没有绩效激励，一个人的能力发挥不过 20%～30%；如果施以激励，一个人的能力则可以发挥到

80%~90%。"曹来京坦言，NEC（中国）在工资待遇上虽然定位略高于市场平均水平，但实际上核心人才的工资待遇会高出市场很大一段。

当然，激励员工的措施不会只包括工资待遇，NEC（中国）的激励机制涵盖了各个方面的内容，从工资待遇到发展计划等各个明细科目都有罗列。但公司的激励体系是否能够起到真正的激励作用，重点在于该体系是否力争做到了公平、公正，而能否让激励体系体现公正的保障就在于完善的员工评估体系。

"我们一开始就认为如果评价体系不能公平、公正的话，就不如不做。"曹来京认为，由于知识员工的评估很难被量化，所以在NEC，评估体系不是由人力资源部门自己制定，而是各个业务负责人一起商讨。

曹来京认为，公司在搭建这套评估体系时，是要和被评估人也就是各个职位的负责人做好沟通的，因为事实上可能这些人才最清楚他们所处岗位的工作内容和需求。NEC（中国）也和一些专业的人力资源机构合作，力争掌握所评估职位的完整情况。

NEC评价员工的频率不是特别频繁，基本上是每年公司全体评估一次，每半年跟踪评估一次，每三个月部门评估一次。这样做的好处一是不会让员工觉得天天在搞评估，影响工作的心情；二是节约了大量的财力和人力；三是业务部门自己的评估能够保证其更好地掌控业务发展情况。

"各个部门的评估不是由人力资源部门牵头的，在NEC这个工作更多的是由战略计划部来做，所以员工的绩效也是由业务部门做的。"曹来京说，目前NEC员工的绩效和奖金是分离的，每个员工的绩效评估都需要员工和评估者双方认同签字才能生效。

除了上述的评估方式外，NEC还通常采用平衡记分法，对任何一个工作都从四个方面进行考察，即财务指标、客户满意度指标、流程指标、专业指标，这四个方面如果平衡了，就说明绩效较好。

对于这种时下很不流行的做法，曹来京有自己的解释："绩效评估是属于短期激励的范畴，对NEC这样刚成立的公司来说是正在完善的阶段，而且NEC的使命是把公司建设成一个有品位、有文化的公司，文化激励作为长期激励的措施起的作用很大。"

资料来源：改编自新浪网（http://www.sina.com.cn）

第一节 绩效管理的概述

一、绩效

（一）绩效的含义

绩效（Performance）从字面上理解就是业绩与效能，那么业绩与效能是如何表现的呢？管理大师德鲁克（Drucker）认为："所有的组织都必须思考'绩效'为何物？这在以前简单明了，现在却不复如是。组织管理策略的拟定越来越需要对绩效的新定义。"人们对"绩效"的理解存在两种不同的看法：

（1）绩效就是结果，即对组织具有效益、具有贡献的结果。财务人员比较热衷于这种量化程度高的观点。结果有长期、中期、短期之分，在财务上通常是以年为周期的，但是对于股东而言，基业长青更胜于当期利润。所以无论是长期、中期还是短期的结果都是绩效管理关注的对象，长期结果无法在当期体现，只能通过组织倡导的行为方式来推动。

（2）绩效是行为，不是结果。这种观点认为过分关注结果会导致忽视重要的行为过程，对过程控制的缺乏会导致工作成果的不可靠性，强调可能会在工作要求上误导员工。绩效不是行为的后果或结果，而是行为本身。

作为结果和行为的绩效观各有优缺点。我们认为，绩效指的是那些经过评价的工作行为及其结果。这个概念有两方面内容：一方面，绩效包括工作行为以及工作行为的结果；另一方面，绩效必须是经过评价的工作行为及结果，没有经过评价的工作行为不被视为绩效，因为它们没有形成有效的绩效信息。

（二）影响绩效的因素

影响组织中员工工作绩效的因素是多方面的，它们可以概括为以下四类。

1. 技能

技能指的是员工的工作技巧和能力水平。一般来说，影响员工技能的因素有：天赋、智力、经历、教育、培训等。由此可以看出，员工的技能并不是一成不变的。组织为了提高其员工的整体技能水平，一方面，可以在招聘录用阶段进行科学的甄选；另一方面，还可以通过在员工进入组织之后提供各种类型的培训或依靠员工个人主动地进行各种类型的学习来提高其技能水平。

2. 激励

激励作为影响员工工作绩效的因素，是通过改变员工的工作积极性来发挥作用的。为了使激励手段能够真正发挥作用，组织应根据员工个人的需要结构、个性等因素，选择适当的激励手段和方式。

3. 环境

影响工作绩效的环境因素可以分为组织内部的环境因素和组织外部的环境因素两类。组织内部的客观环境因素一般包括：劳动场所的布局和物理条件，工作设计的质量及工作任务的性质，工具、设备、原材料的供应，上级的领导作风和监督方式，公司的组织结构和政策，工资福利水平，培训机会，企业文化和组织气氛等。组织外部的客观环境因素包括：社会政治、经济状况、市场的竞争强度等。不论是组织的内部环境还是外部环境，都会通过影响员工的工作能力（技能）和工作态度（工作积极性等），影响员工的工作绩效。

4. 机会

机会指的是一种偶然性，对任何一名员工来说，被分配做什么样的工作往往在客观必然性之外，还带有一定的偶然性。在特定的情况下，员工如果能够得到机会去完成特定的工作任务，可能会使其达到在原有职位上无法实现的工作绩效。与前面三种影响因素相比，机会是一种偶然性的因素。但是，这种偶然性是相对而言的。一个好的管理者应该善于为员工创造这样的机会。从这个意义上说，所谓的机会实际上是可以把握的。

二、绩效管理

（一）绩效管理的概念

绩效管理（Performance Management）是指识别、衡量以及开发个人和团队绩效，并且使这些绩效与组织的战略目标保持一致的一个持续性过程。这个定义包括以下两方面的内容：

（1）持续性过程。绩效管理是持续性的。它包括从设定目标和任务，观察绩效，再到提供、接受指导和反馈这样一个永不停止的过程。

（2）与战略目标保持一致。绩效管理要求管理者确保员工的工作活动和产出与组织的目标是一致的，并借此帮助组织赢得竞争优势。因比，绩效管理在员工的绩效和组织目标之间就建立起了一个直接的联系，从而使员工对组织作出的贡献变得清晰。

绩效管理体系的作用和缺陷如表 7-1、表 7-2 所示。

表 7-1 绩效管理体系对组织的贡献

1. 强化完成工作的动力。
2. 增强员工的自尊心。
3. 使管理者对下属有更深入的了解。
4. 能够更加清晰地界定工作的内容及其需要达到的标准。
5. 强化员工的自我认知与自我开发。
6. 使管理活动更加公平和适宜。
7. 使组织目标更加清晰。
8. 使员工更加胜任。
9. 使组织能更好地免受法律诉讼。
10. 使组织能更快、更及时地区分绩效优良与绩效不佳的员工。
11. 上级对员工绩效的看法能够更清晰地传递给员工。
12. 使组织变革更加容易推动。

表7-2 糟糕的绩效管理体系可能带来的不利或危害

1. 增加人员流动率。
2. 使用错误的或者带有误导性的信息。
3. 损伤员工的自尊心。
4. 浪费时间和金钱。
5. 损害人际关系。
6. 削弱完成工作任务的动力。
7. 员工产生工作倦怠感，工作满意度下降。
8. 增加遭遇诉讼的危险。
9. 对管理资源产生不合理的需求。
10. 绩效评价标准和评价结果不稳定、不公平。
11. 产生偏见。
12. 绩效评价等级体系不清晰。

（二）绩效管理与绩效评估

在管理实践中，很多管理者和员工错误地把绩效评估等同于绩效管理，所以我们必须将绩效管理与绩效评估区分开来。如果一个组织只是每年对员工的绩效进行一次评估，而并没有通过对员工提供持续性的反馈和辅导来帮助他们改进绩效，那么在这个组织中就没有真正的绩效管理体系，有的只不过是一个绩效评估体系而已。绩效评估是对一位员工的优点和不足所进行的系统性描述。因此，绩效评估是绩效管理的一个重要组成部分，它只是一个大的整体中的一个部分而已。

归纳起来，绩效管理与绩效评估的区别主要有以下六点：

（1）绩效管理是一个完整的系统，绩效评估只是这个系统中的一部分。

（2）绩效管理是一个过程，注重过程的管理，而绩效评估是一个阶段性的总结。

（3）绩效管理具有前瞻性，能帮助组织前瞻性地看待问题，有效规划组织和员工的未来发展；而绩效评估则是回顾过去的一个阶段的成果，不具备前瞻性。

（4）绩效管理有着完善的计划、监督和控制的手段和方法，而绩效评估只是提取绩效信息的一个手段。

（5）绩效管理注重能力的培养，而绩效评估则只注重成绩的大小。

（6）绩效管理能建立经理与员工之间的绩效合作伙伴的关系，而绩效评估则使经理与员工站到了对立的两面，距离越来越远，甚至会制造紧张的气氛和关系。

无论是从基本的概念上，还是从具体的实际操作上，绩效管理与绩效评估之间都存在着较大的差异。但是，绩效管理与绩效评估又是一脉相承、密切相关的。绩效评估是绩效管理的一个不可或缺的组成部分。通过绩效评估可以为组织的绩效管理的改善提供资料，帮助组织不断提高绩效管理的水平和有效性，使绩效管理真正帮助管理者改善管理水平，帮助员工提高绩效能力，帮助组织获得理想的绩效水平。

（三）绩效管理与人力资源管理其他环节的关系

绩效管理体系是其他人力资源管理环境的一个重要的支持者，绩效管理与其他环节的联系如图7-1所示。

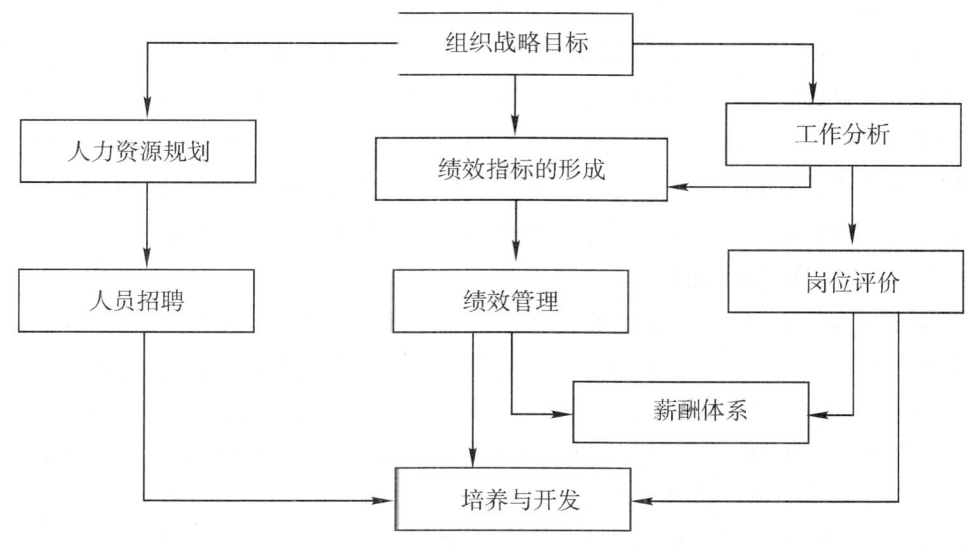

图7-1 绩效管理与人力资源管理其他环节的关系

1. 绩效管理与人力资源规划

绩效管理为人力资源规划提供了关键性的信息。一个组织的人才库也是基于绩效管理体系收集上来的信息建立起来的。通过绩效管理制订的开发计划则为组织提供了在不久的将来要掌握哪些技能方面的信息。这些信息还可以为员工的招聘和录用提供依据。当一个组织需要考虑具有哪些技能的人才需要从组织外部引进，而具有哪些技能的人才可以从内部选拔的时候，对当前以及未来人才的储备状况的了解就显得非常重要。

2. 绩效管理与工作分析

绩效管理的重要基础是工作分析。工作分析的目的，就是要告诉我们某个职位是干什么的以及由什么样的人来干，即确定一个职位的工作职责以及它所提供的重要工作产出，据此制定对这个职位进行绩效考核的关键绩效指标（KPI），而这些关键绩效指标就为我们提供了评价该职位任职者的绩效标准。可以说，工作分析提供了绩效管理的一些基本依据。

3. 绩效管理与招聘甄选

在对人员招聘或进行开发的过程中，通常采用各种人才测评手段，包括心理和个性测验、行为性面谈以及情境模拟技术等，这些测评方法侧重考察人的一些价值观、态度、性格、能力倾向或行为风格等难以测量的特征，以此推断人在未来的情境中可能表现出来的行为特征。而绩效考核是主要针对人的"显质"进行的,侧重考察人们已经表现出来的业绩和行为,是对人的过去表现的评估。从现有员工的绩效管理与考评记录可以总结出具有哪一些特征的员工适合本组织。因此,在招聘选拔过程中,就可以利用历史资料进行有效甄选。

4. 绩效管理与培训开发

绩效管理的主要目的是了解目前人们绩效状况中的优势与不足,进而改进和提高绩效,因此培训开发是在绩效考核之后的重要工作。在绩效考核之后,主管人员往往需要根据被评估者的绩效现状,结合被评估者个人发展愿望,与被评估者共同制订绩效改进计划和未来发展计划。人力资源部门则根据员工绩效评价的结果和面谈结果,设计整体的培训开发计划,并帮助主管和员工共同实施培训开发。

5. 绩效管理与薪酬福利

越来越多的组织将员工的薪酬与其绩效挂钩,而不再像传统的工资体系中只强调工作本身的价值。在很多未脱离计划经济色彩的国有组织中,仍然存在着"干多干少一个样,干与不干一个样",这些组织在为员工付薪时,很少考虑到绩效问题,这与时代的要求显然相去甚远。在不同的组织中采用不同的薪酬体系,对不同性质的职位而言,绩效所决定的薪酬成分和比例有所区别。通常来说,职位价值决定了薪酬中比较稳定的部分,绩效则决定了薪酬中变化的部分,如绩效工资、奖金等。

第二节 绩效管理的过程

绩效管理是一个连续、循环的过程,这个循环分为五步:绩效计划、绩效执行、绩效评估、绩效反馈、绩效结果的运用,如图7-2所示。

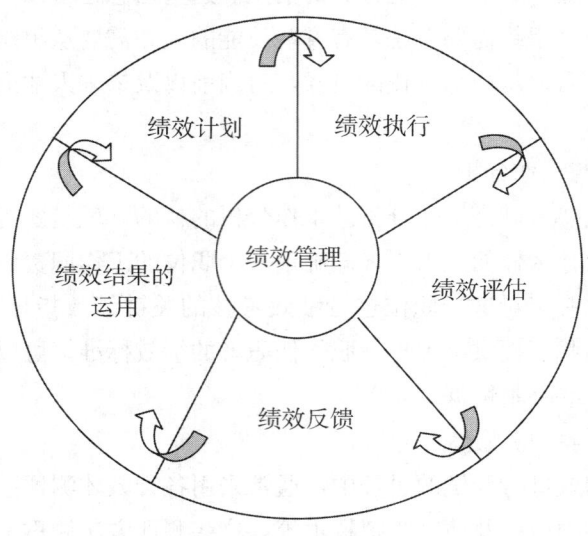

图 7-2 绩效管理的循环图

一、绩效计划

（一）制订绩效计划的步骤

绩效计划是管理人员与员工共同讨论以确定员工考核期内应该完成哪些工作和达到怎样的绩效水平的过程。绩效计划在整个绩效管理过程中的地位不亚于绩效评估环节，究其原因，主要在于评估仅仅是从反光镜中往后看；而绩效计划是往前看，以便在不久的将来能获得更好的绩效，而不是分析和关注那些过去的、不能改变的绩效。此外，绩效计划可以帮助管理人员和员工明确目标和努力的方向，避免事倍功半。绩效计划的制订过程分为准备、沟通和确定三个步骤。

1. 绩效计划的准备

绩效计划通常是通过管理人员与员工双向沟通的绩效计划会议得到的。为了使绩效计划会议取得预期的效果，事先必须准备好相应的信息。这些信息主要包括：

（1）组织的信息。为了使员工的绩效计划能够与组织的目标结合在一起，管理人员与员工将在绩效计划会议中就组织的战略目标、年度经营计划进行沟通，并确保双方对此没有任何歧义。

（2）部门的信息。每个部门的目标是根据组织的整体目标逐渐分解而来的。不但经营的指标可以分解到生产销售等业务部门，而且对于财务、人力资源部等业务支持性部门，其工作目标也与整个组织的经营目标紧密相连。

2. 绩效计划的沟通

绩效计划沟通阶段是整个绩效计划的核心阶段，是一个双向沟通的过程。在这个阶段，管理者与员工必须经过充分的交流，对员工在本次绩效期间内的工作目标和计划达成共识。沟通的过程和方式并不是千篇一律的，通常，绩效计划会议是绩效计划制订过程中进行沟通的一种普遍方式。

在进行绩效计划沟通时，往往首先需要回顾一下已经准备好的各种信息，包括组织的经营计划信息、员工的工作描述和上一个绩效期间的评估结果等。在组织的经营目标基础上，每个员工需要设定自己的工作目标，并把工作目标分解为可评估的绩效指标。绩效指标的设定方式将在下一部分作详细介绍。

3. 绩效计划的审定和确认

在制订绩效计划的过程中，对计划的审定和确认是最后一个步骤。在这个过程中要注意以下两点：

（1）管理人员和员工应确认双方是否达成了共识。绩效计划的主要目的就是让组织中不同层次的人员对组织的目标达成一致的见解。如果所有的管理人员与员工的意见都能达成共识，那么组织的整体目标与全体员工的努力方向就会取得一致。

（2）员工的工作职责和描述已经按照现有的组织环境进行了修改，可以反映本绩效期内主要的工作内容。管理人员和员工都十分清楚在完成工作目标的过程中可能遇到的困难和障碍，并且明确管理人员所能提供的支持和帮助。

(二)设定绩效评估指标

绩效指标的有效设定是有效推进和实施绩效评估的前提条件,同时也是将组织经营发展的战略目标(包括组织或部门、团队绩效目标)转化为具体可控、可测的"绩效指标",即将复杂、多元的绩效目标转化成具体的"绩效指标"(并尽可能量化)的过程。在现实的组织经营管理运行中,员工的绩效目标通常来源于:组织的经营计划任务与目标、部门或团队的工作任务和员工的岗位职责。

1. 设定绩效评估指标的步骤

确定绩效评估指标一般要经历以下三个步骤:

(1)工作岗位分析。根据评估目的,对被评估对象所在岗位的工作内容、性质、完成这些工作所应履行的岗位职责和应具备的能力素质、工作条件等进行研究和分析,从而了解被评估者在该岗位工作所应达到的目标、采取的工作方式等,初步确定出绩效评估指标。

(2)理论验证。根据绩效评估的基本原则,对所设计的绩效评估指标进行论证,使其具有一定的科学依据。

(3)进行指标分析,确定指标体系。根据工作岗位分析初步确定的指标,运用绩效评估指标体系设计方法进行指标分析,最后确定绩效评估指标体系。在进行指标分析和指标体系的确定时,往往将几种方法结合起来使用,使指标体系更加准确、完善、可靠。

2. 关键绩效指标

关键绩效指标(KPI:Key Performance Indicator)是当前组织中常用的一种先进的绩效指标体系。它是通过对组织内部流程的输入端、输出端的关键参数进行设置、取样、计算、分析,衡量流程绩效的一种目标式量化管理指标,是把组织的战略目标分解为可操作的工作目标的工具。KPI可以使部门主管明确该部门的主要责任,并以此为基础,明确该部门各人员的绩效衡量指标。关键绩效指标是用于衡量工作人员工作绩效表现的量化指标,是绩效计划的重要组成部分。

KPI符合重要的管理原理——"二八原理"。在一个组织的价值创造过程中,存在着"80/20"的规律,即20%的骨干人员创造80%的价值;并且在每一位员工身上"二八原理"同样适用,即80%的工作任务是由20%的关键行为完成的。因此,必须抓住20%的关键行为,对之进行分析和衡量,这样就能抓住绩效评估的重心。

建立KPI指标,首先要明确组织的战略目标,并找出组织的业务重点,也就是组织绩效评估的重点。然后,再找出这些关键业务领域的关键绩效指标。接下来,各部门的主管需要依据组织级KPI建立部门级KPI,并对相应部门的KPI进行分解,确定相关的要素目标,分析绩效驱动因数(技术、组织、人),确定实现目标的工作流程,分解出各部门级的KPI,以便确定评价指标体系。最后,各部门的主管和部门人员一起再将KPI进一步细分,分解为更细的KPI及各职位的绩效衡量指标。这些绩效衡量指标就是员工绩效评估的要素和依据。这种对 KPI 体系的建立和测评过程本身，就是统一全体员工朝着组织战略目标努力的过程，也必将对各部门管理者的绩效管理工作起到很大的促进作用。

指标体系确立之后，还需要设定评价标准。一般来说，指标指的是从哪些方面衡量或评价工作，解决"评价什么"的问题；而标准指的是在各个指标上分别应该达到什么样的水平，解决"被评价者怎样做，做多少"的问题。

最后，必须对关键绩效指标进行审核。比如，审核这样的一些问题：多个评估者对同一个绩效指标进行评估，结果是否能取得一致？这些指标的总和是否可以解释被评估者 80% 以上的工作目标？跟踪和监控这些关键绩效指标是否可以操作？等等。审核主要是为了确保这些关键绩效指标能够全面、客观地反映被评价对象的绩效，而且易于操作。

每一个职位都影响某项业务流程的一个过程，或影响过程中的某个点。在订立目标及进行绩效评估时，应考虑职位的任职者是否能控制该指标的结果，如果任职者不能控制，则该项指标就不能作为任职者的业绩衡量指标。比如，跨部门的指标就不能作为基层员工的评估指标，而应作为部门主管或更高层主管的评估指标。

管理者给下属订立工作目标的依据来自部门的 KPI，部门的 KPI 来自上级部门的 KPI，上级部门的 KPI 来自组织最高级 KPI。只有这样，才能保证每个职位都是按照组织要求的方向去努力。表 7-3 列出了某单位人力资源部各岗位的 KPI 指标。

表 7-3　某单位人力资源部各岗位 KPI 指标

岗位	指标（KPI）	指标解释	目标值（达标值）	评价标准
人力资源部经理	员工离职率	月度员工离职人数/公司总人数	5%	每升高一个百分比，扣 10 分，离职率达到 15% 以上此项不得分
	关键岗位覆盖率	关键岗位招聘到位人数/计划招聘关键岗位人数	98%	每少到岗一个扣 10 分，直到扣完为止
	员工培训达成率	实际培训次数/计划培训次数	100%	
	工资发放及时	总公司及分公司员工工资已经过相关领导签批	15 日前	每迟发一天扣 10 分，直到扣完为止；每早发一天奖励 15 分
	劳动合同覆盖率	签订劳动合同人数/需签订合同人员总数	98%	每降低一个百分比扣 10 分，签订率在 90% 以下不得分；每升高一个百分比奖励 15 分

续表7-3

岗位	指标（KPI）	指标解释	目标值（达标值）	评价标准
员工关系岗	员工入职手续办理及时率	在规定时间内完成员工入职手续办理	100%	每推迟一天扣10分，推迟三天此项不得分
	人事信息维护准确性率	确保每月人员信息报表的信息准确	99%	每月由主管领导抽查或其他同事检查，每处错误扣1分
	OA信息处理及时率	在规定时间完成OA平台的信息处理（包括员工入职、转正、调动、离职）	100%	每晚一个小时扣10分，直到扣完为止
	劳动合同签订率	签订劳动合同人数/需签订合同人员总数	98%	每降低一个百分比扣10分，签订率在90%以下不得分；每升高一个百分比奖励15分
	社保完备率	已上社保人数/需上社保总人数	80%	每降低一个百分比扣10分，完备率在70%以下不得分；每升高一个百分比奖励15分
招聘管理岗	招聘计划完成率	每月招聘到岗人数/计划招聘人数	60%	每升高一个百分比奖励5分，每降低一个百分比扣10分
	招聘合格率	复试通过人数/推荐复试人数	50%	
	招聘及时率	规定某岗位招聘到位时间	80%	
薪酬管理岗	工资发放及时	总公司及分公司员工工资已经过相关领导签批	18日前	每迟发一天扣10分，每早发一天奖励15分
	考勤上报及时率	按规定时间上报考勤	每月4日前	每晚报一天扣10分，迟报5天不得分；每早报一天奖励20分
	工资发放准确率	工资数据无误	98%	每发现两处错误以上增加一处扣5分，直到扣完为止

续表7-3

岗位	指标（KPI）	指标解释	目标值（达标值）	评价标准
绩效管理岗	评估工作完成及时性	按照规定完成绩效评估信息的汇总统计	98%	每晚报一天扣10分，迟报5天不得分；每早报一天奖励15分
	绩效评估指标修订及时率	根据业务部门提出指标修订需求，对指标进行修改完善，并在提出需求的下月使用	100%	每晚修改一个月扣15分，晚修改三个月以上此项不得分
	了解员工对公司评估体系运行的意见和建议	收集员工对公司评估体系运行意见和建议的条数不少于5条	5条	每少一条扣20分，每多收集一条奖励10分，上限为50分
	绩效评估结果统计准确率	按照绩效评估结果	100%	

3. 将平衡计分卡的思想运用于绩效指标的建立

平衡计分卡（BSC：The Balanced Score Card）是1992年由哈佛商学院教授罗伯特·卡普兰（Robert Kaplan）和复兴方案公司总裁戴维诺顿（David Norton）提出的。平衡计分卡是企业绩效管理方面的一个重要里程碑，传统的企业绩效衡量主要采用财务方面的指标，而平衡计分卡则强调从财务和非财务的角度综合评估绩效。

平衡计分卡的核心思想就是通过财务（Financial）、客户（Customer）、内部流程（Internal Business Process）、学习与成长（Learning and Growing）四个方面的指标以及指标之间相互驱动的因果关系体现组织的战略实施和战略修正过程，并且通过这四个方面的指标实现与战略目标密切相关的绩效管理。

（1）财务角度：主要关注的是我们怎样满足所有者的利益。公司在市场竞争中，必然要通过盈利获取生存和发展，因此财务指标是一个重要的指示器。我们力争改善内部流程，关注学习与成长，获取客户的满意，最终都是为了提升财务方面的表现。

（2）客户角度：主要关注的是客户如何看待我们，我们在多大程度上提供客户满意的产品和服务。在这方面重要的指标有市场份额、客户满意度、客户保有率、新客户开发率等。

（3）内部流程角度：主要关注的是必须在哪些流程上表现得优异才能实现战略目标。例如，为了获得客户的满意，为了提供高质量的产品，为了获取市场领先地位，在内部流程的各个环节上分别应该做到什么程度。

(4)学习与成长角度：主要关注的是我们必须具备或者提高哪些关键能力才能提升内部流程进而达到客户和财务的目标。在这方面最重要的是人力资源管理的效果，公司人力资源的质量将直接决定学习和创新的效果；同时，公司上下应该关注的一个问题就是创建一种支持学习与成长的文化。

表7-4所示为某软件公司的平衡计分卡。

表7-4 某软件公司的平衡计分卡

战略目标：通过新产品、新客户获得成功	
财务 目标：与新产品、新客户有关的收入增长，收入结构改善 指标： 新产品销售额在总销售额中所占的比例 现有产品在新客户中的销售额占该产品销售额的比例 新产品在新客户中的销售额	客户 目标：取得客户对公司产品的认可 指标： 新客户数量 客户对新产品评估指数
内部流程 目标：新产品研发、加工、系统集成的速度和质量提高，客户开发过程效率的提高 指标： 新产品开发周期 客户需求分析过程 新客户开发数量	学习与成长 目标：人才队伍形成和人才培养 指标： 核心骨干员工流失率 人才总体成长指数 组织整体学习气氛指数

平衡计分卡在很多企业中主要是在人力资源管理领域应用，单纯为了考核内部的人员而引进平衡计分卡，结果往往是失败的。平衡计分卡的创始人卡普兰指出，平衡计分卡首先是一种战略执行工具，然后才是一种企业绩效管理工具。如果单纯将平衡计分卡用作绩效管理，结果往往是不理想的。特别是在一些组织中，由人力资源推动平衡计分卡的实施，组织上下缺乏对战略的统一认识，或者战略根本就不清晰，或者沟通不够，很多问题导致平衡计分卡无法推行。

平衡计分卡的作用主要表现在：明确公司战略，制订战略实施的行动方案；检视企业管理方面存在的不足，避免成长中容易出现的过于注重眼前利益的问题，以及业务水平与管理水平不均衡发展的现象；进行公司上下的战略沟通，制订各个级别的绩效指标和行动计划，帮助公司实施战略。

虽然平衡计分卡并不是一个绩效管理的工具，而是一个战略管理工具，但是其核心思想对于指引关键绩效指标的设计是很有帮助的，主要体现在：保证关键绩效指标更为密切地与战略相联系，全面考虑组织成功的各个方面，而不是单纯追求某一方面而忽视其他方面。战略最终毕竟要通过组织中每个人的努力来实现，那么组织的战略目标是如何通过平衡计分卡这样一个工具最终落实到每个人的具体工作上而成为每个人的关键绩效指标的呢？在进行战略目标分解的时候，最常使用的是鱼骨图分解法，如图7-3所示。

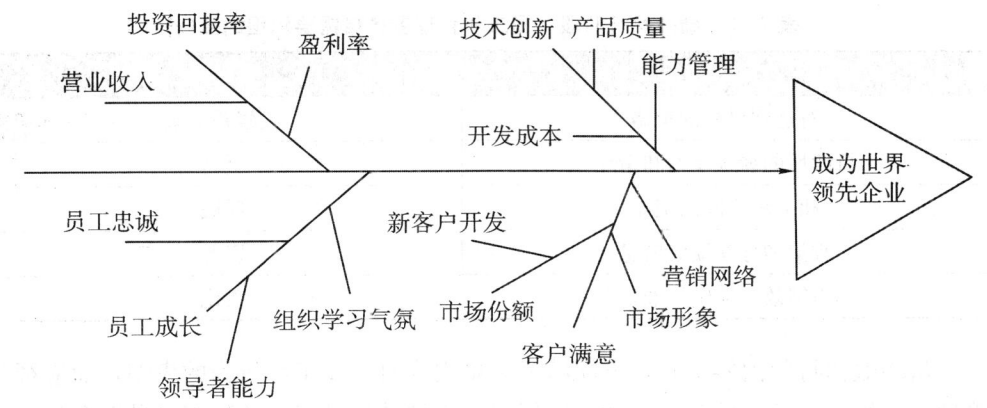

图7-3 成功因素分解的鱼骨图

运用平衡计分卡思想建立关键指标体系的过程大致如下：

第一，分析组织远景战略的关键成功因素，并将这些因素在财务、客户、内部流程、学习与成长四个方面表达出来。

第二，确保公司层面的每个关键绩效指标都由一个或多个部门负责，每个部门可能负责实现该绩效指标中不同的部分，也就是每个部门对组织战略目标提供的增值产出。例如，公司成功需要在客户开发方面的卓越表现，那么对于市场部来说，支持这个关键绩效指标的具体表现就是提供准确的客户市场分析；对于人力资源部门来说，就是要努力提高相关人员在客户开发方面的能力。

第三，将各个部门的关键绩效指标最终落实到每个人，这就是每个人对组织目标的增值产出。例如，人力资源部门如果想提高公司的客户开发能力，对于培训经理来说，关键的绩效指标就是相关的培训情况；对于招聘经理来说，关键绩效指标就是招聘那些具有客户开发能力和经验的人选。

二、绩效执行

（一）绩效执行的内容

1. 绩效执行的含义

绩效执行，又称为绩效的实施、绩效控制，是连接绩效计划和绩效评估的中间环节，也是耗时最长的一个环节。一旦绩效周期开始启动，员工就必须去为达成结果而努力，并且展示出在早些时候自己同意履行的行为，同时满足开发计划所提出的各项要求。在整个绩效周期内，管理者积极指导下属工作，与下属进行持续的绩效沟通，以期达到更好地完成绩效计划的目的，这就是绩效实施的过程。该过程为任务的分配者和执行者提供一个定期交流的机会，使双方有机会讨论各自有何期待以及这些期待目前的实现状况。在这一阶段中，管理者和员工所承担的责任如表7-5所示。

表7-5 绩效执行阶段：员工和管理者各自需要承担的责任

员 工	管理者
对达到目标的承诺	观察并记录
持续性的绩效反馈和指导	更新
和上级之间的交流	反馈
收集和分享绩效信息	资源
为绩效反馈做好准备	强化

从绩效执行的内容上看，不能将之简单视为对下属工作行为的束缚，而应视为管理者始终关注下属的各项活动，以保证它们按计划进行，并纠正各种重要偏差的过程。那种认为员工在了解绩效计划之后就能够正确地执行计划，等到绩效周期结束后再进行绩效评估的想法，是十分错误的。在整个绩效期间内，管理者与员工之间进行的持续的监督和控制是绩效管理最直接地发挥作用的环节。这个阶段作为连接计划绩效和评价绩效的中间环节，对绩效计划的执行和绩效的公正评价有着极其重要的作用。它要求管理者与员工进行持续不断的沟通，同时这一阶段也是管理者记录员工的关键事件的主要时刻。

2. 绩效执行的误区

绩效计划是否能够落实和完成要依赖于绩效执行，绩效评估的依据也是来自于绩效执行的过程中，这个过程做得怎样将直接影响着绩效管理的成败。然而绩效执行与管理的过程往往容易被人们所忽视，在这个过程中还存在着一些误区。

(1) 绩效管理重要的是计划和评估，中间的过程是员工自己工作的过程。

不少管理者认为对于绩效管理来说，重要的是事先做好计划以及在绩效期结束时对绩效进行评估，而中间的过程则不需要进行过多的干预，这样做可能会很危险。不管组织的绩效评估是三个月做一次、半年做一次还是一年做一次，对员工的反馈都应该是持续不断的。不应当在年初与员工制定了绩效目标之后，到年末进行绩效评估时才对员工反馈，这样做的结果很有可能使员工的离职率上升。

(2) 对员工绩效的管理就是要监督检查员工的工作。

要时刻关注员工的工作过程。有些经理人员总是表现出对员工不放心的态度，总担心员工无法很好地完成工作，因此过多地去关注员工的工作细节。其实绩效管理往往是一种目标管理，经理人员应该主要花精力关注的是员工的工作结果，也就是工作目标的达成情况，对于具体的工作过程，不必过分细致地关心。而有的经理人员则不但关心员工做出了什么结果，还关心员工是怎样做出这种结果的。员工认为既然给自己设定了目标，那么自己应该有一定的权力决定如何达成目标，经理人员不必事无巨细地干涉自己的行动自由。如果经理人员管得过细，员工就会有不被充分信任的感觉。

（3）认为花费时间做记录是一种浪费。

在绩效执行的过程中，有些人常常认为员工是最忙碌的，而经理人员则是把任务分派下去，自己就没有什么事情做了。其实，经理人员有大量的事情需要做，至少为了在绩效期满进行评估时能够拿出事实依据来，他们应该做大量的记录。而有的经理人员则过分相信自己的记忆力，不愿花费时间做记录，这样在进行评估时只能依靠印象，难免有凭主观判断的倾向。在绩效执行的过程中不做记录，一方面，在绩效评估时对工作表现的记忆不够清晰，容易造成对事实的歪曲；另一方面，在与员工进行沟通时，没有足够的事实依据在手中，容易引起争议。所以，在制订了绩效计划之后，绩效执行与管理的过程中主要需要做的事情有两个：一是持续的绩效沟通；二是对工作表现的记录。

案例 7-1　将员工的评估细化到每天

每年年初，朗讯公司的员工都要和自己的主管一起制定这一年的目标，包括员工的业务目标、行为目标和发展目标。在业务目标里，一个员工要描述未来一年里的职责是什么，具体要干什么；如果你是一名主管，还要制定对下属的帮助目标。制定业务目标时，员工可以通过客户、团队成员和主管的意见，来让自己的业务目标尽可能和朗讯的战略目标紧密结合。制定发展目标时，从员工的职责描述、业务目标和主管那里来定义员工必需的技能和知识，评估当前具备的技能和知识，在主管的协助下，将这三大目标制定完毕，员工和主管双方在目标表上签字，员工和主管各保留一份，在将来的一年中员工随时可以以此参照自己的行为。

在制定了目标后的一年里，员工在执行目标时会有来自反馈、指导和认可三个方面的互动影响，每位员工有义务通过这三种方式履行自己的目标。这样，朗讯将员工的评估通过这些方式细化到每天的工作中，每个员工都非常重视这些互动反馈的信息，因为业绩评估中反馈是一项重要的依据。

在朗讯公司，对于有培养员工职责的主管来说，他还必须执行好指导职责，每个主管都要记录自己工作的执行情况，这些是其年终评估的一项。这个职责包括：指出对员工行为的看法，量化员工工作的指标，与员工要协商一致，指出员工能够实现的效率，要及时给员工提出反馈信息。

认可是一种正向的反馈，通过这种机制可以让员工分享新的思想，也能鼓励不同的观点、共享信息，减少官僚作风，为做重大决策打下良好的基础。

朗讯公司的评估过程非常严谨和细致，目的是使这个评估尽可能地公平，尽可能反映每一位员工和主管在过去的一年里的作为。评估工作围绕三个方面进行：第一是当前的业务结果，这是针对当初的业务目标进行的，通过比较每位员工自己设定的目标和完成的目标，以决定工作效果如何；第二是朗讯公司的文化行为模式；第三是员工在发展自己的知识和技能方面做得如何。

（二）绩效辅导

绩效辅导是指管理者与员工讨论有关工作进展情况，潜在的障碍和问题，解决问题的办法措施，员工取得的成绩以及存在的问题，管理者如何帮助员工等信息的过程。它贯穿于整个管理过程，不是仅仅在开始，也不是仅仅在结束，而是贯穿于绩效管理的始终。绩效辅导不仅能够前瞻性地发现问题并在问题出现之前解决，还在于能把管理者与员工紧密联系在一起，管理者与员工经常就存在和可能存在的问题进行讨论，共同解决问题，排除障碍，达到共同进步和共同提高，实现高绩效的目的。绩效辅导还有利于建立管理者与员工良好的工作关系。通常来说，绩效辅导的作用如下：

（1）了解员工工作的进展情况，以便于及时进行协调调整；

（2）了解员工工作时碰到的障碍，以便发挥自己的作用，帮助员工解决困难，提高绩效；

（3）通过沟通，避免一些考核时的意外发生；

（4）掌握一些考核时必须用到的信息，使考核有目的性和说服力；

（5）帮助员工协调工作，使之更加有信心地做好本职工作；

（6）提供员工需要的信息，让员工及时了解自己的想法和工作以外的改变，以便管理者和员工步调一致。

绩效辅导的根本目的就在于对员工实施绩效计划的过程进行有效的管理，因为只要过程都是在可控范围之内的话，结果就不会出太大的意外。

（三）绩效信息的收集

人们在考虑整个绩效管理的循环时，往往会把比较多的注意力放在绩效评估上。然而，不妨思考一下，如果力图做到客观、公正地评估绩效，应该依据什么来进行评估呢？客观、公正的绩效评估一定不会是凭感觉进行的，那么这些评估的依据就来自于绩效实施与管理的过程中。可以说，绩效执行是为下一个环节，即绩效评估的环节准备信息的。所以，在绩效执行的过程中就一定要对被评估者的绩效表现做一些观察和记录，收集必要的信息。

信息收集并不是一种疯狂的收集过程，收集信息同样需要占用组织的资源，而几乎所有组织的资源都是有限的。在这种情况下，就需要确定收集什么样的信息。这取决于组织的目标，并且主要强调的是与绩效管理有关的信息。绩效评价是一项鉴定活动，因此一定要讲求证据，要使员工的业绩活动得到真实而具体的反映，并成为员工行为是否符合绩效标准的最有力的佐证，只有这样才能确保员工对绩效评价结果的认可，并为相应的人力资源管理决策提供可靠的决策依据。管理者在收集信息时，要注意目标完成情况，证明绩效水平的具体证据，对解决问题有帮助的一些数据，关键事件的具体描述等方面的信息。

信息收集的方法包括观察法、工作记录法、他人反馈法等。观察法是指主管人员直接观察员工在工作中的表现并将之记录下来的方法；工作记录法是指通过工作记录的方式将员工工作表现和工作结果记录下来；他人反馈法是指管理者通过其他员工的汇报、反映来了解某些员工的工作绩效情况，比如通过调查顾客的满意度来了解售后服务人员的服务质量。我们提倡各种方法的综合运用，因为单一的方法可能只了解到员工绩效的一个或几个方面，而不能面面俱到。比如，有些员工的态度并不能从每次检查或表面上的观察中得知，这时候就需要通过与他共事的员工的反馈，这种方法得到的结果往往更为真实可信。方法运用的正确有效与否直接关系到信息质量的好坏，并最终影响到绩效管理的有效性。

三、绩效评估

（一）绩效评估主体的选择

1. 管理者对员工的评估

这是评估员工使用最广泛的方法，它基于这样的假设，即直系主管是公平地评估员工绩效的最适合的人。这是由于员工的直接上级通常是最熟悉下属工作情况的人，同时，绩效评估作为绩效管理的一个重要环节，为他们提供了一种监督和引导员工行为的手段，从而帮助他们促进部门或团队工作的顺利开展。

2. 员工对管理者的评估

现在，有些组织要求员工或组织成员对管理者及经理的绩效进行评估。这种评估类型的最好例子是，在大学中，学生们在课堂上对老师进行评估。绩效评估同样用于管理人员的发展目标。员工对管理者进行评估有三个优点。第一，在复杂的管理者—员工关系中，员工的评估对确认有能力的经理是非常有用的。第二，这种评估可以使得管理者对员工更加负责。如果管理者把重点放在"和蔼"而不是管理上，那么这个优点将很快变成缺点，因为在很多场合，和蔼但没有其他条件的人并不是一个好的经理。第三，员工的评估对管理者的职业生涯发展也有一定的作用，他可以找出自己哪些方面需要改进。

3. 团队的评估

同事或团队成员之间相互评估是评估的另一种形式，它可能会给予帮助或造成伤害。研究表明，这种方式的信度与效度都很高，因为当上级主管没有机会观察到每个员工的工作时，其他同事却看到了，并且团队成员经常以一种与上级不同的眼光来看待同事的工作绩效，他们会更加注重相互之间在工作中的合作情况。但是也有一些人认为这样的方式有负面影响。虽然团队成员对彼此之间的工作会有认同，但他们不会分享它，他们可能会不公平地攻击交情较差的同事。一些组织试图通过匿名评估或由一个顾问或人力资源管理人员来解释团队或个人的评价来解决这些问题。尽管有这些问题存在，团队或个人绩效评估仍然是不可避免的，尤其是在那些广泛使用团队工作的组织。

4. 自我评估

自评是在一定的情形下进行的。作为一种自我发展的工具，它使得员工去考虑他们自身的优点和缺点，设定目标去改进。那些孤立工作或拥有独特技能的员工是唯一能对他们自己做出评价的人。而且，员工对自己的评价不会像管理者对他们的评价那样，他们会使用不同的标准。有证据显示，无论人们更仁慈或更苛求，自我评价通常要高于管理者的评价。尽管如此，对于发展来说，员工的自我评价是一项非常重要的绩效信息的来源。

5. 外界人员的评估

团队以外的人可能被要求来做绩效评估。在这方面，评估方法包括来自人力资源部的人作为评价者，或全部是组织外部的独立的人作为评价者。例如，一个评价小组来衡量一位大学校长或经理的座谈会来评价管理者对组织发展的潜在贡献。这种方法的缺点是，外界的人可能不知道工作团队或组织中的重要需求。顾客或组织的客户是显而易见的外界评估的来源。例如，对于销售或服务工作来说，顾客对于员工的工作行为可能会提供非常有用的信息。一家公司衡量顾客对服务的满意度来决定市场销售经理的奖金。

6. 360度评估

在《财富》排出的全球1000家大公司中，超过90%的公司在绩效评估过程中应用了全视角绩效评估系统，即360度绩效考评体系。该系统通过不同的评估者（上级主管、同事、下属、顾客和本人等）从不同的角度来评估，从而全方位、准确地评估员工的工作业绩（如图7-4所示）。对于不断增加的工作来说，员工绩效是多维度的，而且是跨越部门、组织，甚至是全球性的。360度反馈的主要目的不

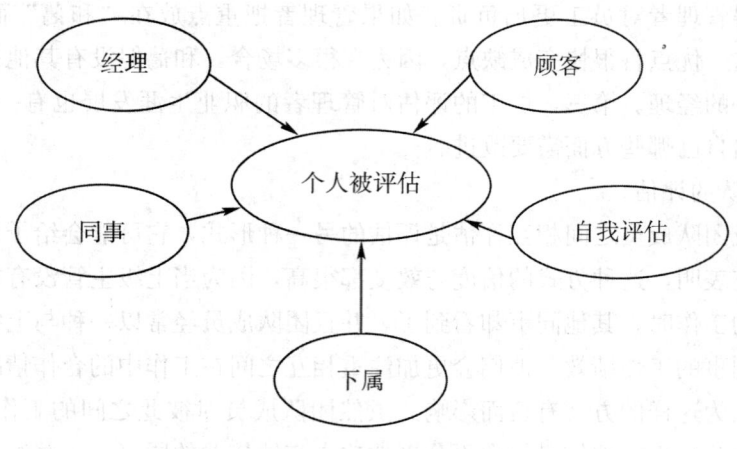

图7-4　360**度评估法**

是通过收集具有相似意向的观点来增加其相似度，取而代之的是，它需要不同角色的个人员工的评价。

（二）绩效评估中可能出现的问题

在绩效评估中，可能会存在以下几个方面的问题。

1. 评估依据产生的问题

（1）绩效评估标准不清晰。评估标准应该根据员工的工作职能设定；应该建立在工作分析的基础之上，确保绩效评价标准是与工作密切相关的；应该设定合理且具有挑战性的目标。绩效评价标准不严谨，就无法得到客观的绩效评价结果，而只能得出一种主观的印象和感觉。比如，有的评价者非常严厉，而有的评价者则非常宽松；一些员工水平一般，却得到很高的评价等级，这就很不公平。

（2）绩效指标不科学。对于科学确定绩效评估的指标体系以及如何使评估的指标具有可操作性，许多组织考虑得并不周到，缺乏定量判断，定性判断多。比如就工作态度来说，什么样的工作态度可以称作是"好的"，什么样的工作态度可以称作"一般"，不同的人会有很不一样的看法。采用过多的定性指标无法避免评估组织者的主观判断，丧失了评估工作的有效性。

（3）评估的内容不够完整，不能全面地评价工作业绩，或以偏概全，如KPI不全等。因此，无法正确评价员工的真实工作绩效。另外，许多组织的评估内容千篇一律，不同类型部门评估内容差别不大，针对性不强。这在很大程度上影响了评估结果的客观性、真实性和准确性。

2. 评估者主观因素产生的问题

在绩效评估中，评估者往往是评定结果可靠性的重要决定因素。但在评估过程中，评估者总是会存在一些心理干扰，影响评估的质量。

（1）晕轮效应：晕轮效应是评估者对某一方面绩效的评价影响了对其他方面绩效的评价。在评估中将被评估者的某一特点扩大化，以偏概全，通常表现为一好百好，或一无是处，要么全面肯定，要么全面否定，因而影响评估结果。例如，对于一个不太友好的考评对象，评估者通常会认为其"与其他人相处的能力"较差，而且也极可能认为该员工在其他方面的表现也较差。这种情况显然会影响评估的客观性。

（2）宽松或严厉倾向：绩效评估要求评估具有某种程度的确定性和客观性，但评估者要做到完全"客观"是很难的。宽松或严厉评估误差的原因主要是缺乏明确、严格、一致的判断标准，评估者往往根据自己的人生观和过去的经验进行判断，在评价标准上主观性很强。

（3）趋中趋势：趋中趋势是指给大多数员工的评估得分在"平均水平"的同一档次，并往往是中等水平或良好水平，这也是评估结果具有统计意义上的集中倾向的体现。无论员工的实际表现如何，统统给中间或平均水平的评价。这样做的结果是使评估结果失去价值，因为这种绩效评估不能在人与人之间进行区别，既不能为管理决策的制定提供帮助，也不能为人员培训提供有针对性的建议。这样，绩效评估必定是含糊的，无法对员工形成正面、有效的引导机制。

（4）近因效应：近因效应是由于评估者对被评估者的近期行为表现往往产生比较深刻的印象，从而对整个评估期间的工作表现缺乏长期了解和记忆，以"近"代"全"，只是对最后一阶段的评估。尤其当被评估者在近期内取得了令人瞩目的成绩或犯下过错时，近因效应会使评估者出现偏高或偏低的倾向。

（5）成见效应：成见效应是评估者由于经验、教育、世界观、个人背景以及人际关系等因素而形成的固定思维对评估评价结果的刻板影响。例如，有研究表明，在工作绩效考评中存在这样一种稳定趋势，即老年员工（60岁以上者）在"工作完成能力"和"工作潜力"等方面所得到的评价一般都低于年轻员工。

（6）对比效应：对比效应是由于评估者对某一员工的评价受到之前的考评结果的影响而产生的。比如，假定评定者刚刚评定完一名绩效非常突出的员工，紧接着评定一名绩效一般的员工，那么很可能将这名绩效本来属于中等水平的人评为"比较差"。对比效应也很可能发生在评估者无意中将被评估者新近的绩效与过去的绩效进行对比的时候。例如，一些以前绩效很差而近来有所改进的人可能被评为"较好"。

（三）避免绩效评估误差的措施

对工作绩效的真实评估，并保持对员工的有效激励和反馈，组织就能激发起每位员工的工作积极性和创新精神，推动其能力发展与潜能开发，形成一支高效率的工作团队。为了减少绩效评估中的偏差，提高绩效评估过程和结果的正确性，需要采取以下措施。

1. 制定客观、明确的评估标准

在绩效评估中，应保证向所有的评估对象提供明确的工作绩效标准，完善组织的工作绩效评价系统，把员工能力与成果的定性考察和定量评估结合起来，建立客观而明确的管理标准，定量评估，用数据说话，以理服人。绩效评估标准要明确：一是评估指标尽量以可量化的、可实际观察的为主，同时应尽量简洁，否则会加大评估组织者的工作负荷。二是在确定评估指标时，要充分考虑组织的自身特点，建立有针对性的、切实符合组织实际管理要求的指标体系。但无论在何种类型的组织，评估指标体系大体上应包括以下几个方面：即工作任务完成的数量与质量，成本和费用控制及其能够影响到工作业绩的动机与态度，以及工作技能与个性特征等；同时要在"素质"与"业绩"间安排好恰当的比例与权重，在突出业绩的前提下兼顾对素质的要求。

2. 选择评估人员，进行培训

选用较为客观的评估者来进行工作绩效评估，是使评价客观化的一个重要组成部分。要在评估方案实施过程中保证评估的公正性和客观性，必须对承担主要评估职责的评估者进行培训，否则就容易出现诸如晕轮效应、趋中倾向、成见效应等倾向。进行评估培训,首先,要通过培训提高评估者对绩效评估重要程度的认知水平,从而加强其对评估工作的重视和投入。其次,要指导评估者认真学习绩效评估的内容和各项评估标准,使其深刻了解整个评估结果。最后,要通过对评估者认真讲解各项评估指标的含义,使其把握对被评估者进行日常观察的关键点,从而提高其观察力与判断力。此外,还要让评估者了解在绩效评估过程中容易出现的问题、可能带来的后果,以避免这些问题的发生。

3. 注重绩效评估反馈,建立绩效面谈制度

绩效反馈的主要的目的是改进和提高绩效。通过反馈,使被考评者知道自己在过去的工作中取得何种进步,尚有哪些方面存在不足,有待在今后的工作中加以改进和提高。为了有效进行考评结果的反馈,应建立与员工面谈的制度。绩效面谈为主管与下属讨论工作业绩,挖掘其潜能,以及拓展新的发展空间提供了良好的机会;同时上下级之间进行面谈,能够全面了解员工的态度和感受,从而加深双方的沟通和了解。

4. 选择合理的评估方法和评估周期

为了避免评估方法不当而造成的负面影响,组织在进行绩效评估时,要根据评估目的、评估内容等合理地选择评估方法。各种方法都有各自的适应性,因此关键是组织应该选择适合自己特点的评价方法。员工的工作可以从不同的角度划分出许多特征。从工作环境来看,可以有非常稳定的工作环境一直到变动性很强的工作环境;从工作内容的程序性方面来看,可以有非常程序化的事物性的工作内容一直到非常不确定性的工作内容;从员工工作的独立性程度看,可以有非常低的独立性要求一直到非常高的独立性要求。实际上每个员工的工作都是这三种因素的某种组合,相应的,对员工工作绩效的评估就需要有不同的方法。评估方法我们会在第三节作详细的介绍。

另外,评估周期受很多因素影响。可根据奖金发放的周期长短、工作任务的完成周期、员工工作的性质来决定员工绩效评估的周期。如果每个管理人员负责评估的员工数量比较多,工作负担比较重,甚至可能因此影响到业绩评估的质量,也可以采取离散的形式进行员工绩效评估,即当每位员工在本部门工作满一个评价周期时对这位员工实施绩效评估。

5. 建立申诉等审核制度

本着对员工、对组织负责的态度,建立正式的申诉渠道和上级人事部门对绩效评估结果审查的制度。如果发生裁员或辞退事件,应整理相关的工作绩效评估书面材料,对裁员或辞退的原因做出解释,并妥善处理相关事宜。任何公司的绩效评估都不是十全十美的,没有最好的绩效评估方法,只有最适合的方法,简单实用或复杂科学,严厉或宽松,非正式的评估方式或系统性的评估方式,不同规模、不同文化、不同阶段的公司要选用不同的方式。

绩效评估是一把"双刃剑",好的绩效评估制度可以激活整个组织;但如果做

法不当，可能会产生许多意想不到的结果。总之，要真正把绩效评估落到实处，组织在体系设计与组织实施的过程中，就必须要有系统的眼光和思维，同时又要敢于迈开步伐，在实施绩效评估的过程中适时推动组织的变革前进，把公司推进为一个具有现代意识观念、行为模式以及能力结构的成长型组织。

四、绩效反馈

（一）绩效反馈形式

绩效反馈主要是通过评估者与被评估者之间的沟通，就被评估者在评估周期内的绩效情况进行面谈，在肯定成绩的同时，找出工作中的不足并加以改进。绩效反馈的目的是为了让员工了解自己在本绩效周期内的业绩是否达到所定的目标，行为态度是否合格，让管理者和员工双方达成对评估结果一致的看法；双方共同探讨绩效未合格的原因所在并制订绩效改进计划，同时，管理者要向员工传达组织的期望，双方对绩效周期的目标进行探讨，最终形成一个绩效合约。

1. 按照反馈方式分类

绩效反馈一般通过语言沟通、暗示以及奖励等方式进行。语言沟通是指考评人将绩效评估通过口头或书面的形式反馈给被考评者，对其良好的绩效加以肯定，对不良业绩者予以批评；暗示方式是指考评者以间接的形式（如上级对下级的亲疏）对被评估者的绩效予以肯定或否定；奖惩方式是指通过货币（如加薪、奖金或罚款）及非货币（如提升、嘉奖或降级）形式对被评估者的绩效进行反馈。

2. 按照反馈中被考评者的参与程度分类

绩效反馈按照被评估者参与程度分为两种形式：指令式、指导式、授权式。指令式是最接近传统的反馈模式，对大多数管理者来说，他们最习惯于这种方式。其主要特点是管理者只告诉员工：他们所做的哪些是对的，哪些是错的；他们应该做什么，下次应该做什么；他们为什么应该这样做，而不应该那样做。员工的任务是听、学，然后按管理者的要求去做事情。用指导式反馈同样信息时，主管会不断地问员工：为什么认为事情做错了？是否知道怎样做更好？在各种方法中你认为哪种最好，为什么？假如出现问题怎么办？等等。授权式的特点是以问为主、以教为辅，完全以员工为中心。管理者主要对员工回答的内容感兴趣，而较少发表自己的观点，而且注重帮助员工独立地找到解决问题的方法。

3. 按照反馈的内容和形式分类

内容和形式是决定一个事务的两个最主要的方面。采取何种反馈方式在很大程度上决定着反馈的有效与否。根据反馈的内容和形式，绩效反馈分为正式反馈和非正式反馈两类。正式反馈是事先计划和安排的，如定期的书面报告、面谈、有经理参加的定期小组或团队会等。非正式反馈的形式也多种多样，如闲聊、走动式交谈等。

第七章　绩效管理

(二) 绩效面谈

绩效面谈是绩效反馈中的一种正式沟通方法，是绩效反馈的主要形式。正确的绩效面谈是保证绩效反馈顺利进行的基础，是绩效反馈发挥作用的保障。通过绩效面谈，可以让被评估者了解自身绩效，强化优势，改进不足；同时也可将组织的期望、目标和价值观进行传递，形成价值创造的传导和放大。其作用是多方面的：组织可以提高绩效评估的透明度，突出以人为本的管理理念和传播组织文化；同时员工增强自我管理意识，充分发挥员工的潜在能力等。绩效面谈的内容应围绕员工上一个绩效周期的工作开展，一般包括四个方面的内容。

1. 工作业绩

工作业绩的综合完成情况是评估者进行绩效面谈时最为重要的内容，在面谈时应该将评估结果及时反馈给被考评者，如果被考评者对绩效评估的结果有异议，则需要和下属一起回顾上一绩效周期的绩效计划和绩效标准，并详细地向下属介绍绩效评估的理由。通过对绩效结果的反馈，总结绩效达成的经验，找出绩效未能有效达成的原因，为以后更好地完成工作打下基础。

2. 行为表现

除了绩效结果以外，主管还应关注被考评者的行为表现，比如工作态度、工作能力的关注可以帮助被考评者一起分析绩效不佳的原因，并设法帮助下属提出具体的绩效改进措施。

3. 改进措施

绩效管理的最终目的是改善绩效。在面谈过程中，针对被考评者未能有效完成的绩效计划，考评者应该和被考评者一起分析绩效不佳的原因，并设法帮助下属提出具体的绩效改进措施。

4. 新的目标

绩效面谈作为绩效管理流程中的最后环节，考评者应该在这个环境中结合上一个绩效周期的绩效计划完成情况，并结合被考评者新的工作任务，和考评者一起提出下一个绩效周期中的新的工作目标和工作标准。

案例 7-2　实际工作中的绩效面谈

主管：小张，我们来看一看这次绩效评估的评分标准，我们必须首先对打分的标准有一致的意见，才谈得上讨论后面对每一个项目的打分。我们的打分标准是分成 ABCDE 五个等级。C 等就是合格的标准，会有比较多的人在这个等级上，而做得比较好、优良就是 B 等，只有极少数的人能达到 A 等，那真是出类拔萃的。

小张：我在有的项目上可能给自己打分高了。

主管：好，那我们就来逐项的讨论一下吧。你先说一下自己的每项工作完成得怎么样，给自己打分的依据是什么？

小张：我的第一项工作目标是完善大客户管理规范，我觉得我这项工作完成得很好，在规定的时间之前就完成了，而且有了这个规范，现在的大客户管理比以前顺畅多了。所以我给自己打 A。

主管：不错，我承认你这项工作完成得很好，但我觉得这个规范中还有一些不尽完善的地方需要进一步完善，所以我认为达不到 A 这样的等级，可以打 B。可能我打分过严的缘故。

小张：是的，我同意你的意见，也觉得 B 更合适些，我开始给自己打的分太高了。

主管：接下去……

小张：我的第二项工作目标是关于团队建设的，这是我在这段时间花费精力比较多的一件事情，我觉得通过我的调整和组织，不仅完成了销售额，而且还没有增加人手，为公司节省了人工成本，所以给自己打 A。

主管：让我再想一想，我原来给你打的是 B，可能对你太苛刻了。好吧，这一项就以你的为准吧，打 A。接着说后面的。

小张：关于销售额方面，现在的大客户已经达到 32 个，销售额在 2.7 亿，客户保持率在 85%，因此这一项我觉得是超出了工作标准的，我给自己打了 B。

主管：这一项没有太多可说的，我跟你的观点一致，因为这是有客观事实依据的。

小张：最后一项是关于建立大客户数据库的，由于这件事情是企划部负责做的，我们部门只是配合的作用，我觉得我们还是配合得比较好的，因此我给自己打了个 B。

主管：我听企划部说，这次做数据库你给了他很大的帮助，提供了大量有用的信息和建议，还在你们部门人手紧缺的情况下，抽出人员来支持他们，我觉得这样做是非常好的，这种团队合作的精神是应该鼓励的，因此，我给你在这一项上打了 A。

小张：谢谢领导的鼓励。

主管：最后的总和等级我给你的是 B，你看有什么意见吗？

小张：没有意见。谢谢领导。

绩效反馈面谈后，主管需要对面谈的效果进行评估，以便调整绩效反馈面谈的方式，取得好的面谈效果。同时，组织实施绩效反馈后员工工作行为也会发生一些变化。通过研究发现，绩效反馈后员工在工作行为方面有以下四种反应。

（1）积极、主动地工作。这种情况绩效反馈与下属自我绩效评估基本一致。在双方绩效评估均属良好时，领导常常通过情感、奖励、地位等多方面的激励方式来反馈下属的绩效，而下属则以积极、主动的工作态度回报领导对他的绩效的认同。

(2) 保持原来的工作态度。这种情况绩效反馈与下属自我绩效评估既可能一致，也可能不一致。在绩效评估基本一致，下属认为其绩效与其需求相当，且无满足更高需求的可能时，常常采取保持原来的工作态度；而当绩效评估不一致时，下属往往认为领导对其绩效低估了，但又不愿消极、被动地工作，也常常采取这种工作态度。

(3) 消极、被动地工作。出现这种情况的主要原因有两点：一是绩效反馈情况与下属自我绩效评估不一致；二是绩效反馈情况基本一致且绩效良好，但下属对绩效反馈的形式不满。

(4) 抵制工作。导致这种情况出现的原因除了绩效反馈情况与下属自我绩效评价不一致外，还有绩效反馈双方在情感交流方面发生了冲突。例如，某单位有一员工，尽管尽了力，但由于主客观的原因未能按时完成任务。领导认为他工作不力，对他进行了批评，并扣发了他的薪金。该员工感到很委屈，他认为领导只重视工作结果，不考虑工作过程。由此该员工也对这位领导产生了抵触情绪。

绩效反馈如果做得不好，将直接影响到绩效管理的全过程，所以，每个绩效反馈结束后，我们需要针对在问卷和员工行为观察中了解到的问题提出绩效反馈的改进计划。

五、绩效评估结果的运用

多年以来，人们在绩效管理的实践中认识到，绩效评估实施的成功与否，关键的一点在于绩效评估的结果如何应用。绩效管理制度应该与组织中其他人力资源管理环节密切结合起来。例如，组织中的职位体系、胜任力模型、薪酬奖励制度、培训体系等都应该与绩效管理紧密相连。如果绩效优秀的员工不能得到应有的认可与回报，那么就难以引导员工向着优秀绩效努力。

案例7-3 去，还是留

康宏公司人力资源部制定了处理绩效问题的全新办法：非惩罚性处分，其核心思想是倡导责任和尊重的处分，认为每个员工都是成熟、负责、可堪信任的成年人。如果企业像成年人那样对待他们，他们就会表现得像个成年人。

这种新的绩效改善方法强调不使用惩罚，取消了警告、训斥、无薪停职，着眼于要求个人承担责任和决策。最后，公司管理层还进行非常大胆而令人吃惊的改革——取消传统的最后处分步骤——无薪解雇，代之以大胆的新方法，带薪停职处分。新绩效改善的最后处分是通知员工第二天将被停职；他必须在停职日结束时回来做出决定，要么解决当前问题并完全承诺在各方面工作中达到令人满意的表现，要么就另谋高就。公司负担那天的工资，以表示希望看到员工改正并留下来的诚意。但是，如果员工再次犯错就会遭到解雇。何去何从，主动权完全掌握在员工自己手里。具体实施步骤如下图所示：

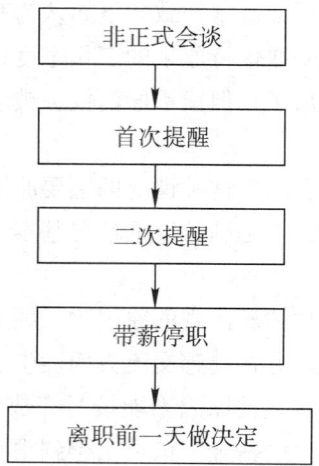

通过这种新的绩效改善方法，公司紧张的气氛才得到缓解。员工消极怠工等现象得到了遏制。

资料来源：改编自国家精品案例库（http：//www.njhrd.com）

（一）绩效改进

实施绩效改进计划的具体操作步骤如下。

1. 确定绩效差距

可以通过描述工作要求的绩效与员工的实际绩效差异来确定绩效差距，如表7-6所示。

表7-6 绩效差距对比图

要求达到的绩效	实际达到的绩效
保证其他人及时了解可能会影响到产品或服务产出的潜在问题	对于影响到产品或服务产出的问题没有及时通知主管或同事
在每月的10日前完成报告	没有在10日前提交报告，主管需要提醒
每天上午8：30之前开始工作	周四该员工8：50开始工作，周五该员工8：50才到达岗位
按时完成生产任务	在过去两周时间里，有4次超过最后期限
100%完成销售任务	销售计划只完成了90%

2. 分析绩效不好的原因

一般而言，员工绩效不佳并不能简单地归咎于员工工作不努力，而应从员工、主管领导及环境因素三个方面分析原因。

（1）从员工身上找原因，主要有主观和客观的两个方面，主观上最常见的是由于缺乏动力和足够的激励或对现在所从事的工作不感兴趣。而有些是主观上虽然工作意愿很强、积极性很高，但由于自己的能力、工作方法、身体状况、沟通技巧等客观原因而没法达到预期目标。

（2）主管领导也要进行自查。例如工作上缺乏沟通，对员工没有提供足够的帮助和支持，没有给员工适当的信任、授权、鼓励和激励，这些都是主管领导的责任，不能一味把责任推给员工。

（3）组织内外部环境因素。组织内部资源的缺乏、制度不完善（如责、权、利分配不合理）、岗位变动等影响员工的工作效率和工作质量。而组织外部的环境如宏观经济的变动、国家新政策的出台、全行业的萎缩等，以员工个人力量是无法抗拒的，甚至连组织也回天乏术。在这种情况下，要做的不是绩效改进而是绩效目标的调整了。所以在行动之前，要先查明原因，看清方向，避免徒劳无功。

3. 决定是否采取改进措施

确定了具体绩效差距，找到了绩效不佳的原因，然后就是决定是否有必要采取改进措施以消除差距，并采取改进方法。绩效差距总会发生，但有大有小，有轻有重，是否都需要改进呢？理论上应当把时间和精力花费在纠正重大差距上。一旦确定需要采取改进措施，就要帮助员工制订行动计划。

4. 找出可能的改进办法

让员工的直接主管与他们一起，通过"头脑风暴"和"鱼骨图"的方式，找出所有可能的改进办法，最好能按员工、主管领导和外部环境，分门别类，列出一张详细的表格，有针对性地找出问题。

5. 制订绩效改进计划

首先，确定改进目标。目标的选取应由上下级共同完成。基本上应以员工的要求为中心，在反馈面谈中，通过双方的沟通来决定。对于自己选择的，而不是被强加的目标，员工的积极性会更高，动机也更强；而且员工更了解自己的情况，哪些问题确实需要改进。因为有些在上级眼中认为很严重的问题，在员工看来可能根本不是问题。另外，应选择从容易改进的目标着手。如果改进计划顺利完成，就能够树立员工的信心，有助于后续改进计划的实行。

其次，对改进办法进行筛选，选出最有效、最经济的一种办法或几种办法综合考虑，确保计划实际可行。已选中的改进办法为主干，增加具体的行动计划，详细列出每一步工作的具体实行手段。要给每一步的工作制定截止日期，以便检查。

最后，要填写一份书面的、正式的绩效改进计划，单位主管领导和员工都保留一份，如有必要，人事部门也可备案。"色"是美食的重要组成部分，外形美观的菜肴能够引起食客的食欲。同样，一份完整、正规的改进计划，相比一份潦草的草稿或仅仅是口头协议，更能够使员工产生认真对待的心理。

6. 实施、检查、制订新的改进计划

绩效改进计划的实施，可以看成是一个小型的、短期的绩效管理过程。在此期间，单位主管领导与员工间的沟通依然很重要，提供帮助、不断地督促和检查必不可少。如果员工的总体绩效已达标准，则考查作业停止并通知受考员工。对该员工的工作仍应保持密切的注意。观察其是否有退步的迹象，如确有低落现象，考查需再度开始并告诉员工；如果已有明显进步，但是还需要再继续改进，此时应重拟一份绩效改进计划并与受考员工一起研究；如果进步甚微或完全没有进步，单位主管领导应清楚地告诉该员工他正在察看阶段，如果在规定期限内不能达到标准，他就会被调职或降薪。此程序继续至该员工的整体考绩达到标准，或期限到期，改进工作终止。

（二）绩效评估结果的其他运用

1. 用于员工报酬的分配和调整

绩效评价结果最主要的一种用途是用于员工报酬的分配和调整。绩效评价最初的目的就是为了更好地评价员工对团队或组织绩效的贡献，以便在薪酬分配过程中体现公平性原则。一般而言，为了强调薪酬的公平性并发挥薪酬的激励作用，员工的薪酬中都会有一部分与绩效挂钩。当然因职位不同，与绩效挂钩的薪酬在总薪酬中所占的比例也会有所不同。如何有效地发挥薪酬的激励作用，寻求绩效管理与薪酬管理有机结合的方式，是大多数组织面临的一个难题。有关绩效薪酬的具体内容后面将作详细的介绍。

2. 用于招聘与甄选

绩效评价的结果是组织做出招募计划的重要依据。另外，在研究招募与甄选的效度时，通常都选用绩效评价结果作为员工实际绩效水平的替代，在人员招聘与甄选的过程中担当重要的效标作用。也就是说，如果甄选是有效的，那么甄选时表现很好的人员的实际的绩效评价结果也应该很好；反之，就有两种可能，要么甄选没有效度，要么甄选评价结果不准确。

3. 用于人员调配

员工绩效评价的结果是人员调配的重要依据。人员调配不仅包括纵向的升迁或降职，还包括横向的工作轮换。如果绩效评价的结果说明某些员工无法胜任现有的工作岗位，就需要查明原因并果断地进行职位调换，将他从现有的岗位上换下来，安排到其他能够胜任的岗位；同时，通过绩效评价还可以发现优秀的、有发展潜力的员工。对于在潜力测评中表现出特殊的管理才能的员工，可以进行积极的培养和大胆的提拔。这种培养还包括在各个职位之间的轮岗，培养其全面的能力并熟悉组织的运作，为其今后在部门间的交流与协调做好准备。

4. 用于人员培训与开发决策

人力资源的培训与开发是组织通过培训和开发项目提高员工能力和组织绩效的一种有计划的、连续性的工作。从传统的意义上讲，培训的主要目的是使员工获得目前工作所需的知识和能力，帮助员工完成好当前的工作；而开发的主要目的则是使员工获得未来工作所需的知识和能力。通过绩效评价的结果可以发现人员培训和于发的需要，也就是将员工的实际评价结果与职位要求相比较，一旦发现员工在某方面存在不足而导致不能完全胜任工作，但可以通过培训弥补，就需要对员工进行培训。另外，组织也有可能对未来的变化进行考虑，当绩效评价结果显示员工不具备未来所需要的技能或知识时，对员工进行开发是常见的选择。另外，绩效评价结果还可以作为培训的效标，也就是用绩效评价结果衡量培训效度。

第三节 绩效评估的方法

一、相对评估法

相对评估法，简单地说就是"人"比"人"的评估方法，就是将员工的工作行为、工作成果相互比较，从而对每个员工进行评估的方法。它包括排序法、行为锚定法、成对比较法、强制分布法等。

（一）排序法

排序法是根据整体工作绩效或某一维度从高到低依次给员工排序。这是一种简单而又实用的评估方法。表7-7是某企业生产车间运用排序法评估的结果。

表7-7 某车间评估表

项目 员工	工作数量	工作质量	技能	合作度	积极性	时间效率	综合	排序
A	2	3	2	2	3	3	15	3
B	1	2	3	3	1	2	12	2
C	3	1	1	1	2	1	9	1
D	5	5	4	5	5	4	28	5
E	4	4	5	4	4	5	26	4
总评								
评估人				评估日期				

在表7-7中，评估人员对5位员工通过逐项比较进行排名，再把各项相加得出最后的名次。这种评估法操作比较简单，国外最新研究成果表明其评估效果优于传统的绝对评估法。排序法一般适用于小企业，而且评估对象必须从事同一性质的工作。对于员工较多的企业或部门，使用排序法则比较困难。

（二）行为锚定法

行为锚定法，全称为行为锚定等级评价法，是以具体描述的特定工作行为是否确实被成功地完成来确定员工绩效的一种评估方法。在某种程度上，行为锚定法的重点不是落在绩效的结果上，而是落在员工的职业行为上，其前提假设是员工的职能性行为将产生有效的工作绩效。行为锚定法的工作步骤为：

(1) 确定工作的相关维度；
(2) 对每个工作维度编写出行为锚定；
(3) 确定每一锚定行为的分值。

工作维度是指构成工作任务的范畴。每种工作可能有几个工作维度，每个维度应制定独立的评分量表。表7-8是按工作维度编写的行为锚定量表。按表中的文字描述对每个员工的行为在特定的"锚"上打勾。锚定量表上的分值可以给评估者一份一览表，评估者根据所查到的分值与所有的工作维度结合就可以得到一个完整的评估。

表7-8 行为锚定评价表

维度	锚	分值
工作量：员工每个工作日的工作量	非常优异的生产记录	5 优秀（ ）
	很勤奋，超额完成	4 良好（ ）
	工作量令人满意	3 一般（ ）
	刚好达到要求	2 较差（ ）
	没有达到最低要求	1 极差（ ）
可信赖程度：只需最少监督就能令人满意地完成既定工作	所需的监督是最低限度的	5 优秀（ ）
	需要很少的监督，是可以信赖的	4 良好（ ）
	常在适当的督促下能完成规定的工作	3 一般（ ）
	有时需要督促	2 较差（ ）
	需要密切督促，不可信赖	1 极差（ ）
工作知识：员工为取得满意的工作绩效应具备的有关工作任务的信息	已经完全掌握所有的工作阶段	5 优秀（ ）
	理解工作的所有阶段	4 良好（ ）
	能回答工作上的大多数问题	3 一般（ ）
	缺乏对工作某些阶段的认识	2 较差（ ）
	对工作任务认识不足	1 极差（ ）
出勤率：每天上班且遵守工作时间的守信性	总是正常及时地出勤，在需要时自愿加班	5 优秀（ ）
	非常及时地出勤，且很正常	4 良好（ ）
	基本正常出勤且准时	3 一般（ ）
	出勤散漫，有时工作准时，或两者兼有	2 较差（ ）
	经常缺勤或者迟到且没有充分的理由	1 极差（ ）
准确性：履行工作职责的准确度	所需监督是最低限度的，几乎总是准确的	5 优秀（ ）
	很少需要监督，多数时候是正确的	4 良好（ ）
	通常是准确的，只犯平均数量的错误	3 一般（ ）
	粗心，经常犯错误	2 较差（ ）
	屡屡犯错误	1 极差（ ）

虽然使用行为锚定等级评价法比使用其他的工作绩效评价法（如评价尺度表）要花费更多的时间，但它具有以下一些优点：

（1）对工作绩效的计量更为精确。由于是由那些对工作及其要求最为熟悉的人来编制行为锚定等级体系，因此行为锚定等级评价法能够比其他评价法更准确地对工作绩效进行评估。

（2）工作绩效评估标准更为明确。评估等级尺度上所附带的关键事件有利于评价者更清楚地理解"非常好"和"一般"等各种绩效等级上的工作绩效到底有什么差别。

（3）具有良好的反馈功能。关键事件可以使评价人更为有效地向被评价人提供反馈。

（4）各种工作绩效要素之间有着较强的相互独立性。

（5）具有较好的连贯性。

其缺点是：

（1）文字描述耗时费力。

（2）表格多，不便管理。

（3）经验性的描述有时易出现偏差。

（三）成对比较法

成对比较法又称两两比较法，是指根据某一绩效标准将所有员工通过两两比较的方式来判断谁更好，更好的一方记为"2"，另一方记为"0"，如果两方相等，则各得"1"分，最后将该员工与其他所有员工相比后得到的分数相加，根据所得分数的大小也可为员工排序。与排序法相比，这种方法相对比较客观。表7-9是某电机企业技术科就工作创新程度对员工进行两两比较得出的结果。

表7-9　某科室员工创新程度对比表

	小王	老张	小周	小丁	老李
小王		2	1	2	0
老张	0		1	2	1
小周	1	1		1	1
小丁	0	0	1		0
老李	2	1	1	2	
对比结果	3	4	4	7	2

通过比较，可以初步断定，小丁的工作创造性最好。但评估时也发现：两两比较老李和小周、老张一样好，但最后排名老李最差，似乎有点说不通。该技术科只有5名人员，评估时只需进行10次比较。有的企业或部门员工数量很大，若有N个员工，每一评估维度需要作$N(N-1)$次比较，若评估维度为M，比较次数还要乘以M，工作量太大。

(四)强制分布法

强制分布法也称为"强制正态分布法"、"硬性分配法",该方法是根据正态分布原理,即俗称的"中间大、两头小"的分布规律,预先确定评价等级以及各等级在总数中所占的百分比,然后按照被考核者绩效的优劣程度将其列入其中某一等级。强制分布法实际上也是对员工进行相互比较的一种排序方法,只不过它是将员工按照组别进行排序,而不是将员工按照个人进行排序。这一方法的理论依据是数理统计中的正态分布概念,认为员工的业绩水平遵从正态分布,因此可以将所有员工分为杰出的、高于一般的、一般的、低于一般的和不合格的五种情况,其分布的典型形式如图7—5所示。在实践中,实行强制分布的组织通常对设定的分布形式作一定程度的变通,使员工业绩水平的分布形式呈现为某种偏态分布。强制分布的优点是可以克服评价者过分宽容或过分严厉的弊端,也可以克服所有员工不分优劣的平均主义。其缺点是如果员工的业绩水平事实上不遵从所设定的分布样式,那么按照评价者的设想对员工进行强制区别容易引起员工不满。一般而言,当被评价的员工人数比较多,而且评价者不止一人时,用强制分布法可能比较有效。

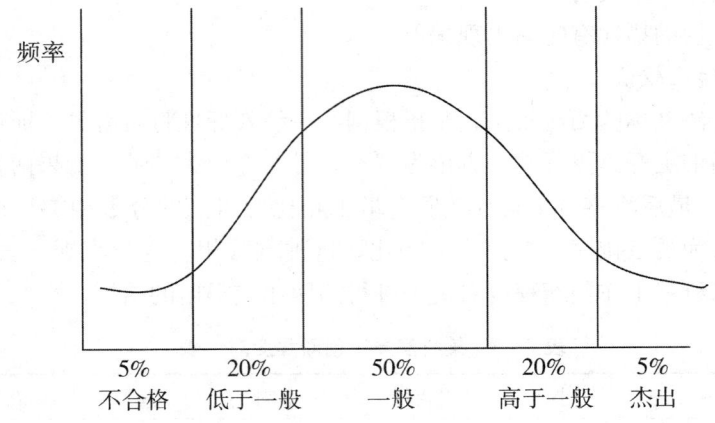

图7—5 强制分布法

二、绝对评估法

绝对评估法,是指按预先设定的评估绝对标准进行评估的方法。属于绝对评估法的有:工作成果评估法、评估量表法、关键事件法、行为评等法、混合标准评等法等。

(一)工作成果评估法

工作成果评估法是以工作成果为基础的一种评估方法,类似于目标管理法。确立评估标准的总原则是:提高员工工作绩效,提高企业的生产率和竞争力,与之相对应,工作成果评估法恰好以工作成果或工作业绩为基础,而不是对员工完成工作的过程进行评估。其步骤如下:

(1) 主管和员工共同讨论和制定员工应达到的绩效目标；
(2) 共同讨论评估标准，双方都同意该标准确属公平合理；
(3) 员工努力实现目标，期间员工和主管定期讨论和衡量目标进度；
(4) 到规定期末，双方共同对照原定的绩效目标和评估标准讨论目标完成情况并进行评估；
(5) 扬长避短，制定下一阶段的绩效目标。

工作成果考核法为员工的工作成果树立了明确的目标，为员工的工作指明了方向，激励员工为实现目标做出努力。如表7-10中销售电话机数量的权重系数最大，员工完成情况最好，超额完成4%；其他几项的完成率随着权重系数的递减而降低。

表7-10　电话销售人员工作成果评估表

目标名称	目标要求	完成情况	评估分值	权重系数	各项得分
推销电话机数量	100	104	102	40%	40.8
新开辟销售渠道	20	18	90	30%	27
特号产品的销售量	10	8	80	20%	16
售后服务次数	36	24	70	10%	7
总计			342	100%	90.8

（二）评估量表法

评估量表法又称量表评等法，通常由评估人员经过调查、分析、研究后，对照被评估对象的工作说明书而拟订评估项目。这些评估项目不应是对员工个性的评价，而应是对员工工作态度、行为、技能以及工作结果的评估，应该对工作绩效的高低起关键作用，并能量化为数字，有时还附文字说明。评估量表法需作维度分解，每一纬度划分为优秀、良好、一般、较差、很差若干等级。各等级有相应的分值，各项目有权重系数，最后把各项得分加权相加，得出员工的绩效总分。

下面就某制造企业对操作人员的德、能、勤、绩四方面的考核为例说明考核量表法的应用，如表7-11所示。

表7-11　操作人员绩效评估表

评估项目	评估等级					权重系数
	优秀	良好	一般	较差	很差	
职业道德	敬业爱岗、恪敬职守、勇于奉献	热爱本职工作，责任心较强	有一定的工作积极性，责任心一般	工作积极性不高，有时不够负责	工作消极，出现重大工作事故	10%

续表7-11

评估项目	评估等级					权重系数
	优秀	良好	一般	较差	很差	
工作知识	知识丰富、工作游刃有余	知识较丰富，能做好工作	工作知识能应付所从事的工作	知识略有欠缺，影响工作效果	工作知识不能胜任所从事的工作	5%
操作技能	操作规范、无差错	符合规范，差错不超过1次/月	能注意操作规范，差错控制在2~3次/月	操作不太规范，差错在4~5次/月	经常违反操作规范，差错超过5次/月	20%
出勤率	全勤且常加班	全勤	缺勤不超过2天	缺勤不超过5天	缺勤5天以上	5%
合作程度	配合默契、合作愉快	能主动配合与合作	基本配合、合作较好	不够主动，合作一般	较难配合，缺乏合作精神	5%
产品数量	>1000	800~900	500~799	400~599	<400	25%
次品率	0	<2%	2%~4%	5%~8%	>8%	25%
时间效率	提前完成	按时完成	基本按时	1~2次没按时完成	多次未按时完成	5%
相应分值	100	80	60	40	20	100%

（三）关键事件法

关键事件法是以收集和记录直接影响工作绩效的关键行为为基础的评估方法。评估人员对员工的日常绩效记录与一般的信息收集是不同的，关键事件法记录的是与工作绩效直接相关的突出事件和行为（如表7-12所示）。其步骤如下：

(1) 当有关键性事件和行为发生时，填在特殊设计的评估表上；

(2) 对所记录的事件和行为给予评价和打分；

(3) 及时将评估结果通过面谈等方式告知被评估者。

例如，某员工在完成一项任务中表现出优异的创造性和拼搏精神，并因此而为企业赢得了利润，或者某员工某天由于玩忽职守而给企业带来了损失，这些就是关键事件。

表 7-12 员工关键事件记录评估表

员工姓名			考核期间	自　　年　　月　　日 至　　年　　月　　日
优良行为			不良行为	
日期	事项		日期	事项
××年××月 ××年××月	主动将生病的同事送到医院，并帮助其完成任务。 为迎接检查，加班到深夜……		××年××月 ××年××月	拒绝接受培训。 自己的电动剃须刀在厂部充电，由于该电器质量问题，差点引起火灾。 ……
总评				
评估人			评估日期	

（四）行为评等法

行为评等法也是以员工行为事实为依据而进行评估的方法，但它不是由评估人员选择员工的关键事件和行为加以记录，而是对被评估人员的工作行为进行预期设定，然后将员工发生的行为与之对照进行评估，它比关键事件法更系统、更完善。其步骤如下：

（1）进行工作分析，确定适当的评估维度。

（2）为评估维度确定相应的评分标准并附以行为描述文字（若是多维度评估，对每一维度的重要性分配权数，进行量化）。

（3）根据员工的行为事实进行评等或打分。它与评估量表法的区别在于：评估量表法评估项目包括员工在德、能、勤、绩方面与提高绩效相关的几乎所有小项，而行为评等法一般评估员工在一个或少数几个方面的行为表现。表 7-13 是用于评估技术人员在技术研发方面的行为表现。

表 7-13 技术人员行为评等对照表

行为描述	等级
探索所有技术领域的信息，并不断开发新产品	1
探索部分技术领域的信息，在开发新产品方面略有作为	2
主动积极学习新的开发技术，在新产品开发上作了探索但至今未有建树	3
能研读相关技术领域的刊物，有一定的兴趣，但主动探索不够	4
对新技术的兴趣一般，有时阅读有关技术领域的刊物	5
有时对新技术的开发表现出消极态度	6
对新技术开发抱着悲观的态度	7
对自己研究领域的技术没有好奇心	8

续表7-13

行为描述	等级
对新技术开发抱着坐享其成的态度	9
自己不钻研，还影响其他研发人员的研发热情	10

（五）混合标准量表法

混合标准量表法又叫多重标准尺度法。这种方法衡量特征的尺度并不只是一种，评估者可以从三个层次好的、平均的、差的来描述每一种特征。这些描述被随机排列而形成多重标准尺度。多重标准尺度法能有效地减少传统的评估量表法的主观因素误差，进而提高绩效评估的准确度。表7-14是多重标准尺度法的一个实例。

表7-14 绩效判断表

说明：请指出员工的工作是否高于（＋）、等于（0）或低于（－）以下各标准：
1. 该员工工作遵守职务说明的要求，一贯都是积极地做事，从来不需要上级来督促，而且能及时汇报请示。
2. 该员工有一般的学习领悟能力，对新知识、新事物经过讲解可以学懂和掌握。
3. 该员工常与别人发生不必要的争吵。
4. 通常来说该员工工作还是积极认真的，但是有时候也需要由上级督促提醒。
5. 该员工在理解问题的速度方面比某些人要慢一点，在学习新东西方面也比别人要花更多的时间，但是并不笨，只是迟钝一点。
6. 该员工与每一个人的关系都不错，即使是与别人意见矛盾的时候，也能够与其他人友好相处。
7. 该员工经常要上级监督指挥，也不注意汇报请示。
8. 该员工非常聪明，学习领悟快。
9. 该员工与大多数人相处都比较好，有时也会与别人发生无谓的争吵，但并不激烈。

在上面这个实例中，被评估的三个特征维度是：主动性、智力和人际关系。陈述句（序号）与相应的绩效等级的关系如表7-15所示。

表7-15 维度等级对照表

评估特征	陈述句序号/绩效等级		
主动性	1/好	4/中	7/差
学习领悟能力	8/好	2/中	5/差
人际关系	6/好	9/中	3/差

可以根据特定的评分标准来确定每一位员工在每一种维度上的得分，然后获得其在所有维度上的总分。例如，高于"好"的可以得7分；等于"好"的可以得6分；高于"中"的可以得5分；等于"中"的可以得4分；高于"差"的可以得3分；等于"差"的可以得2分；低于"差"的可以得1分。

三、目标管理

（一）目标管理的内容

"目标管理"的概念是1954年德鲁克在其名著《管理实践》中最先提出的。他认为，并不是有了工作才有目标，而是相反，有了目标才能确定每个人的工作。所以"企业的使命和任务，必须转化为目标"，如果一个领域没有目标，这个领域的工作必然被忽视。因此，管理者应该通过目标对下级进行管理，当组织最高层管理者确定了组织目标后，必须对其进行有效分解，转变成各个部门以及各个人的分目标，管理者根据分目标的完成情况对下级进行评估、评价和奖惩。

目标管理的具体形式各种各样，但其基本内容是一样的，它是一种程序或过程，它使组织中的上级和下级一起协商，根据组织的使命确定一定时期内组织的总目标，由此决定上、下级的责任和分目标，并把这些目标作为组织经营、评估和奖励每个单位和个人贡献的标准。

（二）目标管理的过程

从本质上来说，目标管理法要求管理人员与每一位员工共同制定一套便于衡量的具体工作目标，定期审查员工的目标完成情况。要想建立一套实用的目标管理计划，管理人员需要与下属员工一起来制定目标，并定期向他们提供反馈。不过，目标管理法通常是指一种复杂的、涵盖整个组织的目标设立和评估体系，这种方法主要包括6个实施步骤：

（1）制定组织目标。为整个组织制订下一年的工作计划，确定公司的相应目标。

（2）制定部门目标。接下来，各部门负责人在了解到公司的目标（比如"将利润提高20%"）之后，还要与他们的上级共同制定本部门的工作目标。

（3）讨论部门目标。部门负责人就本部门的目标与下属员工展开讨论（一般是在全部门的会议上），并要求员工初步订立自己个人的工作目标。换言之，部门中的每位员工都要考虑，自己如何才能为本部门目标的实现作出贡献。

（4）界定预期成果（制定个人目标）。部门负责人与他们的下属人员共同制定短期的个人绩效目标。

（5）绩效审查。部门负责人对每一位员工的实际工作绩效与他们事前商定的员工个人工作目标进行比较。

（6）提供反馈。部门负责人与下属员工一起讨论和评价员工在目标实现方面所取得的成就。

在运用目标管理法时可能会出现三个方面的问题：

（1）所制定的目标不够明确、不具有可衡量性是一个最主要的问题。例如，制定一种像"更好地做好培训工作"这样的目标实际上就没有什么用处，而像"使4名下属人员在本年度中得到提升"这样的目标才是可以衡量的。

（2）目标管理法比较费时间。订立目标，衡量员工在目标实现方面的进展状况，向员工提供反馈等，这些工作会导致评价者每年必须在每一位员工身上至少花费几个小时的时间，而这通常超出了评价者以前在对员工的工作绩效进行评价时所花费的时间。

（3）与下属共同制定目标的过程有时候会演变成一场"口舌战"，因为管理者想将目标定得更高一些，而下属人员却千方百计地要把目标定得更低一些。因此，对职位和员工能力的了解就十分重要。因为要想激励员工达成工作绩效，就必须使目标本身不仅是公平的，而且是员工能够达到的。管理者对职位和下属人员的能力了解得越深入，对所制定出来的绩效标准就会感到越有信心。

案例 7-4　思科的目标管理

思科的人力资源管理无论在中国还是在美国，都被同行认为是最先进的。在美国《财富》杂志 2000 年的一次排名中，思科当选为信息产业"最吸引员工的公司"。美国著名的《互联网与计算机》杂志在 2000 年 11 月 3 日也将思科评选为"20 世纪 90 年代最有效公司"。思科的人才管理有许多经典之处，是成功的硅谷企业的一个缩影。这其中就包括思科的员工评价。

对于员工的评价是员工绩效管理中的一项内容，思科认为自己的方法多样，非常先进。思科认为评价不要一年一次，而要每周、每月、每季度都评。思科采用目标管理（MBO）法，MBO 每季度进行一次，其他评估模式每周做一次，而对客户满意度的调查全世界放在一起做。通过三个方面的评价，就构成了一个人的业绩。

关键术语

绩效、绩效评估、绩效管理、绩效计划、绩效实施、绩效评估指标、关键绩效指标、绩效沟通、绩效反馈、绩效面谈、绩效结果运用、目标管理

本章思考题

1. 绩效的含义是什么？
2. 比较绩效评估与绩效管理。
3. 绩效管理的流程包含哪些环节？
4. 绩效评估常用的方法有哪些？
5. 与小组成员模拟一个绩效面谈。
6. 在互联网上了解绩效管理卓越的国内外企业的案例和相关新闻，并分析他们的绩效管理流程和方式。

第七章　绩效管理

本章案例

日本企业绩效管理的困境

自 20 世纪末开始，日本的经济和企业曾出现过比较大的问题，2004 年日本第一大家电企业松下电器出现 48 年来首度亏损，亏损额高达 4310 亿日元。而日本七大电子企业中，只有索尼保持盈利。越来越多的青年才俊离开了日本本土企业。这种现象的原因有很多，其中不可忽视的是日本企业在最重要的绩效管理体系上出现了问题。

首先，从绩效管理体系的基础来看，日本企业有着天然的缺陷。

绩效管理体系的基础是工作设计。在这一点上，日本企业的工作分析普遍表现得模糊和含糊，非常不清晰。究其原因，还是受到日本文化的影响。从历史上看，日本属于农耕民族，农耕民族的特征首先表现为"集体内部的互助合作"，即"家族主义"。与个人才能比较，他们更重视协作和技术的作用。这一点体现在日本企业的管理中就表现为公司强调集体观念，要求部门的工作大家都来做，每个员工的工作划分不细，很多岗位的职责划分是模糊的，甚至存在明显的重叠和交叉。缺陷是非常明显的：如果对一件事每个人都负责的话，实际上就都不负责任，一旦出现了问题是无法找到责任人的，因为职责没有细分到个人。

其次，从绩效目标的设定来看，日本企业存在评估内容和评估标准不清晰的问题。

确立绩效目标是绩效管理中非常重要的一个步骤，它是基于员工职务说明书，结合公司未来的规划和战略任务所做，通常是公司绩效目标的分解。而日本企业的个人评估，尤其是对管理岗位人员的评估是非常不清晰的。这种状况和岗位职责的划分不清是有直接关系的，没有划分清晰的岗位职责，就谈不上清晰的个人评估指标。绩效评估的标准过于模糊，表述不清晰，标准不齐全、走样、以主观代替客观等，其评估结果是不会得到被评估者的认同的。

再次，从绩效结果的考评和激励来看，日本企业的年功序列制和终身雇佣制直接导致了绩效管理体系的低效。年功序列制、终身雇佣制和禀议决策制以及企业工会并称为日本企业"成功管理的四大支柱"。"年功序列工资制"是一种把"资历工资"和"能力工资"结合起来的工资制度。职工从进厂起每长一岁，工资就增加相应的固定额。年龄的大小和连续工龄的长短不仅是决定工资高低的重要因素，还是决定职务晋升的重要依据。"终身雇佣制"是指一个人一旦被企业正式录用，如果没有特殊情况（如企业倒闭等），只要本人好好干，就可以工作到退休（退休年龄是 55～60 岁）。这三点一结合，就会直接导致绩效管理体系的失灵。如果部分员工的业绩表现不好，按照日本企业的这种制度，他就可以一直待下去，而且可以随着时间的增长而增加他的收入。因此在很多的日本企业，最不满意的就是能力强、思想活跃的年轻人,这就导致企业必定缺乏效率和创新。

  要深刻理解绩效管理体系,日本企业的失误之处非常值得我们的借鉴。绩效管理体系应该成为公司战略目标的传递系统,通过科学、合理的绩效考评体系,把公司的战略思想、目标、核心价值观念,层层传递给员工,使之变成员工的自觉行为;同时通过合理的薪酬体系来强化员工的有效行为,使员工为公司的发展不断努力,这样才能成就优秀的企业,成就中国企业的发展。

资料来源:改编自《中国财富》2004年10月刊

思考题:
1. 导致日本企业绩效管理失灵的原因有哪些?
2. 中国企业从中可以得到什么启示?

第八章 薪酬管理

本章结构图

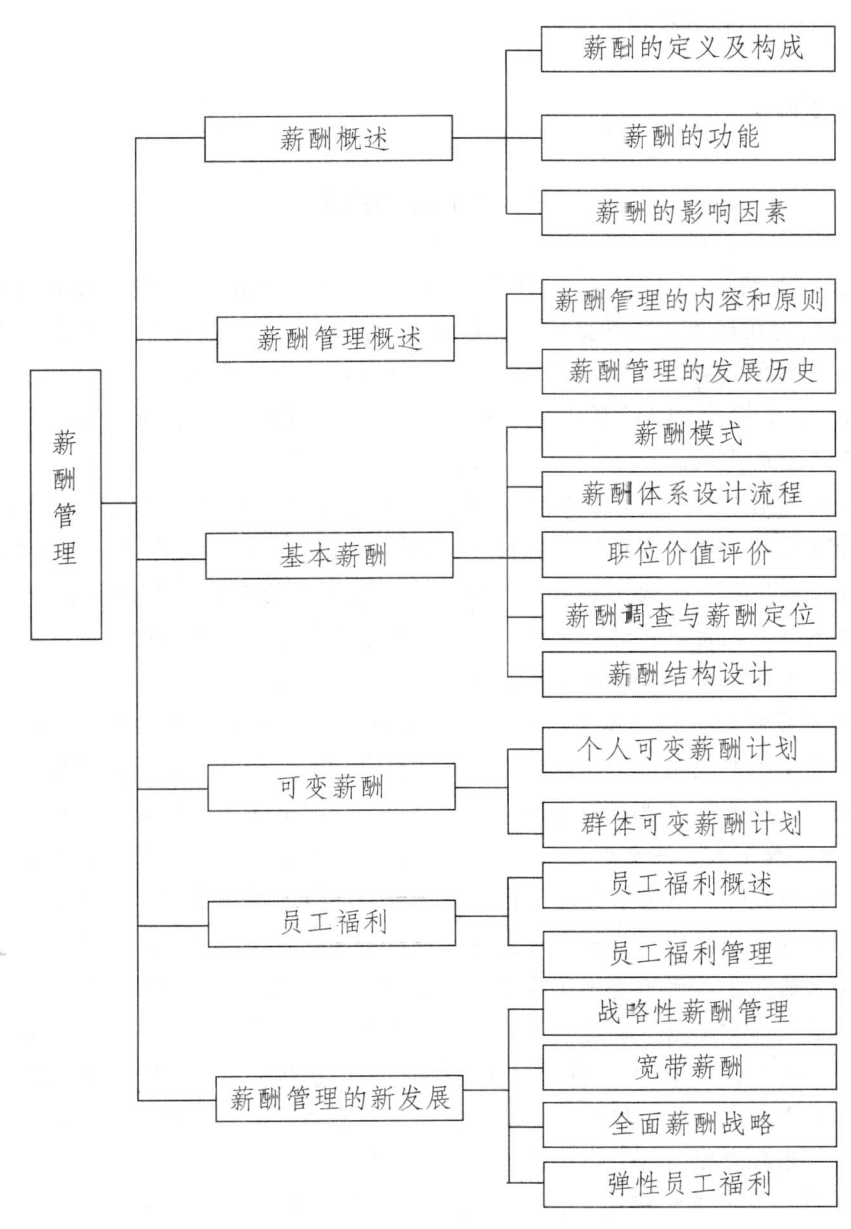

本章学习目标

※ 理解薪酬的定义和构成
※ 理解薪酬管理的内容
※ 了解薪酬管理的发展历史和趋势
※ 掌握薪酬体系设计的流程
※ 理解职位价值评价的方法
※ 掌握薪酬结构设计的内容和步骤
※ 掌握可变薪酬管理
※ 掌握员工福利管理

开篇案例

IBM 的薪酬管理

国际商业机器公司，简称 IBM（International Business Machines Corporation），总公司在纽约州阿蒙克市，1911 年创立于美国，是全球最大的信息技术和业务解决方案供应商，全球拥有雇员 30 多万人，业务遍及 160 多个国家和地区。在过去的 90 多年里，IBM 始终以超前的技术、出色的管理和独树一帜的产品引领全球信息产业的发展。

和其他所有公司一样，IBM 在发展过程中也遇到了一系列变化和挑战。为了应对不断变化的环境和由此带来的挑战，IBM 开始着手对企业进行了一系列改革。改革始于 20 世纪 90 年代中期，当时郭士纳担任公司的 CEO，他尝试在企业文化中重新注入活力，对公司进行重新定位，并要求设计出与职业匹配的薪酬模式。在 1995 年至 2004 年之间，IBM 的薪酬管理发生了巨大的变化。

IBM 对着眼于内部平衡的"大众化"报酬进行了改革，确定了区别对待的报酬和由市场驱动的报酬，主要表现为对不同种类的职位和不同层次的员工表现确定不同的薪酬。将家长式管理的福利改革为选择和分担成本的灵活福利。将以前的按"优点"加薪改革为"按贡献付薪"，打破了原来的薪酬格局，赋予经理们决定薪酬的权力，并坚定地依靠各级经理做出重要的薪酬决策。特别是对于股票期权，IBM 坚持认为期权的分发是基于未来可能的贡献，而不是过去的成就，是为了留住和拥有关键技术的人才，而不是出于服务员工或推动公司等级的目的，同时 IBM 还扩大了获得期权的员工范围，使之不仅仅限于管理高层，在过去 5 年中，获得股票期权的员工人数上升了 10 倍。授予期权的价格由市场价格决定。影响市场价格的因素之一劳动力成本管理不仅仅由公司的薪酬和福利小组负责，还包括其他部门，如流程管理、团队管理、员工招聘、财务与人才等。

IBM 将以前充满官僚气息、由规则决定的薪酬体系改革为着眼于战略、基于贡献的薪酬体系,已经从单纯的薪酬福利扩展到了全面报酬体系,并引入了工作体验的概念。IBM认为,员工在一个组织中工作所获得的报酬,并不仅仅包括可以货币化的薪酬和福利,还有一项重要报酬就是工作体验,即员工在工作过程中所体会到的尊重、快乐、价值以及进步等。

总体来看,IBM公司构建了适应公司发展的薪酬管理体系,它将薪酬管理作为实现战略目标的工具,以薪酬和福利为基础(两者在此体系中占有相当大的比重),工作体验部分则起到了杠杆和补充的作用,它同薪酬及福利计划一起,共同构成了服务于企业战略的全面薪酬管理体系。

IBM在薪酬福利体系改革时,很好地应对了企业面临的威胁与挑战,其大力推行的全面薪酬管理实践激发了员工的工作热情,帮助它变革了企业文化,使IBM能在与微软等一些实力相当甚至实力更强的企业竞争时,仍然能够保持对优秀人才的强大吸引力,从而为企业的腾飞创造了至关重要的条件。

第一节 薪酬概述

一、薪酬的含义及构成

(一)薪酬的含义

不同的学者对于薪酬(Compensation)的含义有不同的界定,通常分为三类:宽口径的界定认为薪酬等于报酬,包括内在报酬和外在报酬;中等口径的界定认为薪酬是员工从组织获得的各种经济收入及福利、服务,包括直接经济报酬和间接经济报酬;窄口径的界定则认为薪酬仅仅包括直接经济报酬。我们认为薪酬应当包括组织中员工取得的各类经济收入(直接经济报酬)和各种福利服务(间接经济报酬),但不应当包括员工完成工作所获得的内在报酬,因此采用中等口径的界定方法。

这里有几个概念需要加以区别和解释。在通常的认识中,薪酬很容易和报酬(Rewards)发生混淆。报酬是组织对员工贡献的回报,指员工从组织中取得的各类有价值的收益,通常可以分为内在报酬和外在报酬两大类。内在报酬是指员工通过工作本身及自我价值实现所获得的满足感和成就感等心理收益。例如攻克重大技术难题、参与决策、较高的自主权、挑战性的工作等。外在报酬是指员工从组织中获得的各类货币收入,包括货币报酬和非货币报酬两大类。货币报酬可分为以基本工资、奖金、股权激励等为主的直接经济报酬和以员工福利为主的间接经济报酬,非货币性报酬主要包括良好的办公环境、先进的办公设备等。

薪酬与报酬的区别如图8-1所示。

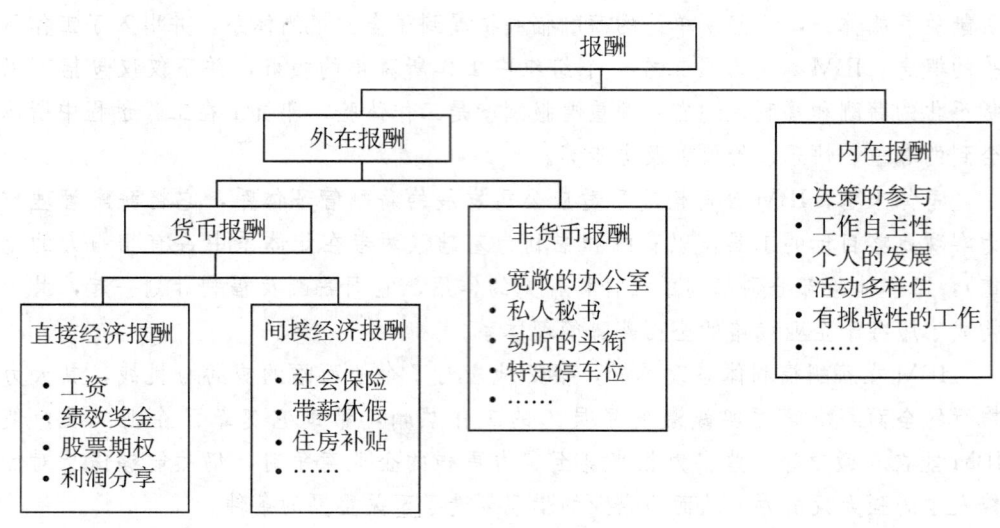

图 8-1 薪酬与报酬

资料来源：董克用：《人力资源管理概论》（第二版），北京：中国人民大学出版社，2007年版，第 368 页。

（二）薪酬的构成

薪酬包括员工从组织中获得的各类直接或间接的经济报酬，如工资、奖金、津贴、社会保险、住房公积金以及其他的各类收入，大体上薪酬是由基本薪酬、可变薪酬、间接薪酬三个部分构成的，如表 8-1 所示。

表 8-1 各种薪酬构成的比较

薪酬构成	确定依据	特点	支付方式
基本薪酬	员工的职位价值、资历、员工所具备的技能和能力	稳定性 基准性 例行性	货币
可变薪酬	绩效	可变性 激励性	货币
间接薪酬	劳动关系	集体性 补充性	货币、服务、实物

1. 基本薪酬

基本薪酬是指组织根据员工的职位价值、资历、员工所具备的技能和能力向员工支付的相对稳定的报酬。基本薪酬主要反映员工工作本身的价值或员工所拥有的技能或能力的差别，一般采用职位薪酬体系或者技能薪酬体系。职位薪酬体系是根据员工所从事工作的复杂程度、劳动强度、对组织的价值等因素确定员工的基本薪酬；技能薪酬体系是根据员工所拥有的、完成工作所必需的技能或能力来确定员工的基本薪酬。

2. 可变薪酬

可变薪酬是指薪酬体系中与绩效挂钩的部分，也称为绩效薪酬或者奖金。它是基于基本薪酬基础上的可变的、具有激励性的薪酬。其主要功能在于激励员工根据组织的期望保质保量甚至超额完成工作定额，为组织和个人创造更多的效益。其确定依据可以是员工个人的业绩，也可以是业务单元、工作团队或整个组织的业绩。

可变薪酬可以按照时间长短划分为短期可变薪酬和长期可变薪酬。短期可变薪酬通常是以具体的绩效目标为基础确定的可变薪酬，长期可变薪酬通常是根据跨年度或多年度的绩效目标为依据确定的可变薪酬，主要应用于组织高级管理人员以及核心技术人员。按照激励对象的不同，可变薪酬可以分为个体可变薪酬和团体可变薪酬。

3. 间接薪酬

间接薪酬主要是指组织提供给员工的福利和服务，通常指组织为员工提供的各类与工作和生活相关的物质补偿和服务，通常包括带薪休假、提供集体生活设施、儿童看护、理财咨询、社会保险、企业年金、住房公积金等。我国的员工福利可以分为国家法定福利和非法定福利。在支付方式上，间接薪酬主要采取实物或延期支付的形式，往往不与劳动绩效、贡献挂钩，有利于保障员工的生活，调整员工的购买力，同时减少了现金支付，有利于组织合理避税。

二、薪酬的功能

薪酬体现了员工和组织之间的交换关系，对组织而言，是成本的支出也是资产增值的过程，对员工来说，具有保障和激励的作用，因此薪酬的功能应当从组织和员工两方面考虑。

（一）对组织的功能

1. 增值功能

薪酬通常是组织总成本的主要组成部分，占总成本的比例通常是10％左右，有一些组织的薪酬占组织总成本的比例会达到30％甚至更高，也就是说组织通过支付薪酬带来了远大于成本的收益，说明薪酬是能够带来收益和增值的成本。

2. 配置功能

主要表现在引导劳动者合理流动。目前我国地区之间、企业之间、职业之间在工作环境和收入高低等方面存在着不同程度的差异，而劳动力市场中供求的短期决定因素是薪酬。较高的薪酬会吸引劳动力流入，较低的薪酬会导致劳动力流出。因此，科学合理地运用薪酬的变动有利于引导劳动力的合理流动，有利于发挥薪酬的杠杆效应。对需求量大、对国民经济发展有重要作用的工种提供较高的薪酬，对供大于求、不符合国民经济发展的工种提供较低的薪酬，可以从供求两个方面调节劳动力素质结构和供给数量，有利于劳动力供需相对平衡，有利于提高劳动力素质。

3. 提升组织绩效

人才是第一资源，是组织成功和发展的基石。能否获得优秀的人才是取得竞争优势的关键。通常来说，组织的薪酬体系越具有竞争力，组织就越容易招募到优秀的人才。科学的薪酬体系会影响员工的工作行为、态度和对组织的归属感及承诺度，这些直接关系到组织的运营效率。因此，合理的薪酬体系会通过引导员工的行为朝组织期望的方向发展，有利于激发员工的潜能，充分发挥员工的创造性，使组织创造更高的经营绩效。

4. 塑造和强化组织文化

合理的薪酬制度有利于塑造和强化良好的组织文化。不同的薪酬结构、薪酬水平会形成不同的雇佣文化，如果这种文化和组织文化存在冲突，就会对组织文化产生消极影响；而如果雇佣文化和组织文化相互一致，则会大大强化组织文化，从而对组织产生积极的影响。

（二）对个人的功能

1. 保障功能

薪酬实际上是劳动力的价格，劳动者通过脑力和体力的消耗为组织创造价值，组织则通过对员工提供经济上的回报满足员工衣食住行等需要。这种保障不仅仅是保障员工衣食住行的基本需要，同时还包括员工的娱乐、自我发展、教育、代际延续等各个方面。在市场经济条件下，薪酬收入是多数劳动者的主要收入来源，可以说薪酬对于员工及其家庭的生存和生活方式有着非常重大的影响。

2. 激励功能

薪酬是员工与组织心理契约的一部分，员工对薪酬的满意度会影响员工的工作行为、态度和绩效。较高的薪酬满意度会激励员工积极进取，激发员工的团队精神和奉献精神，产生较高的激励效果；较低的薪酬满意度则可能导致员工对组织的归属感和承诺度下降，进而产生消极怠工、离职率和缺勤率高等消极行为。

3. 社会价值实现功能

薪酬不仅仅是对员工素质能力和绩效的量化体现，还反映了组织对员工价值的重视程度。薪酬的高低往往代表员工在组织中的地位，或者在某工作领域的权威性，是识别个人社会地位和职业成功的信号之一，因此合理的薪酬会强化员工对自我价值实现的感知，是员工社会价值实现的重要标志。

三、薪酬的影响因素

市场经济环境下，组织的薪酬必然会受到组织内外部诸多因素的影响。通常来讲，影响组织薪酬的因素主要可以分为宏观因素、组织因素和员工因素三个方面，如图 8-2 所示。

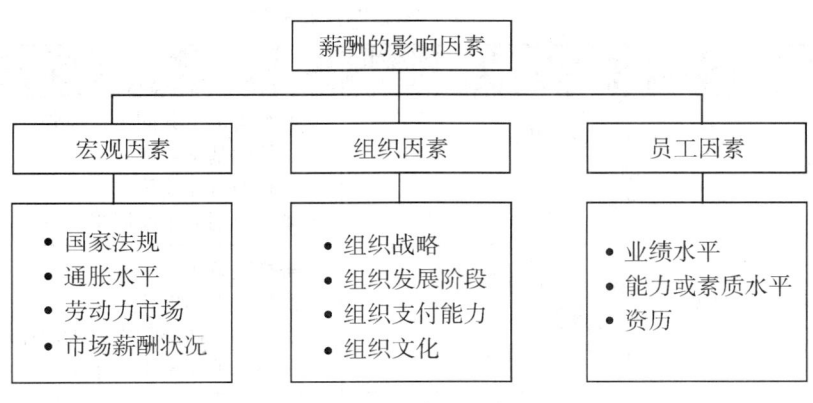

图 8-2 薪酬的影响因素

（一）宏观因素

1. 国家法规

国家通常以法律法规的形式规定了组织支付薪酬的最低标准，社会保险法律规定了组织必须缴纳社会保险税费的金额和最低标准，这些规定对组织具有强制性，组织薪酬管理工作必须在此基础上合法进行。

2. 通胀水平

通货膨胀水平直接影响了员工薪酬收入的实际购买力，当发生通货膨胀时，为了保证员工收入的实际购买力不被削弱，则应该按照一定的比例增加员工的名义薪酬。

3. 劳动力市场

员工薪酬水平通常取决于劳动力供给和需求的变化。通常状况下，当劳动力市场紧张，劳动力资源供给减少或者劳动力资源供不应求的时候，薪酬水平就会上涨，组织必须提高薪酬水平才能获取必需的劳动力资源；当劳动力供给过剩，劳动力市场供大于求时，薪酬水平会趋于平缓或下降，组织只需要付出较低的薪酬就可以获取所需的劳动力资源。

4. 市场薪酬状况

类似岗位的市场薪酬状况通常是员工进行薪酬横向公平性比较的重要参数，当同地区、同行业的市场薪酬水平高于组织提供的薪酬水平时，可能会造成员工的不满甚至流失，为了保留和获取优秀的人力资源，组织需要相应地提高自己的薪酬水平。

（二）组织因素

1. 组织战略

薪酬管理应当服务于组织战略，应当根据不同的组织战略制定不同的薪酬策略，在不同的组织战略中，薪酬管理的重点和难点也不一样，见表 8-2。

表 8-2 薪酬管理与组织战略

经营战略	经营重点	薪酬管理
成长战略	• 新市场的开发 • 创新 • 产品研发	• 组织与员工共同承担风险 • 较低的基本薪酬 • 较高的可变薪酬 • 强调长期的丰厚回报
稳定战略或集中战略	• 强调市场份额 • 控制运营成本 • 缩短产品生命周期	• 薪酬决策集中 • 薪酬管理标准化 • 基本薪酬和福利占较大的比例 • 薪酬水平高于市场水平
收缩战略或精简战略	• 降低成本 • 产品创新	• 强调风险共担 • 较高的可变薪酬 • 较低的基本薪酬和间接薪酬

参考资料：刘昕，《薪酬管理》（第二版），北京：中国人民大学出版社，2007年版，第58~59页。

2. 组织发展阶段

在组织不同的发展阶段，其经营重点、内外部环境以及面临的挑战也不尽相同，因此在组织的不同发展阶段，薪酬体系中基本薪酬、可变薪酬、间接薪酬所占的比例也会不同，见表8-3。

表 8-3 薪酬管理与组织发展阶段

发展阶段	初创	成长	成熟	衰退
基本薪酬	低	有竞争力	高	低
可变薪酬	高	高	高	高
间接薪酬	低	低	高	低

3. 组织支付能力

经营有效、成长迅速的公司通常倾向于支付较高水平的薪酬，以吸引和保留优秀的人才，充分激发员工的工作积极性和主动性。经营不善或处于衰退期的组织所支付的薪酬则往往低于市场平均水平，这种不均衡是导致劳动力资源在不同的组织之间流动的重要原因。

4. 组织文化

组织文化对薪酬管理具有重要的影响，不同的薪酬管理方式体现了组织对于员工和薪酬的看法，也反映了它对劳动力的态度和在劳动力市场中的地位，见表8-4。

表 8-4　薪酬管理与组织文化

企业文化倾向	强调个人采取的薪酬手段	强调团队采取的薪酬手段
强调激励	增加薪酬层级和绩效工资比例	团队荣誉，确定个人关系系数
强调风险	低底薪和高绩效工资	增加团队绩效奖金
强调发展	增加薪酬层级和培训福利	奖金分配少，利润留成较多
强调能力	进行岗位评估和任职资格评定	团队荣誉，个人平均化

资料来源：姚凯：《企业薪酬系统设计与制定》，成都：四川人民出版社，2008 年版，第 57 页。

（三）员工因素

1. 能力或素质水平

员工的能力和素质水平是凝结在员工身上的潜在劳动，员工的能力或素质越高，表示对组织的贡献和价值越大，则薪酬水平也越高；反之，如果能力或素质较低，则薪酬水平也会相应地较低。

2. 业绩水平

可变薪酬往往和业绩水平相挂钩，呈正相关关系。员工的业绩越好，则所获得的业绩工资或可变薪酬也越高；反之亦然。同时，员工的业绩表现还可能会带来绩效加薪，进而影响基本薪酬。

3. 资历

资历主要有工龄和在该组织服务年限两种形式，工龄是指员工参加工作以来的工作年龄，在该组织的服务年限是指在本组织的工作时间。一般来说，工龄和服务年限越长，意味着该员工越适合本工作，对本组织和岗位的了解也越深刻，在其他条件一定时，绩效也会越好，因此薪酬的水平相对也会越高。

第二节　薪酬管理概述

一、薪酬管理的内容和原则

（一）薪酬管理的内容

1. 薪酬体系

薪酬管理的重要内容是确定适合组织发展的薪酬模式，即确定薪酬体系。通常来讲，薪酬体系主要分为两大类，即以职位为基础的薪酬体系和以任职者为基础的薪酬体系，以任职者为基础的薪酬体系还可以细分为技能薪酬体系和能力薪酬体系，其中以职位薪酬体系运用最为广泛。不同的组织需根据自身的实际需要采用不同的薪酬体系，在不同的薪酬体系下，薪酬管理中需要重点关注的因素也不同。

2. 薪酬水平

确定组织的薪酬水平是薪酬管理的重要环节。薪酬水平是指组织及各部门、各职位的平均薪酬水平，薪酬水平决定了薪酬的外部竞争性。为了保持对外部劳动力市场上优秀人才的吸引力，必须参考同行业或本地区竞争对手的薪酬水平、组织支付能力、社会生活成本等因素确定薪酬水平。在竞争日益激烈的市场经济条件下，我们不仅要关注组织的整体薪酬水平，还应该更多地关注职位和职位之间、不同组织类似职位之间的薪酬差距。通常来讲，很多组织采取通过外部市场薪酬调查来确定薪酬水平的方法。

3. 薪酬等级

薪酬管理需要根据组织战略、组织文化、组织规模、业务模式等因素确定薪酬等级。薪酬等级是指组织内部所拥有的基本薪酬等级以及相邻的薪酬等级之间的相互关系，即基本薪酬的等级数量以及等级差距。确定薪酬等级反映了组织对岗位以及技能价值的不同看法。组织可以设立较少的薪酬等级，也可以设立较多的薪酬等级；各个薪酬等级之间可以设定较大的差距，也可以设立较小的差距。薪酬等级是否合理对于薪酬的内部公平及员工的吸引和保留有重大的影响。通常来讲，组织经常通过职位评价来确定薪酬的等级。

4. 薪酬的支付形式

薪酬的支付形式取决于不同薪酬构成的性质，如何及时高效地支付薪酬并合理避税是薪酬管理的艺术。通常来讲，基本薪酬和可变薪酬直接以货币的形式支付给员工，间接薪酬则往往通过一些具有经济价值的服务或者实物支付给员工。

5. 薪酬运行管理

薪酬运行管理主要涉及薪酬的发放与调整、薪酬成本与预算控制、组织薪酬制度、薪酬是否保密以及薪酬诊断和薪酬调整等问题。薪酬运行管理的质量关系着薪酬管理的成功与否，良好的薪酬运行管理有利于保障薪酬体系实施的效果，有利于培养员工与组织之间的良好关系，有助于实现组织和员工的个人目标。

（二）薪酬管理的原则

1. 公平原则

薪酬的公平性是评价薪酬设计和运行状况的重要指标。薪酬管理中的公平主要体现为外部公平与内部公平两个方面。外部公平是指不同企业，类似的职位或者具有相同素质和技能的员工的薪酬应当基本相同，内部公平主要是指组织内部不同职位和不同素质员工的薪酬应该与各自对组织的贡献呈正比。薪酬的公平性对实现组织的目标具有促进作用。如果员工认为组织薪酬制度设计公平，激励也是建立在公平的基础上，就会更加努力地工作，达到甚至超过组织的绩效标准，员工间的关系会更加融洽，有利于培养团队精神。

但公平原则并不等同于平均原则。前者强调因劳动的差异带来的报酬差异，后者则强调绝对的平均，忽视劳动的差别性，"干与不干一个样，干好干坏一个样"，搞平均分配，会严重损害员工的工作积极性。

2. 激励性原则

薪酬可以分为以基本薪酬和福利为主的保健因素和以可变薪酬如奖金、股权等为主的激励因素，采用高弹性的薪酬体系，提高可变薪酬在薪酬总额中的比例，适度缩小基本薪酬所占的比例，可以提高员工的工作积极性，激发员工积极工作的热情，充分发挥薪酬的激励性作用。

3. 竞争性原则

薪酬管理的竞争性原则是指组织在进行薪酬管理的时候，必须关注外部劳动力市场上同行业类似职位的薪酬水平，尤其是竞争对手的薪酬水平，保证组织的薪酬水平在劳动力市场上具有一定的竞争力，这样才能留住组织发展所需的关键人才，同时吸引劳动力市场上优秀的、适合组织要求的人才加入，提高组织人力资源的质量，优化组织人力资源的结构。在坚持薪酬水平对外竞争性的同时，还应处理好薪酬竞争性和内部公平性之间的关系。

4. 合法原则

薪酬管理必须符合国家有关法律法规的规定，包括国家、地方政府以及相关部门颁发的法律、法规、条例、办法等，主要涉及最低工资标准、工资支付制度、同工同酬、工时、社会保险等方面。薪酬的合法性还应当接受来自社会、政府部门和员工的监督，控制薪酬成本应当首先坚持薪酬合法的原则。

5. 适应性原则

没有放之天下而皆准的薪酬管理体系，薪酬管理应当适应不同的组织类型、不同的生命周期、不同的组织文化。通常来讲，职位薪酬体系适用于职能型的组织，而技能薪酬体系和能力薪酬体系则更适合强调员工贡献的组织；强调激励的组织文化会增加薪酬层级和绩效工资比例，强调风险的组织文化采用低底薪和高绩效工资的薪酬体系，强调发展的组织文化则增加薪酬层级和培训福利。同时，薪酬管理还应该和组织的不同发展阶段结合起来，在组织的不同发展阶段，薪酬管理所关注的重点和管理理念也应发生变化。

二、薪酬管理的发展

现代薪酬管理理论和实践的发展并非一蹴而就，而是随着经济社会的发展和各种管理思想的演变逐渐发展而来的。

在工业革命初期，工人习惯于家庭或农村生活，不习惯接受工厂的约束，工作随意性大，劳动力供给不稳定。受亚当·斯密（Adam Smith）、大卫·李嘉图（David Ricardo）等人理论的影响，重商主义认为劳动与收入是负相关关系，认为最饥饿的工人就是最好的工人，因此雇主尽可能将工人的工资降低到仅仅能够维持劳动者及家庭生存所必需的最低水平，他们认为当工人把钱花光了才会重新到工厂来工作，薪酬的支付方式是简单的家族式计件制。

随着工业化的不断深入，这种思想逐渐被科学管理学派所取代。该学派认为经济刺激会对人发挥积极的激励作用，因此把劳动报酬和劳动表现联系起来，通过提高工资刺激员工提高生产力，降低产品单位成本。在这一阶段，弗雷德里克·泰勒（Frederick Taylor）提出了差别计件工资制，通过对工时的分析研究制定工作定额和工资标准，实行差别化的计件工资制，对于超额完成任务的个人付给较高的薪酬。亨利·甘特（Henry Gantt）发明了"完成任务发给奖金"的制度，用于鼓励个人相互合作。约瑟芬·斯坎伦（Joseph Scanlon）提出了针对团队激励的计划，强调协作和团结，并采用集体办法实施奖励。该计划规定，当工人提出使劳动成本减少的建议，并经过实践证明可行后，工人可以得到奖金，但这笔奖金不是发给提议者个人，而是在工厂或公司范围内由工人集体共享。

随着社会的继续发展和员工自我意识的不断增强，行为科学学派开始流行，该学派强调员工是"社会人"，他们喜欢感到自己很重要，有社会交往和自我实现的需求，为此一些企业为满足员工心理需求进行了不同的尝试。詹姆斯·林肯（James F. Lincoln）认为激励员工的主要因素不是金钱，而是组织对他们的认可和肯定。林肯计划使员工发挥了最大限度的能力，公司也取得了巨大的成功。怀特·威廉斯（Whiting Williams）认为对员工而言，他们最看重的不是绝对工资，而是所得到的相对工资，并提出了工资权益理论。公平激励理论发展了两种新的比率，以强调薪酬公平性和薪酬调查的重要性。

20世纪50年代以来，全球经济逐步繁荣，知识经济逐步兴起，出现了包括管理过程学派、决策理论学派、经验学派、管理科学学派在内的各种新学说和新流派，管理进入"管理理论的丛林"时代。受此影响，人力资源管理逐步从人事管理阶段发展到战略人力资源管理阶段，薪酬管理也逐步发展成今天大家所熟悉的现代薪酬管理，下面将重点介绍现代薪酬管理的主要内容。

第三节　基本薪酬

一、薪酬模式

（一）基于职位的薪酬模式

基于职位的薪酬模式是对每个职位要求的知识、技能、素质、职责等因素进行评估，根据评估结果将价值相当的职位划入同一薪酬等级，并根据市场上同类岗位的薪酬调查结果确定薪酬水平、设定薪酬范围的基本薪酬制度。基于职位的薪酬模式其假设前提是不同的职位对组织的价值贡献不同，因此不同的任职者应当根据所从事工作的价值领取报酬。这种薪酬模式应用范围广，操作简便，适合于多数组织的多数岗位。但由于我国薪酬管理实践中存在的没有规范的岗位说明书、以行政级别确定薪酬的情况比较多，因此采用这种薪酬模式也存在一些缺点。综合来看，基于职位的薪酬模式优缺点如表8-5所示。

表8-5 基于职位的薪酬模式优缺点

优 点	缺 点
·真正意义上的同工同酬，按劳分配 ·操作简单，管理成本低 ·晋升和基本薪酬呈正相关，刺激员工进步	·形成职位金字塔，等级制度森严 ·组织缺乏灵活性和弹性 ·员工倾向于选择管理类岗位，不利于员工职业发展

因此，要有效地实施基于职位的薪酬模式必须具备以下条件：第一，同一职位的工作内容短期内不会发生重大的变化；第二，组织必须要有明确化、规范化的职位说明书；第三，必须建立基于技能资格的薪酬模式作为补充；第四，组织规模相对较大，职位层级比较多，员工有晋升的空间。

（二）基于技能的薪酬模式

基于技能的薪酬模式是指组织根据任职者所掌握的与工作有关的知识、技能、能力而支付基本薪酬的薪酬制度。在这种薪酬模式下，确定薪酬水平的依据是任职者所拥有的技能和能力，员工薪酬的高低取决于员工个人掌握技能、能力的水平，是能本管理思想的体现。基于技能的薪酬模式之所以日益流行的重要原因是激烈的市场竞争和经济全球化导致组织结构发生了重大变化，工作团队、虚拟组织、矩阵式管理越来越普遍，这要求员工不断增强自身的技术和能力，从而对市场的变化做出快速、准确的反应。这种薪酬模式有利于吸引和保留受过良好教育、拥有丰富技能的关键员工。基于职位的薪酬模式和基于技能的薪酬模式的比较见表8-6。

表8-6 职位薪酬模式和技能薪酬模式比较

	职位薪酬模式	技能薪酬模式
薪酬基础	职位价值	任职者所拥有的技能
评价对象	报酬评价要素	技能
报酬增加途径	晋升	提高技能水平
管理者关注	员工与工作匹配 晋升与配置	充分利用技能 提供培训
员工关注	寻求晋升机会	努力提高技能水平
程序	工作分析	技能培训 技能认证
优点	管理成本低 激励员工不断进取	持续学习 增加组织、员工的灵活性
缺点	官僚主义 薪酬模式僵化	对成本控制能力要求高

（三）薪酬模式的选择

基于职位的薪酬模式和基于技能的薪酬模式各有优缺点，在确定薪酬模式时应当充分考虑组织类型、发展阶段、工作文化、员工类别等多种因素，选择适合组织发展的薪酬模式。

传统的行政官僚型组织结构强调标准化和制度化，等级森严，强调决策和信息自上而下传播，因此资历工资和传统薪酬等级制度等基于职位的薪酬模式最适合行政官僚型组织；扁平化的组织强调通过减少组织层次来提高组织效率和弹性，强调员工的能力，以能力薪酬为定薪的依据，因此基于技能的薪酬模式更为适用；工作团队鼓励团队精神和协作效应，强调团队内部的合作，因此比较适合采用以技能薪酬模式为基础的团队薪酬。

在组织创立阶段，薪酬政策往往简易且强调激励性，通常运用基于技能的薪酬模式；快速成长期的组织较多的考虑薪酬的激励作用，因此仍以技能薪酬模式为主；成熟期的组织无论采用何种薪酬模式，都提供了有竞争力的基本薪酬、可变薪酬、间接薪酬；而处于衰退期的组织则会采用另外不一样的薪酬模式。

职能型的工作文化强调严格的行政管理体系、清晰的责任制度，因此一般以职务薪酬模式为主；流程型的工作文化以顾客满意度和市场为导向，一般以职务薪酬模式为主；网络型的工作文化没有严格的层次关系，承认个人的特殊贡献，以"合同"方式形成工作网络，根据员工的能力来确定薪酬，通常采用技能薪酬模式。

不同的员工类别也需要采用不同的薪酬模式。销售人员是客户与组织联系的重要纽带，对企业的成长和盈利有重要的影响，工作时间和方式灵活，侧重于采用技能薪酬模式；专业技术人员工作的复杂程度高、专业化程度高，对于组织核心竞争力具有重要影响，因此通常也采用技能薪酬模式；对于管理人员而言，不同层次的管理人员所采用的薪酬模式也不同，基层管理人员基本实行职务薪酬模式，中高层管理人员则更多的倾向于实行技能薪酬模式。

案例 8-1　合适的薪酬模式是企业发展的关键

L公司原本是一家知名的国有企业，主要生产纺织品。最近几年由于行业竞争日益加剧，加之企业内部管理不善，该企业逐渐步入亏损。后来被一家快速发展的综合性公司P企业收购，P企业保留了不少L公司原有的职工。由于P企业以前没有涉足纺织品行业，所以对于这个领域了解不深，为尽快整合资源，P企业首先对L企业进行详细的调查和分析，发现L企业的人力资源管理特别是薪酬管理存在较大的问题，其一直采用的职位薪酬模式已经十分僵化、落后。采访中，L企业的一位经理张先生表示以前的薪酬都是按职位等级分层制定的，致使不少职员纷纷利用各种手段争取升职，官僚主义作风横行。同时L企业的一位技术人员也表示，以前根本不是凭业绩或真实能力来确定薪酬模式，造成不少员工怨声载道。通过调查资料，P企业总结出L企业在薪酬模式上存在的问题主要体现在：

（1）工资与员工的技能和能力脱钩。员工的工资水平在聘任时就已经确定，除非是员工职务得到提升，否则将一直停留在最初的工资水平。即使员工的能力达到了较高水平，但是因为企业没有出现空缺的职位，往往也无法获得应有的加薪。

（2）工资与工作表现脱节。员工工资以固定工资为主，造成员工干好干差一样的结果，内部无公平性可言。另外，固定工资与加班工资相结合的工资结构滋生员工"磨洋工"的心理，为了得到加班工资故意拖延日常的工作进度，人为制造加班机会。

了解到这些问题后，P企业开始着手进行薪酬体系的改革，重点是研究有利于企业发展的薪酬模式，经过一系列的分析，最终决定引入职位薪酬和技能薪酬相结合的薪酬模式。通过工作分析和岗位评价，对现有岗位进行分类，确定了新的薪酬模式下薪酬结构，包括固定工资、绩效工资、附加工资和福利工资四个部分。经改革之后，员工每月应发工资＝（工龄工资＋岗位技能工资＋上季度绩效工资）÷3＋附加工资－各种劳动纪律扣款＋特别奖励。

新的薪酬模式推行后，企业业绩明显好转，三年后该纺织产业还成了P企业的支柱产业，给P企业带来了丰厚的利润。公司领导在总结企业成功转型的经验时特别强调：选择适合企业特征的薪酬模式是促进企业发展的关键。

二、基本薪酬体系设计流程

（一）确定薪酬策略

要设计出科学的薪酬体系必须首先确定组织的薪酬原则和战略，收集有关组织结构、部门设置、岗位职责等方面的信息，了解工资总额的构成及各部门之间的分配比例，同时还应该了解组织现阶段的主要任务和战略需求，所有这些信息都是明确组织薪酬政策的有效信息来源。管理者还应该根据权变理论，以适应本组织的战略需要为目标，根据不同的组织战略制定不同的薪酬策略，组织的薪酬策略和组织战略结合得越紧密，企业的经营效率也会越高。

（二）工作分析与职位价值评价

工作分析应当以满足组织战略为目标，以国家法律法规和定员定编为基础，分析组织内部人力资源拥有状况，在科学分析的基础上编制各个岗位的《工作说明书》，明确各岗位的职责、权力以及任职者所需具备的资格，如知识、技能、素质等。职位价值评价主要用于衡量组织中各工作岗位的价值。其主要流程是通过收集与工作相关的信息，比较各岗位在职责范围、难易程度、工作时间、工作环境、所需技能等方面的差异，进而判断该岗位对组织的价值。常用的岗位价值评价方法主要有排序法、分类法、要素比较法、要素计点法等，国际上通用的职位评价方式还有海氏职位评估法。

(三) 薪酬水平调查及确定

薪酬水平是指以一定的维度考察员工薪酬高低的程度。这种维度可以是某一地区、某一行业，也可以按照性别、年龄、货币购买力等维度衡量。薪酬水平的确定通常取决于宏观经济状况、劳动力供给状况、通胀情况、组织支付能力、组织文化、员工的资历和绩效等因素。薪酬调查是收集和分析外部劳动力市场尤其是竞争对手所支付的薪酬水平。薪酬调查主要着眼于解决薪酬的外部竞争性。组织在确定薪酬水平时需要参考外部劳动力市场上同等岗位的薪酬水平。

(四) 薪酬结构设计

薪酬结构是指组织内部不同职位或者技能薪酬水平的排列形式，强调组织内部薪酬的一致性问题。完整的薪酬结构通常包含薪酬的等级数量、同一薪酬等级内部的薪酬变动范围（最高值、中值、最低值）以及相邻薪酬之间的重叠关系。不同的企业有不同的薪酬结构，可以说薪酬结构反映了不同企业的分配哲学。薪酬结构设计是平衡薪酬内部一致性和外部竞争性这两个基本原则后的结果。

(五) 薪酬体系运行与调整

薪酬体系确定之后，需要把不同职位上员工的现有薪酬与新方案中规定的薪酬进行比较，提前了解薪酬体系改革对员工薪酬收入的影响，并提前和员工进行薪酬沟通，争取员工的理解和支持。薪酬体系在运行中需要不断针对内外环境的变化和压力进行评估、修正和控制，对薪酬体系设计中存在的问题、实施中存在的偏差予以纠正，保证薪酬系统有效实施。

三、职位价值评价

(一) 职位价值评价的原则

职位价值评价主要评价的是企业所有职位之间的相对价值，为了保证结果具有一定的稳定性和可比性，必须坚持以下原则：

（1）评估所使用的方法和标准一致。为了保证结果的规范性和可比性，职位价值评价必须统一评估的方法和标准。

（2）适宜性原则。职位价值评价采用的评估模式、评估方法和技术必须适合组织的实际需要，这样评价的结果才能反映组织的实际情况。

（3）针对职位进行评价。职位评价的对象是企业所有的职位，而不是针对从事该工作的任职者的评价。

（4）透明原则。在职位价值评价过程中，应适当鼓励员工参与，以增加评价结果的合理性和员工对职位评价结果的认同感。组织应该公布职位价值评价的标准和流程，并公布价值评价的结果，以提高员工对结果的支持度和满意度。

(二) 职位价值评价的方法

职位价值评价的方法有定性评价法和定量评价法两种。定性评价法是仅从总体来确定不同职位之间的相对价值的评价方法；定量评价法则通过一系列的评价维度来确定不同职位之间价值的高低差距,这种差距通常以数值的形式表示。定性评价法主要有排序法和分类法,定量评价法主要有要素比较法和要素计点法(见表8-7)。除此之外,还有较为通月的 Hay 模式,它也是定量评价法的一种。

表 8-7 职位价值评价的方法

评价参照系	评价方法的性质	
	定性评价法	定量评价法
其他职位	排序法	要素比较法
既定的尺度	分类法	要素计点法

资料来源:董克用:《人力资源管理概论》(第二版),北京:中国人民大学出版社,2007年版,第 377 页。

1. 排序法

排序法是最简单的职位评价方法,根据职位总体上的相对价值对职位进行从高到低的排列。排序法一般可分为直接排序法、交替排序法和配对比较法。排序法简单明了,费用较低,但评价缺乏客观的尺度和评价标准,主观性比较大,因此适合于组织规模较小、职位较少的组织。

直接排序法是按照职位价值的大小从高到低或从低到高进行总体的排序,这种方法主要用于按照部门或者职位类别进行排序,最为简单直观。交替排序法是指从需要评价的职位中首先分别找出价值最高的职位和价值最低的职位,然后再从剩下的职位中找出价值最高的职位和价值最低的职位,其余的职位也按照类似的方法进行排序,直至所有职位被排序(如表8-8所示)。配对比较法是将需要评价的职位分别与其他所有职位进行两两比较,最后根据职位最终得分划分职位的等级,评分时通常采用的标准是两个职位价值相等时得0分,价值较高的得1分,价值较低的失去1分(如表8-9所示)。

表 8-8 交替排序法

顺序	职位价值高低	职位名称
1	最高	销售部经理
2	高	采购部经理
3	较高	生产部经理
……	……	……
3	较低	采购专员
2	低	行政专员
1	最低	门卫

表8-9 配对比较法

	总经理	副总经理	总工程师	设计师	秘书	合计
总经理	—	√	√	√	√	4
副总经理	×	—	√	√	√	3
总工程师	×	×	—	√	√	2
设计师	×	×	×	—	√	1
秘书	×	×	×	×	—	0

注：√表示水平职位比垂直职位更重要，×表示垂直职位比水平职位更重要。

2. 分类法

分类法是指按照一定的标准和尺度将各类职位归入已经确定好的职位等级的职位评价方法。这种方法最早用于美国联邦政府对文职人员进行职位评价，其特点在于可以快速地对大量职位进行评价，容易理解且容易管理，因此在各个部门和各类企业中广泛运用（如表8-10所示）。但是在职位复杂的大型组织中，由于很难建立有效的职位等级定义，因此很容易出现等级过宽或过窄的情况，没有量化的评价标准和尺度，很难说明不同等级职位之间价值的差距。

表8-10 某公司职位分类表

职位分类等级	工作类型	职位分类定义
8级	CEO兼总裁	1级：职员或技术员 通常指办公室的普通工作人员以及工作不满两年的技术类人员，主要受专员或者初级工程师的管理并向他们汇报，可以处理一般的事务性工作，具备所从事工作相关的基础知识。
7级	副总裁或首席科学家	
6级	高级总监或首席工程师	
5级	总监或三级工程师	
4级	经理或二级工程师	
3级	主管或一级工程师	
2级	专员或初级工程师	
1级	职员或预备工程师	

3. 要素比较法

要素比较法是量化的职位评价方法，除了比较职位的相对价值大小之外，还会选择不同的报酬要素并对职位进行多次排序，最后把各个职位在各报酬要素上的得分通过汇总得出该职位的价值总分，并据此进行职位价值排序。通常的步骤有：

（1）获取职位信息，确定报酬要素。

报酬要素是各个职位中对职位价值和报酬水平起重要影响作用的因素，是确定职位价值的依据和尺度，通常的报酬要素包括承担责任、技能要求、工作条件、生理要求、心理要求五个因素。表8-11列举了报酬要素的一个例子。

表 8-11 报酬要素举例

报酬要素类别	子要素
工作条件	工作的自然环境
	潜在的职业伤害
	工作时间
	体力、脑力消耗

（2）选择典型职位。

选择典型职位，即选择具有代表性的基准职位作为评价的对象，这种职位不仅能够代表组织中绝大多数的职位，而且其工作内容和工作职责是人们所熟悉的。选取的典型职位应该覆盖不同的职位级别和类别，数量不宜过多或过少，应当根据组织内部的职位数量来确定。

（3）按照报酬要素对典型职位进行排序。

根据《工作说明书》的内容对各个典型职位进行排序，有多少种报酬要素就应当相应的对职位排序几次。表 8-12 举例列出了 A、B、C、D 四个职位的评价结果，从该表可以看出，从承担责任的角度来讲，最重要的是职位 A，最不重要的是职位 B（1 为最高值，4 为最低值）。其他报酬要素的排序结果如表所示。

表 8-12 典型职位按报酬要素价值排序

职位	承担责任	技能要求	工作条件	生理要求	心理要求
职位 A	1	1	2	4	1
职位 B	4	3	4	1	3
职位 C	2	2	3	3	2
职位 D	3	4	1	2	4

（4）确定各报酬要素的薪酬价值。

评价小组的成员可以根据自身对职位的了解和判断，确定不同报酬要素对此职位贡献的大小（通常以百分比的形式表示），然后根据该典型职位的薪酬水平确定每一报酬要素的薪酬价值，如果多名评价小组成员的评价结果不一致，则取其平均值。假设某典型职位的薪酬水平是人民币 10 元/小时，3 位评价小组成员对该典型职位的报酬要素定价的情况如表 8-13 所示。然后根据每一种报酬要素的薪酬价值对职位进行多次排序，如表 8-14 所示。

表 8-13 某典型职位报酬要素定价举例

	承担责任	技能要求	工作条件	生理要求	心理要求
评价者甲	30% ¥3.0	20% ¥2.0	10% ¥1.0	15% ¥1.5	25% ¥2.5

续表8-13

	承担责任	技能要求	工作条件	生理要求	心理要求
评价者乙	25% ¥2.5	25% ¥2.5	15% ¥1.5	10% ¥1.0	25% ¥2.5
评价者丙	35% ¥3.5	25% ¥2.5	10% ¥1.0	10% ¥1.0	20% ¥2.0
平均值	¥3.0	¥2.3	¥1.2	¥1.2	¥2.3

表8-14 根据各报酬要素的薪酬水平对职位的多次排序

职位	承担责任	技能要求	工作条件	生理要求	心理要求
职位A	2.0（1）	3.0（1）	0.4（2）	0.4（4）	4.0（1）
职位B	0.2（4）	1.8（3）	0.2（4）	2.0（1）	1.4（3）
职位C	0.8（2）	2.0（2）	0.3（3）	1.3（3）	1.6（2）
职位D	0.4（3）	0.4（4）	0.6（1）	1.4（2）	1.2（4）

（5）排除不合理的典型职位。

现在每一个典型职位都有了以报酬要素价值为依据的排序和以报酬要素的薪酬水平高低为依据的排序两种方案。理论上讲，这两类排序的结果应当是一致的，如果两个排序结果的差异很大，则表明该职位不是真正的基准职位，因此需要排除不合理的典型职位。

（6）建立薪酬等级基准表，确定其他职位的薪酬水平。

典型职位确定之后，将所有典型职位的薪酬水平及每种报酬要素的薪酬水平确定下来，建立典型职位报酬要素等级基准表，评价小组成员可以依据基准表中的各报酬要素的薪酬水平来确定其他职位的报酬要素的薪酬水平，把接近的典型职位的各报酬要素的薪酬水平作为确定其他职位报酬要素薪酬水平的依据。如表8-15所示，对于非典型职位E，通过与典型职位的各报酬要素比较，最终确定各类报酬要素的薪酬水平为1.0元、1.0元、1.5元、1.0元、0.5元。

表8-15 要素比较等级表

薪酬水平	承担责任	技能要求	工作条件	生理要求	心理要求
0.2	职位B		职位B		
0.3			职位C		
0.4	职位D	职位D	职位A	职位A	
0.5					职位E
0.6			职位D		
0.7					
0.8	职位C				

续表8-15

薪酬水平	承担责任	技能要求	工作条件	生理要求	心理要求
0.9					
1.0	职位 E	职位 E		职位 E	
1.1					
1.2					职位 D
1.3				职位 C	
1.4				职位 D	职位 B
1.5			职位 E		
1.6					职位 C
1.8		职位 B			
2.0	职位 A	职位 C		职位 B	
2.5					
3.0		职位 A			
3.5					
4.0					职位 A

4. 要素计点法

要素计点法是目前最为常用的职位评价方法，通过量化各个职位的报酬要素来确定职位价值的相对大小。一般的操作步骤是：

（1）确定报酬要素。

通常会选择对组织的价值、管理与监督、沟通、能力、体力消耗、工作条件等报酬要素。

（2）确定不同报酬要素在职位评价体系中的权重。

不同的报酬要素对不同职位的价值影响不同，因此往往通过经验法或者统计的方法对不同的报酬要素赋予不同的权重，这个过程反映了组织对于不同职位重要性的看法，往往与组织的战略、文化、价值以及规模、行业等有关。表8-16表示了不同报酬要素所占的不同权重。

表3-16 报酬要素权重分布

报酬要素	权重
对组织的价值	30%
管理与监督	25%
沟通	10%
能力	20%
体力消耗	10%

续表8—16

报酬要素	权重
工作条件	5%
合计	100%

(3) 对报酬要素的不同等级作出界定并确定对应的点值。

对每一种报酬要素划分不同的等级,并对每一种报酬要素的不同等级水平进行明确的界定,每一报酬要素的等级数量取决于被评价职位的差异性,差异越大,则报酬要素的等级数量划分越多;反之亦然。等级水平的界定应当明确、规范,各个水平之间不产生歧义,且各个水平之间保持一定的差异。报酬要素权重分配之后,需要对报酬要素不同等级设定合适的点值。通常来讲,点值数额越大,表示价值越高,如果职位数量多,则价值差异大,各报酬要素的点值合计就高;反之亦然。表8—17以能力这一报酬要素为例说明不同的等级划分及其对应的点值。

表8—17 能力的等级划分及点值对照表

层次	不同层次的界定	点值
1级	基础能力:具有完成工作所需要的单一、简单的能力,并未受过专业的教育培训	10
2级	一般能力:能够按照一定的规范化、程序化的制度完成工作所需的操作,如实验室管理、机器维修、会计等	20
3级	专项能力:熟悉某专业领域,能够将所需的基本原理和知识结合实际问题,独立开展工作并提出建设性的对策和建议,具有独当一面的工作能力	30
4级	综合能力:熟悉某一个或某几个领域的专业知识,能综合使用各类知识和技能系统而专业地解决问题,具有较强的综合分析能力和组织协调能力	40
5级	领导能力:可以全面领导几个领域的工作,熟悉多方面的专业知识,能全面领导组织内的重大项目工作,能够在复杂多变的环境中综合解决问题,具有战略管理和领导能力	60

(4) 建立职位等级结构。

依照以上步骤对组织内的每一个职位都进行职位评价并计算出评价的点值,按照点值的高低进行排序,用等差或差额累进的方法对职位进行等级划分,并绘制职位等级表。

要素计点法的优点在于评价的标准明确,评价过程更为精确,结果更容易被员工所接受,不同职位可以通过所取得的点值的总分进行比较,能够广泛应用于各类组织、各类员工的职位评价。但它要求组织必须有详细的职位分析,有时还需要结构化的职位调查表,方案的设计和实施的专业性要求也较高。此外,要素计点法仍然不能完全摆脱人们主观性的影响。

5. 海氏职位评估法

海氏职位评估法是由美国合益公司创始人艾德华·N·海（Edward N. Hay）于1943年提出的，是全球第一套科学的、量化的职位评价方法。海氏职位评估法包括3个一级普适性因素，分别是技能水平、解决问题的能力、承担的职务责任因素（见表8-18）。技能水平是职位的投入要素，解决问题能力是职位的工作过程要素，承担的职务责任因素是职位的产出要素，评价结果判断的标准是对职位类型与特性的分析。海氏职位评估法因其评价的客观性和全面性而广为人知。

表8-18 海氏职位评估法

岗位的普适性因素	成 分	层 级
技能水平	专业理论知识	• 基本的 • 初等业务的 • 中等业务的 • 高等业务的 • 基本专门技术 • 熟练专门技术 • 精通专门技术 • 权威专门技术
	管理诀窍	• 起码的 • 有关的 • 多样的 • 广博的 • 全面的
	人际技能	• 基本的 • 重要的 • 关键的
解决问题的能力	思维环境	• 高度常规性的 • 常规性的 • 半常规性的 • 标准化的 • 明确规定的 • 广泛规定的 • 一般规定的 • 抽象规定的
	思维难度	• 重复性的 • 模式化的 • 中间型的 • 适应性的 • 无先例的

续表8—18

岗位的普适性因素	成 分	层 级
承担的职务责任	行为自由度	• 有规定的 • 受控制的 • 标准化的 • 一般性规范的 • 有指导的 • 方向性指导的 • 广泛性指导的 • 战略性指导的 • 一般性无指引的
	职务对后果形成所起的作用	• 后勤性作用 • 咨询性作用 • 分摊性作用 • 承担主要责任
	职务责任	• 微小的 • 少量的 • 中级的 • 大量的

四、薪酬调查与薪酬定位

（一）薪酬调查

1. 薪酬调查的定义和分类

薪酬调查是组织通过收集信息了解其他组织尤其是竞争对手的薪酬管理状况，用于组织调整薪酬水平或薪酬结构、估算竞争对手的劳动力成本、了解薪酬管理发展的变化趋势的系统过程。薪酬调查的内容通常包括任职资格、岗位职责、薪酬水平、薪酬结构等方面的信息。

从调查的方式来看，薪酬调查可以分为正式薪酬调查和非正式薪酬调查；从组织者的方式来看，薪酬调查可以分为政府薪酬调查、商业性薪酬调查、专业性薪酬调查。政府薪酬调查通常是指由各国政府的劳动部、统计等部门进行的薪酬调查；商业性薪酬调查通常指由咨询公司受客户的委托进行的调查或咨询公司主动进行的调查，翰威特、合益、美世等国际著名咨询公司以及国内的太和等咨询公司都会发布一些薪酬数据；专业性薪酬调查是由专业的协会针对薪酬状况进行的调查。

2. 薪酬调查的渠道和步骤

薪酬调查的渠道通常有组织之间相互调查、委托专业机构调查、查询公开信息三类。组织之间相互调查是薪酬调查最可靠也是最经济的渠道，但由于薪酬信息是公司的机密，通过这个途径极难取得竞争对手的薪酬信息；组织还可以支付一定的费用委托专业机构调查或者购买薪酬数据;查询公共信息通常是指查询招聘公告、政府部门发布的薪酬指导线等,其信息来源比较广泛。

薪酬调查主要有以下步骤(如图8-3所示):

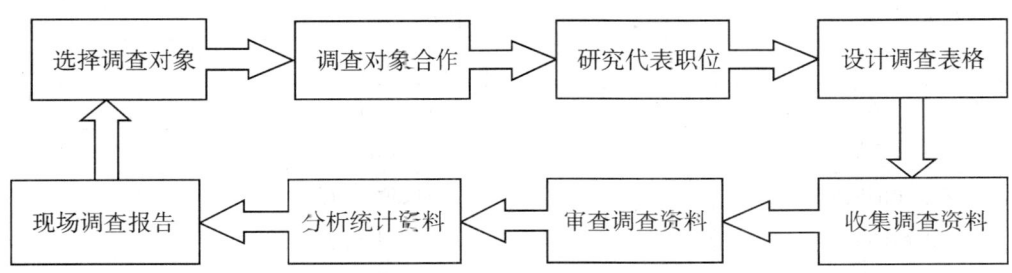

图 8-3 薪酬调查流程

(1) 确定薪酬调查的方式和所需收集的薪酬信息。

首先根据薪酬调查的需要确定薪酬调查应当采取的方式,通常来讲组织都会委托第三方进行商业性薪酬调查,这样有利于获取更为全面和真实的信息,但是必须选择信誉良好、业内资深的薪酬调查公司。所需收集的与薪酬相关的信息主要有组织信息,包括组织性质、财务状况、组织规模、市场地位,有关薪酬体系设定、薪酬管理政策的信息,以及基准岗位的信息,如岗位职责、股票期权、股权计划等长期激励以及各种福利。

(2) 确定调查对象和数量。

通常来讲,需要进行薪酬调查的组织主要是与本组织从事同类产品或服务的竞争对手,聘用同类性质技术人员或管理人员的组织,同一区域内市场地位、组织规模类似的组织。对于调查的数量没有明确的规定,但应当尽量多的选取具有代表性的调查对象,以保证调查结果的真实有效。

(3) 选择调查的层次和职位。

调查的层次因调查的需要不同而不同。薪酬调查的职位可以采用基准职位确定法、全球定位法、薪酬极端定位法确定。

(4) 薪酬调查的实施。

薪酬调查主要通过访谈法和调查问卷法进行。薪酬调查问卷的内容通常包括组织信息调查、岗位信息调查、薪酬水平、薪酬结构、薪酬政策的调查(见表8-19)。

表 8-19 薪酬调查问卷表

有关公司的基础资料			
公司名称		公司性质	
行业属性		员工人数	
是否参加行业组织		公司内部有无工会	
上年度营业额		公司地址	

续表8—19

员工个人基本情况调查			
姓名		性别	
出生年月		学历	
专业		所获资格证书	
所在部门和岗位		岗位的主要职责	
所在岗位任职资格		参加工作的时间	
在该公司的时间		在该岗位的时间	
上次加薪的时间		对薪酬现状的了解程度	
对整体薪酬的满意程度		对自己薪酬的满意程度	
薪酬构成及水平调查			
基本工资	每年（　　）元	年终奖金	每年（　　）元
年终分红	每年（　　）元	出差补贴	每天（　　）元
交通补贴	每月（　　）元	通信补贴	每月（　　）元
高温补贴	每月（　　）元	防寒补贴	每月（　　）元
购车补贴	每月（　　）元	加班补贴	每月（　　）元
子女费补贴	每月（　　）元	工作餐补贴	每月（　　）元
住宿补贴	每月（　　）元	生日补贴	每年（　　）元
节假日补贴	每年（　　）元	其他补贴	每年（　　）元
养老保险	每月（　　）元	医疗保险	每月（　　）元
工伤保险	每月（　　）元	失业保险	每月（　　）元
生育保险	每月（　　）元	住房公积金	每月（　　）元
在职培训	每年（　　）元	带薪休假	每年（　　）天
其他（请列明）			

● 您对您的薪酬状况是否满意？

　　□非常满意　□比较满意　□一般　□不太满意　□很不满意

● 您认为薪酬是否应该公开？

　　□应该公开　□不应该公开　□无所谓

● 您比较认同的薪酬结构：（可多选）

1. 经济性报酬

　　□月薪　□月度奖金　□季度奖金　□年终奖金　□项目奖金　□公积金
　　□社会保险　□商业保险　□交通和通信补贴　□过节费　□其他_____

2. 非经济性报酬

　　□休假　□培训　□带薪旅游　□文娱活动　□体检　□工作餐　□员工宿舍
　　□交通车　□其他_____

续表8-19

● 您认为以下哪些因素是决定薪酬差异的主要原因？（可多选）
□工作年限　□文化水平　□工作技能　□工作负责程度　□工作责任　□工作紧张程度 □工作负荷量　□工作质量　□工作时间　□其他

（5）对调查结果的分析和利用。

薪酬调查结束后通常需要对调查结果进行分析，去伪存真，确保薪酬数据的真实性和有效性。数据分析的方法主要有频次分析、趋中趋势分析、离散分析、回归分析等。经过分析后的薪酬调查结果最终形成薪酬调查报告，作为薪酬水平和薪酬结构调整的参考（见表8-20）。

表8-20　薪酬调查报告

职位：财务经理 行业：化工/能源 省/市：北京市 编码：Fin-M-010					
职位描述					
1. 中层管理职位，负责其功能领域内主要目标和计划。制定、推荐或协助上层执行相关的政策和制度。 2. 负责部门的日常管理工作及部门员工的管理、指导、培训及评估。 3. 指导并协调财务稽核、审计、会计的工作，并监督其执行。 4. 制定、维护、改进公司财务管理程序和政策，制订年度、季度财务计划。 5. 向公司管理层提供各项财务报告和必要的财务分析。 6. 负责组织公司的成本管理工作，进行成本预测、控制、核算、分析和考核，确保公司利润指标的完成。					
快速索引数据		福利分析		享有者比例（%）	
全国本年平均年薪（元）	67 896	培训计划		65	
城市本年平均年薪（元）	96 520	补充医疗、人身、养老保险		84	
本行业本年平均年薪（元）	102 454	房贴/补充住房公积金/住房基金		38	
预计2005年增幅（%）	7.42	股票期权		6	
本科以上学历比例（%）	52	分红		10	
平均工作年数	10.2	轿车		15	
本行业总样本数	35	有薪假期（天）		9	
本行业薪酬水平按公司性质分布					
公司性质	中位值	第75个百分位值	第90个百分位值	平均值	相当于平均年薪的倍数
外商独资（欧美企业）	155 049	221 391	314 412	186 693	1.82
外商独资（非欧美企业）	103 298	147 497	209 471	124 381	1.21
合资/合作（欧美企业）	105 967	151 308	214 883	127 595	1.25

续表8-20

合资/合作（非欧美企业）	85 892	122 643	174 173	103 422	1.01
民营/私营企业	75 078	107 202	152 245	90 401	0.88
国有企业	72 382	103 352	146 777	87 154	0.85
行业平均	85 088	121 495	172 543	102 454	1.00

薪资组成分析				
公司性质	外商独资（欧美企业）		汇总	
薪资项目名称	享有者比例（%）	平均值	享有者比例（%）	平均值
月基本工资		13 366		6 789
月固定津贴（房贴、交通、通信补贴等）	21	1 872	46	815
月奖金收入（奖金、佣金、提成等）	15	1 080	34	1 494
月总收入		13 932		7 672
年奖金收入（年底/年中奖金、双薪）	95	20 536	78	13 319
总年薪		186 693		102 454

综合分析								
			工作年资（年）					
公司性质		元·年	...	...	...	...	...	...
外商独资（欧美企业）	中专	平均值	—	55 708	78 465	111 055	113 595	116 496
		中位值	—	40 852	70 563	91 962	96 015	95 941
		第75个百分位值	—	61 278	88 761	125 981	132 460	142 012
		第90个百分位值	—	73 534	135 927	172 075	191 263	203 101
	大专	平均值	—	69 663	98 120	138 875	142 051	145 678
		中位值	—	51 086	88 239	114 998	120 067	119 974
		第75个百分位值	—	76 629	110 996	157 539	165 642	177 587
		第90个百分位值	—	91 955	169 977	215 180	239 175	253 978
	本科	平均值	—	96 540	135 977	192 456	196 857	201 883
		中位值	—	70 796	122 284	159 367	166 392	166 263
		第75个百分位值	—	106 194	153 820	218 321	229 550	246 103
		第90个百分位值	—	127 432	235 557	298 200	331 453	351 968
	硕士	平均值	—	163 480	230 264	325 904	333 358	341 869
		中位值	—	119 886	207 075	269 872	281 767	281 549
		第75个百分位值	—	179 828	260 479	369 704	388 720	416 751
		第90个百分位值	—	215 794	398 892	504 972	561 282	596 022
	所有学历	平均值	—	92 846	130 775	185 092	189 325	194 159
		中位值	—	68 087	117 605	153 270	160 025	159 902
		第75个百分位值	—	102 131	147 935	209 968	220 767	236 687
		第90个百分位值	—	122 557	226 545	286 791	318 772	338 501

续表8-20

所有公司性质	中专	平均值	—	30 571	43 060	60 945	62 339	63 931
		中位值	—	22 419	38 724	50 467	52 691	52 651
		第75个百分位值	—	33 628	48 710	69 136	72 692	77 934
		第90个百分位值	—	40 354	74 594	94 431	104 961	111 458
	大专	平均值	—	38 229	53 847	76 212	77 955	79 945
		中位值	—	28 035	48 424	63 109	65 891	65 840
		第75个百分位值	—	42 052	60 912	86 454	90 901	97 456
		第90个百分位值	—	50 463	93 280	118 087	131 254	139 378
	本科	平均值	—	52 979	74 622	105 616	108 031	110 790
		中位值	—	38 851	67 107	87 458	91 312	91 242
		第75个百分位值	—	58 277	84 413	119 810	125 973	135 057
		第90个百分位值	—	69 932	129 269	163 647	181 895	193 153
	硕士	平均值	—	89 715	126 364	178 850	182 940	187 611
		中位值	—	65 791	113 639	148 101	154 628	154 509
		第75个百分位值	—	98 686	142 946	202 886	213 322	228 705
		第90个百分位值	—	118 242	218 904	277 119	308 021	327 085
	所有学历	平均值	—	50 952	71 767	101 575	103 898	106 551
		中位值	—	37 365	64 539	84 111	87 819	87 751
		第75个百分位值	—	56 047	81 184	115 226	121 153	129 889
		第90个百分位值	—	67 257	124 323	157 386	174 936	185 763

外语水平分布					
	一般	良好	熟练	精通	所有
分布比例（%）	35	39	20	7	100
平均值	80 926	97 478	126 187	172 293	102 454
相当于平均年薪的倍数	0.79	0.95	1.23	1.68	1.00

资料来源：刘昕：《薪酬管理》（第二版），北京：中国人民大学出版社，2007年版，第233～235页。

（二）薪酬定位

薪酬定位是指确定组织薪酬水平在外部劳动力市场地位的过程，目的在于确定合理的薪酬水平，合理控制劳动力成本，保留和激励员工并对外树立良好的组织形象。薪酬定位是薪酬管理的关键环节，它直接决定了组织薪酬的对外竞争性。

薪酬定位通常有领先型、追随型、滞后型三种基本形式。领先型是指组织的薪酬水平明显高于劳动力市场的平均水平，追随型是指组织的薪酬水平与劳动力市场的平均水平基本持平，滞后型是指组织的薪酬水平低于劳动力市场的平均水平。另外，有些组织还针对不同的员工类型采取了不同的薪酬定位策略，如对研发类和营销类员工采用领先型薪酬定位，对管理类员工采用追随型薪酬定位，对辅助人员采用滞后型薪酬定位，从而形成混合型的薪酬定位策略。各类薪酬定位策略与薪酬目标的关系如表8-21所示。

表 8—21　薪酬策略与薪酬目标关系表

薪酬定位	薪酬目标				
	人才吸引力	人才保持力	成本控制	降低对收入的不满	提高劳动生产率
领先型	好	好	不确定	好	不确定
追随型	中	中	中	中	不确定
滞后型	差	不确定	好	差	不确定
混合型	不确定	不确定	好	不确定	好

资料来源：姚凯：《企业薪酬系统设计与制定》，成都：四川人民出版社，2008 年版，第 139 页。

五、薪酬结构设计

（一）薪酬结构的内涵

完整的薪酬结构通常包括薪酬等级数量、同一薪酬等级内部变动范围以及相邻薪酬等级之间的交叉重叠关系三部分。薪酬等级是指薪酬结构所确定的不同薪酬层

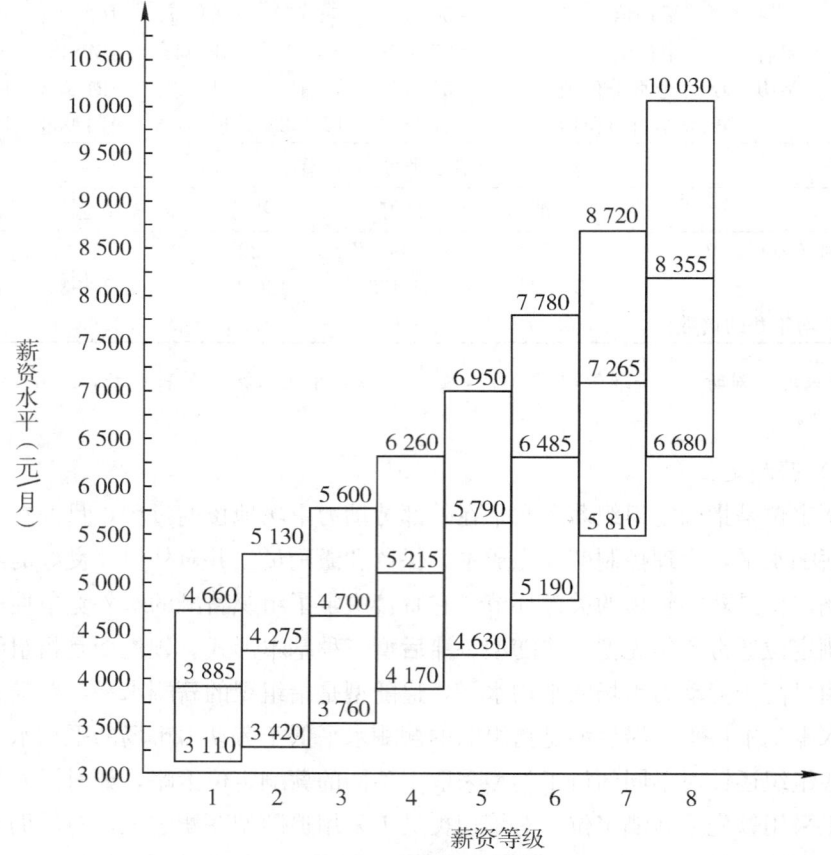

图 8—4　**薪资结构模型**

资料来源：刘昕：《薪酬管理》（第二版），北京：中国人民大学出版社，2007 年版，第 246 页。

级的数目，薪酬等级的多少取决于组织的结构设计和工作流程；同一薪酬等级内部变动范围指某一薪酬等级内部允许变动的最大幅度。理论上讲，相邻薪酬等级的薪酬区间可以设计成交叉重叠的，也可以设计为无交叉重叠的薪酬结构，但在实践中，多数组织倾向于设计有交叉重叠的薪酬结构。薪资结构模型见图8-4所示。

（二）薪酬结构设计的步骤

1. 按照职位评价确定的职位点数对职位初步分组

经过职位价值评价之后，各个岗位的点值可能会有所不同，但有一些岗位的点值会和另一些职位的点值非常接近，因此可以将这些职位点值较为接近的职位分为一组，初步划分职位的等级。

2. 确定职位等级的数量以及点数变化的范围

在初步分组的基础上，需要考虑职位等级的数量。这取决于组织中职位的数量和职位之间的差异，同时还受组织薪酬理念、组织文化以及组织业务运行模式的影响。合理的职位等级数量有利于组织在不增加薪酬的情况下对员工合理调配。通常先确定某一职位等级的最低点数和最高点数，通过职位等级点数恒定比率或差异比例的方法确定组织职位等级的数量以及各个等级最高和最低的点数值。

3. 确定薪酬区间的中值和浮动幅度

将薪酬调查的数据和职位评价的点数一一对应起来，经过一系列数据处理之后会得到各个职位等级所对应的薪酬区间中值。按照经验判断，高级管理职位的浮动幅度通常为60%～120%，中级专业或管理人员的浮动幅度通常为35%～60%，而办公室文员和生产职位的浮动幅度为10%～25%。

4. 建立薪酬结构

在充分考虑各职位内部价值差异和外部劳动力市场竞争性的前提下，通过确定各个职位等级薪酬区间的变动建立起合理的薪酬结构。一般来讲，薪酬结构中相邻的两个职位等级会出现不同程度的重叠，同一职位等级中的不同小的层次也会出现一定程度的重叠，重叠程度取决于组织的薪酬文化和对职位的价值判断。

案例8-2 解剖朗讯的薪酬管理

以贝尔实验室为依托的朗讯公司是国际知名的通信技术公司，致力于发展宽带和移动因特网基础设施以及通信软件、半导体和光电子设备等。富有特色的薪酬管理是朗讯成功的重要基石。

朗讯的薪酬结构由保障性薪酬和业绩薪酬两部分组成。保障性薪酬主要和员工的岗位相关联，业绩薪酬则和员工的工作成效紧密挂钩，是朗讯薪酬的主体。在朗讯，非常特别的一点是，朗讯中国的所有员工的薪酬都与朗讯全球的业绩有关，这是朗讯全球执行GROWS行为文化的一种体现。朗讯为此设立了一个专项奖——LU、CENTAWARD，也称全球业绩奖。朗讯销售人员的待遇中有一部分专门属于销售业绩的奖金，业务部门根据个人的销售业绩，每一季度发放一次。

朗讯公司在执行薪酬制度时，不仅仅看公司内部的情况，而是将薪酬放到一个系统中考虑。朗讯的薪酬政策有两方面的考虑，一方面是保持自身薪酬水平在市场上具有相当的竞争力。为此，朗讯每年委托专业的薪酬调查公司进行市场调查，了解外部人力资源市场的宏观薪酬水平，这是大公司在制定薪酬标准时的通常做法。另一方面的考虑是人力成本因素。综合考虑以上两个因素之后，人力资源部会根据相关情况给公司提出薪酬的原则性建议，指导所有的薪酬管理工作。在实际操作中，人力资源部通常就各类薪酬分析报告的结果和业务部门主管进行沟通，并确定每部门的季度或者年度薪酬预算总额，主管允许在预算范围内，根据公司的薪酬政策对员工的待遇做出适当调整决定，人力资源部对公司的整体薪酬预算和薪酬控制负责。

第四节　可变薪酬

可变薪酬是指按照员工个人、工作团队或组织业绩而支付给员工个人或工作团队的具有激励性质的各类薪酬的总称。可变薪酬与基本薪酬相比具有明显的激励性，可以促进员工改进业绩表现，提高生产效率。按照时间长短，可变薪酬可以分为短期可变薪酬和长期可变薪酬，短期可变薪酬主要指计件工资计划、计时工资计划、奖金、绩效工资、绩效加薪，长期可变薪酬包括员工持股计划、股票期权计划等；按照激励对象可以分为个人可变薪酬和群体可变薪酬，个体可变薪酬包括奖金、绩效工资、绩效加薪等，群体可变薪酬主要包括小组奖励计划、利润分享计划、收益分享计划等。

一、个人可变薪酬计划

（一）计件工资计划和计时工资计划

计件工资计划和计时工资计划是最为常见的个人奖励计划，广泛运用于确定工人的可变薪酬。计件工资计划有直接计件工资和差额计件工资两类。直接计件工资计划首先确定单位时间内的标准产量，根据实际产出水平按照统一的计件工资率来计算应得薪酬。差额计件工资是直接计件工资的变种，也称泰勒制，由科学管理理论的创始人泰勒最早提出。差额计件工资计划使用两种不同的计件工资率，一种是较低的计件工资率，适用于产出低于或等于标准产量的员工；另一种是较高的计件工资率，适用于产出高于标准产量的员工。在这种制度下，较高产出的员工会得到更高的薪酬，会对员工产生较大的激励。

计时工资计划最早实行的是标准工时制，指首先确定中等技术水平的工人在正常条件下完成一定工作所需要的时间，然后再确定该工作的标准工资率，即根据员工完成工作的时间支付薪酬。如果工人技术娴熟，完成同样工作所需的时间低于标准时间的，在计算工资时，依然按照标准工资率计算。后来产生了海尔赛（Halsey）奖金制和罗曼（Rowan）制两种变种。海尔赛奖金制是指员工由于节约时间而带来的收益由工人和组织平均分享（各占50%）；罗曼制的指导思想和海尔赛奖金制相似，但收益的分配比例不是五五开，而是根据工人节约时间的多少确定。假设完成某工作的标准时间是10小时，如果工人A用了8小时就完成了，则工人A得到的奖励占收益的20%；如果工人A用了9小时就完成了，则工人A得到的奖励占收益的10%。

（二）绩效奖金

绩效奖金是与员工绩效水平相关的可变薪酬计划，由于其激励效果良好且手续简便易行而广泛运用于各类组织。绩效奖金往往根据员工在一定时期内（月度、季度、半年、一年）的绩效评估结果，以一定比例的基本工资作为对员工绩效表现认可的可变薪酬制度。绩效奖金通常采用基本薪酬乘以特定的绩效系数或百分比的方式来确定。绩效奖金一方面有利于激励和保留工作表现优秀，对组织作出重要贡献的员工，另一方面也可以根据经营状况的不同进行适当的调整，有利于控制薪酬成本的增加，不会对组织形成较大的累进型成本压力，具有较强的灵活性。

（三）绩效调薪

绩效调薪也是与绩效评估结果相关的一种可变薪酬激励计划，主要与员工的工作能力和工作成果相关，分为绩效加薪和绩效减薪两种，是对员工取得成绩的肯定或对绩效不良员工的警示。绩效调薪通常是在绩效评估结束之后按照组织的薪酬管理制度调整员工的基本薪酬。区别于绩效奖金等一次性激励的是，绩效调薪是基本薪酬在一定时间段内永久性的调整。调薪的幅度通常根据员工的表现状态、原薪酬水平以及调薪频率决定，一般在1%~20%之间，调薪的频率通常有一年调薪一次或几年调薪一次等多种方法。

该计划使高绩效者获得较大的加薪幅度，低绩效者加薪的幅度较小甚至被减薪，制度容易理解和管理，容易和员工沟通。以绩效和薪酬水平为变量的绩效调薪计划通常首先判断员工的薪酬水平和市场平均薪酬的比率，在绩效表现既定的情况下，如果员工薪酬高于市场平均水平，组织则相应的降低加薪幅度，如果员工薪酬低于市场平均水平，组织则相应的提高调薪幅度。以绩效、薪酬水平和时间为变量的绩效调薪计划中，绩效表现好的员工的加薪幅度更大、加薪频率更高；绩效表现一般的员工可能需要等待很长时间才能获得较小幅度的加薪；绩效表现较差的员工甚至可能被减薪，因此该计划有利于激励绩效优异的员工。

二、群体可变薪酬计划

（一）小组奖励计划

小组奖励计划属于群体可变薪酬计划，是指小组实现了预先设定的有关产量、成本节约等方面的绩效标准后，由组织发给小组一定的奖金。组内奖金分配的方式通常有三种：第一，不论贡献多少，平均分配奖金；第二，根据组员对小组贡献的大小确定奖金金额；第三，根据每个组员基本工资占小组成员工资总数的比例确定奖金金额。小组奖励计划奖励员工的集体绩效而非员工的个人绩效，增加了员工对决策的参与程度，促进了团队创新，不仅提高了生产效率，而且有利于引导团队精神的培养和提高组织忠诚度。

（二）利润分享计划

利润分享计划是指组织按照销售收入、利润水平等财务指标的考核结果及预先设定的方案向员工支付可变薪酬的激励计划。组织通常会要求较高的绩效指标，如超额完成销售额和销售收入，利润和利润率高于预定目标等。利润分享计划通常以现金或者延期支付（与退休计划联系）的形式支付。

利润分享计划使组织成员的收入和组织的经营绩效挂钩，促使员工更加关注组织的财务绩效，增强员工的使命感和责任感。利润分享计划不进入员工的个人基本薪酬，有利于组织控制薪酬成本，避免薪酬总额过快上升，组织可以根据经营绩效灵活调整薪酬水平和薪酬总额。但利润分享计划不会直接推动员工和团队改变其行为，普通员工对于组织的最终绩效感知模糊，因此适合于小型组织或者小型的事业单位。

（三）收益分享计划

收益分享计划是组织与员工分享因为生产效率提高、成本降低所带来的收益，它将个人的工作目标和组织的整体目标连接起来，强调组织绩效的改进既取决于员工的技术改进，也取决于团队的共同努力。其优点在于可以激励从事间接服务的员工，鼓励员工对生产、工艺、质量、成本等方面提出改进的建议和意见，提高个人工作和团队工作的成就感。收益分享计划主要有斯坎伦计划（Scanlon Plan）、鲁克计划（Rucher Plan）两种。

斯坎伦计划是收益分享计划的最早形式，最早由约瑟夫·斯坎伦于20世纪30年代提出，用于解决组织面临困境、员工工作积极性不高的困境。该计划认为如果工厂劳动力成本占产品销售额的比例低于某一指定的标准时，组织应当付给员工一定的货币奖励。该计划实施成功的要点在于确定收益增加的来源并确定分享总额和员工分享系数，收益增加的来源主要是生产效率的提高、次品率的下降、材料的节约，分享的金额和系数则需要根据组织的具体情况计算。

鲁克计划又被称为产量份额计划，通常是针对生产工人，是建立在员工所创造的产品价值与员工总收入之间的个人激励计划。鼓励员工参与，奖励以货币化的形式给予。

三、短期可变薪酬计划

短期可变薪酬计划主要是指激励周期在一年以下的各类可变薪酬。短期可变薪酬在很大程度上与个人可变薪酬计划重叠，主要包括计时工资、计件工资、奖金、绩效工资、绩效加薪等。短期可变薪酬的特点是当期支付、激励效果好，但缺乏对长期绩效评估的考虑，可能会导致员工的投机行为和逆向选择。

四、长期可变薪酬计划

股权激励计划是一种长期的激励计划，一般根据3~5年的绩效评估结果对员工进行激励，该计划有利于激励员工关注组织的长期绩效，避免员工的短期行为。股权激励计划最初用于激励高层管理人员，后来随着这项计划的成熟和发展，被逐渐用于激励中层管理人员甚至普通员工。股权激励分为股票持有计划和期权期股计划。

（一）股票持有计划

股票持有计划又分为经理持股计划和员工持股计划。经理持股计划是指经理人按照与资产所有人约定的价值出资购买一定数量的本组织股票，凭借对股权的所有权获取资本收益的激励方法；员工持股计划是指组织内部员工出资认购本组织的部分股权并委托员工持股管理委员会管理运作，员工持股管理委员会代表持股员工参与组织决策和分红的新型股权激励方式。由于经理层通常知悉组织的经营和财务等机密信息，为避免内幕交易，经理持股计划通常对股票的获得、股权管理、禁售期、持股比例有严格的规定，避免管理层的投机行为或短期行为。美国是较早推行员工持股计划的国家，我国员工持股主要伴随着国有企业股份制以及股份合作制改造而产生，资金通常来自职工自愿出资认购和提取员工薪酬福利基金的一部分向员工配发股份或股权，员工以持股总额对公司承担有限责任。

（二）股票期权计划

股票期权计划是授予经理人或者主要员工在规定时间内以事先确定的价格购买一定数量组织股票的权利，购股价通常参照组织的资产总额和市场行情确定，如果组织上市之后股票价格高于购股价，员工可以选择按照相关约定行权，溢价部分为员工的收益，如果股票价格低于购股价，员工可以放弃该项权利。

期股计划是指资产所有者预留一部分股票到经理个人账户，经理人达到预期业绩或达到预期时间后予以兑现，只要经营业绩达到预期标准就可以花很少的钱或者不花钱获得一定的股份，但期权只有分红、转让、继承等部分权利，主要着眼于中长期收益。

在人力资源管理的实践中，可变薪酬的确定往往不会严格区分短期可变薪酬和长期可变薪酬，也不会严格区分个人可变薪酬和群体可变薪酬，通常是各种可变薪酬形式结合使用。例如，某公司研发部攻克了国家级技术难题并申请了国家专利，其可变薪酬的形式可以采用一次性发放奖金、提高当月绩效奖金，也可以对核心研发成员授予股票或期权；可以只奖励核心研发成员，也可以奖励整个研发团队，没有固定的形式，往往由公司根据实际情况统筹考虑。

第五节 员工福利

员工福利是组织提供给员工的实物、服务等间接薪酬，员工福利通常包括健康福利、带薪休假、实物、员工服务等。与基本薪酬相比，员工福利往往采用实物支付或者是延期支付的方式，员工的福利和工作绩效没有必然的联系，只要是为组织服务的员工就能公平地享受各类福利补贴和福利服务。福利还具有集体性和补充性的特点，集体性是指员工主要通过集体消费来分享公共服务，补充性是指福利是员工基本薪酬和可变薪酬的有益补充，各类不同的福利项目有利于满足员工不同的需求，提高员工对薪酬的满意度。

一、员工福利的概述

员工福利从性质上通常可以分为法定福利和非法定福利两类，法定福利通常包括社会保险、住房公积金、法定节假日，非法定福利则包括补充养老保险、员工服务、商业保险、文娱活动等。

（一）法定福利

法定福利是国家通过有关法律法规规定的员工必须享受的福利，具有强制性，法定福利旨在为员工提供生活和工作上的基础保障，目前主要包括三大类。

1. 社会保险

社会保险是指国家通过立法采用强制手段对国民收入进行再分配，以保证社会成员在遇到退休、生病、因公受伤及遭遇重大灾害或变故时，能够通过提供物质或服务来保障社会成员基本生活的社会制度。我国社会保险分为养老保险、医疗保险、工伤保险、生育保险、失业保险五大类，分别用于保障员工遇到退休、生病、因公受伤、生育、失业时的基本生活。我国社会保险采用单位和员工共同缴费的形式筹集社会保险基金。

2. 住房公积金

根据我国《住房公积金管理条例》规定，住房公积金是指由单位和员工本人按照"个人缴纳、单位资助、专项使用"的原则建立起来的长期住房存储金，具有强制性、专业性等特点。住房公积金由单位和个人共同按照一定的比例缴纳，所缴纳的资金全部计入员工个人账户，归员工个人所有，用于购买住房、装修或大修住房等，有利于逐步缓解员工购房或建房的压力，提高员工的居住条件。

3. 法定休假

法定休假包括公休假日、法定节假日、带薪年休假三种。公休假是员工工作满一周之后应当休息的时间，每周不应少于一天；我国法定节假日主要包括春节、清明节、五一劳动节、端午节、国庆节、中秋节、元旦节等法律法规规定的休假日；带薪年休假是指劳动者工作满一年之后应享受的带薪休息日，我国目前的年休假按照工作时间的长短逐步累进,最短 5 天,最长不超过 15 天。

(二)非法定福利

非法定福利是组织为了提高员工的生活水平,满足员工不同层次的需求而提供的附加福利。非法定福利的项目丰富多样,其目的在于提高员工对组织的依赖度和忠诚度,提高组织的凝聚力,同时在社会上树立良好的社会形象,提高对优秀人才的吸引力。非法定福利的分类如表 8-22 所示。

表 8-22 非法定福利的分类

补充保险	服务	补贴	健康及保健
·补充养老保险 ·团体人寿保险 ·团体意外伤害险 ·健康医疗保险	·员工帮助计划 ·理财咨询 ·教育援助 ·儿童看护 ·老人看护	·独生子女补贴 ·交通补贴 ·通讯补贴 ·饮食补贴	·羽毛球协会 ·网球协会 ·登山 ·旅游

案例 8-3 好福利带来好工作

宝洁设在广州的中国总部里,不仅拥有良好的办公条件,而且不管是各品牌事业部的高级经理还是刚毕业的大学生,都在开放式的大办公区拥有同样大的办公桌,没有长幼尊卑之分,这种外化的平等氛围体现的是企业文化的精髓。近两年宝洁又推出了一些新的措施,无不体现出"以人为本"。

·弹性的工作时间——员工可以根据自己的工作计划进行合理的工作时间安排,只要保证早上十点和下午四点之间的核心工作时间,其他时间员工可以弹性安排。

·"个人离开"的假期——凡在公司工作超过一年的职员,可以因个人的任何理由,比如兴趣爱好、身心放松、陪伴父母等,每三年要求一个月,或者每七年要求三个月"个人离开"。

·"在家办公"新政——员工每周可选择一天在家办公。这项人性化办公新政的推出不仅充分考虑了员工生活与工作的有效协调,更实质性地改善了员工的生活质量。从 2007 年 3 月到 8 月,宝洁在全公司范围内开展了"在家工作"的试点工作。北京、广州两地的 75 名雇员参加了这次"实验"。结果 100% 的员工表示,"在家工作"政策使得生活和工作两者更为平衡;100% 的员工表示,这一天在家工作并没有影响到他们跟团队保持合作;100% 的员工表示,他们的生产力提高了;100% 的员工表示,他们的个人生活更美好。

二、员工福利管理

(一) 员工福利规划

在进行员工福利规划时应当充分考虑福利覆盖的对象、福利资金的来源、福利与其他薪酬的比例、员工选择的自主性。

员工福利规划应当针对不同的覆盖对象设计不同的福利项目。例如，对"单身汉"不能设计子女抚养或者子女教育的薪酬项目，而对于双方都在工作的夫妻而言，子女看护将是非常有激励性的福利。出于成本考虑的因素，还要对不同的对象设定不同的福利水平，通常来讲在组织服务的年限越长、对组织的贡献越大，则相应的福利水平也会越高。

福利资金的来源通常有组织公费、半自费和员工自费三种，对于不同的福利项目，融资的来源也不一样，员工福利当中以半自费的福利最为常见。

福利作为薪酬的重要组成部分，组织应当充分考虑基本薪酬、可变薪酬、员工福利三者在总薪酬中的比例，应当根据组织规模、经济实力、竞争对手的变化、不同的地区等因素及时调整，保持福利在薪酬总额中的合理比重，避免取消员工福利或者员工福利无限制地增长。

案例 8-4 耐克如何使员工与福利计划相匹配

为了吸引和留住技术员工，耐克公司在招募员工时会帮助这些员工丰富他们的福利安排。公司首先探讨了员工经常为买不起房子、不能送小孩去上大学或不能照顾年迈的父母而感到忧虑所导致的害怕、需求和期望，然后让员工团队设计出有更多选择但又没有增加成本的福利包。这些团队的选择通常有提供大学学费基金、照顾小孩和老人补贴、失去家人的假日补贴、汽车或家庭保险上的集体折扣、折旧抵押、法律服务以及财务计划指导等。

许多新的福利内容对公司来说相对比较便宜。为了进一步控制成本，耐克公司还给员工提供了一定的激励措施，如保证不吸烟或使用组织选择的医生网络会更优惠地享受福利。通过提供员工真正需要和关心的福利，耐克公司正在使它的"福利计划"的回报最大化。

(二) 员工福利沟通

通常来讲，员工对福利在很长时间内是不能切实感受到的，如果员工不了解福利的价值，就很难发挥福利的激励作用。因此，组织应当有计划地、持续地和员工进行福利沟通，让员工充分了解员工福利带给大家的好处。一般可以通过以下方式进行绩效沟通：

(1) 通过内部互联网。组织可以在内部网络或者 BBS 上开通有关员工福利的专门板块，就员工关心的福利问题进行讲解，宣传组织的福利政策，减少因沟通不畅带来的各种纠纷和牢骚。

（2）定期公布员工福利信息。每季度或每半年就福利计划的使用范围和福利水平、福利成本等向全体员工进行披露。

（3）制作福利手册。通过编写福利手册系统而详细地向员工介绍各类员工福利计划，包括福利计划的意义、手续办理等，内容应当尽量简明扼要，尽量少使用专业术语。

（三）员工福利成本控制

随着经济的发展和员工需求的日渐丰富，员工福利占薪酬总额的比重也在逐步增加。福利的不断增长导致了组织劳动力成本的不断增长，并最终影响了组织的市场竞争力。为了提高员工福利的效率，控制福利成本，美国的一些公司在福利成本控制方面做出了一些改革，主要的方法是：

（1）控制雇员人数；

（2）尽可能多地由员工承担一定的费用；

（3）按照销售收入的一定比例规定福利的上限；

（4）给组织中不同类型的员工提供不同标准的员工福利；

（5）福利业务外包，由外部更专业的人力资源咨询公司设计和办理福利业务，运用专业的知识增加对福利成本的控制；

（6）降低福利项目的收费标准。

第六节　薪酬管理的新发展

随着全球化步伐逐渐加快，国际竞争日益激烈，出现了全球范围内的全面重组和兼并，客户对组织的期望持续提高，对组织的整体能力和员工的素质提出了更高的要求；而员工也不断提高对组织的要求，忠诚度有所下降，这些给薪酬管理带来了很大的挑战。为了应对挑战，薪酬管理将会更加动态化和全面化。在薪酬设计方面，不同组织的薪酬将出现较大的分化，弹性设计和多轨制薪酬体系将更加流行，在管理过程中，将更加强调组织战略的领导作用和人性化因素。

一、战略性薪酬管理

战略性薪酬管理是指以组织的发展战略为目标，在薪酬决策中针对组织经营环境中的机会和威胁，充分考虑组织的宗旨和价值目标，将薪酬作为实现组织战略、赢得和保持竞争优势的手段，因此战略薪酬管理对组织的目标和组织面对的环境压力相当敏感。战略薪酬管理涉及以下问题：

（1）薪酬管理的目标：薪酬管理如何支持企业的经营战略？如何根据环境的变化调整薪酬战略？

(2) 实现薪酬内部公平性：如何构建公平合理的薪酬体系？
(3) 实现薪酬外部竞争性：组织在劳动力市场的薪酬水平定位。
(4) 科学管理薪酬系统：科学管理薪酬系统的设计、调整、运行和维护等。
(5) 薪酬的有效性：合理控制薪酬成本，提高薪酬成本的生产效率。

与传统的薪酬体系相比，战略薪酬管理更侧重根据组织的愿景、使命、组织战略、组织文化，以内部公平性、外部竞争性为原则，通过设立合理的薪酬管理体系，使薪酬管理成为实现组织目标、提高组织竞争力的重要促进因素。图8-5所示为战略性薪酬管理模型。

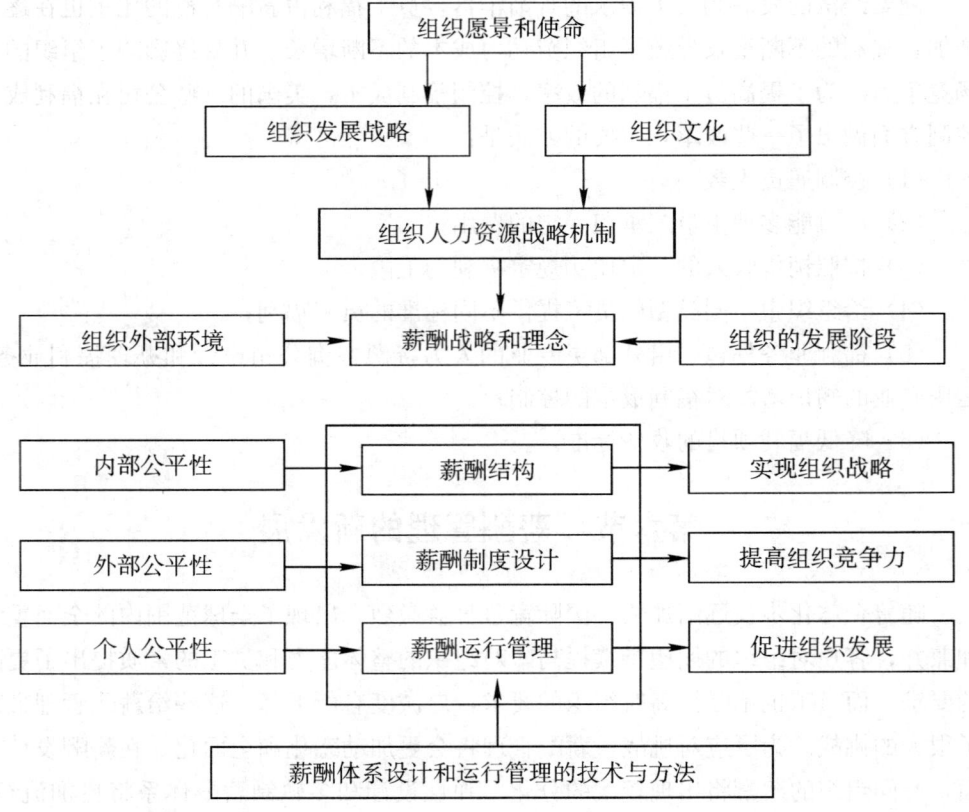

图 8-5 战略性薪酬管理模型

资料来源：张正堂，刘宁：《薪酬管理》，北京：北京大学出版社，2007年版，第29页。

二、宽带薪酬

宽带薪酬是对多个薪酬等级及薪酬级差进行重新组合，从而形成相对的具有较少的薪酬等级及更宽的薪酬变动范围的薪酬结构，它是对薪酬等级过多的窄带垂直型薪酬结构的改进和替代，是一种新的薪酬结构设计方法。宽带薪酬主张对工作难度和价值相当的薪酬等级合并，从而拉大薪酬等级的薪酬差距。典型的宽带薪酬结构不会超过 10 个薪酬等级，每个薪酬等级最高值和最低值的变动比率可能达到 200%~300%。

相比于传统的薪酬结构模式，宽带薪酬更支持知识经济时代的扁平化组织结构，有利于组织保持结构的灵活性和对外部环境的适应能力。在宽带薪酬体系下，员工的薪酬通常是由业绩水平和自身的综合素质决定的，淡化了职位概念，有利于组织内部统计职位调动，鼓励员工重视个人技能的发展和业绩的提高；有利于培养复合型人才，提高组织自身的竞争力。同时，宽带薪酬体系中的薪酬水平是通过市场薪酬调查结合本组织战略和支付能力确定的，定期对市场薪酬水平进行调查分析和及时的调整，有利于控制薪酬成本。

三、全面薪酬战略

20 世纪 90 年代以来，组织扁平化、柔性化管理和跨文化管理逐渐成为组织关注的焦点，而传统的基于组织科层体系和职位结构的薪酬结构不能满足现实组织发展的需要，近年来逐渐发展出以客户满意度为中心、鼓励创新、鼓励绩效改进的全面薪酬战略。

全面薪酬战略主要由以技能为基础的弹性工资体系、可变薪酬体系和间接薪酬体系三部分组成。与传统的薪酬管理相比，全面薪酬战略更加强调薪酬水平对劳动力市场的敏感性而不是内部的一致性，强调以绩效为基础的可变薪酬，鼓励员工横向流动和团队贡献。在全面薪酬战略下，竞争性的薪酬与竞争性的绩效结果直接挂钩，组织绩效衡量的指标通常是外部的、与客户有关的定量或定性指标，如市场占有率、生产力、客户满意度、新产品开发、技术领先状况、利润率等，组织会采用形式多样的激励计划对员工或工作团体的优秀绩效给予回报，员工薪酬的升降取决于个人、团队、组织的绩效。

四、弹性员工福利

由于传统福利项目设计整齐划一，不能满足不同员工的不同需求，在实践中往往很难起到理想的激励效果。因此，发达国家的公司率先在薪酬体系的框架内向员工提供不同的福利组合，从而形成了弹性福利计划。弹性福利计划又称为柔性化福利计划，即在预算范围内根据员工需求调查的结果，组合出一系列符合员工需求的福利项目供员工选择，其优点在于个性化和灵活性。目前较为流行的弹性福利计划有五种：

（1）附加型弹性福利计划：是指在现有的福利计划外增加不同的福利项目或者提高原来福利的水平，这是最为普遍的弹性福利计划。

（2）核心加选择型弹性福利计划：是指组织先确定一系列核心福利，如社会保险、住房公积金、人寿保险等员工必须拥有的福利项目，在此基础上由员工自由选择可以满足各自需求的福利项目。

(3) 弹性账户型福利计划：是指员工从税前总收入中提取一部分金额作为"账户"金额去购买组织提供的各类福利措施，这些金额必须当年用完且不能挪用。该计划账户金额在税前提取，可以不用交税，相当于增加了员工的净收入。

(4) 套餐型弹性福利计划：是指组织在一定的预算范围内推出不同的福利组合，由员工根据自身的需要选择不同的套餐。

(5) 补差型弹性福利计划：以原有的福利水平为基础，由组织提供由不同福利项目组成的价值不等的福利组合供员工自由选择。如果员工选中比原有福利水平高的福利组合，则组织从其薪酬中扣除一定的金额弥补差价，如果员工选中比原有福利水平低的薪酬组合，则由组织将差额补偿给员工。

案例 8-5 自助式福利方案

B公司是一家以鞋类销售为主营业务的公司，公司73%的员工都是销售类人员，人力资源部福利设计采取的是自助式。其主要步骤有：

第一步，福利项目调查。

采用访谈法和问卷调查法，了解员工的福利需求，然后将所收集的信息加以分类汇总，并在福利预算范围内给出不同的组合。

设计的福利项目有：带薪休假、探亲假（境内）、培训（内部培训、培训班、在职教育）、旅游（国内旅游、国外旅游）、福利体检、健身券等。

第二步，确定员工的"购买力"。

这里的"购买力"是一种虚拟信用形式，即根据员工工作年限、资历和绩效评估结果确定员工的购买点数，作为虚拟的"购买力"。这种点数具有公司信用，可作为公司范围内的交换媒介。在B公司中，将福利点数与薪酬点数相挂钩，员工每年可享有的福利标准为上年度平均月度薪酬点数的55%，且员工可按照一定授信额度，通过预支薪酬点数来购买福利。

第三步，为各福利项目定价。

福利项目定价是根据其现实价格，按照货币/福利点数比折算成相应的点数，即一个点数相当于现实货币多少。通常规定一个点数对应一元钱，对于那些不能用货币衡量的福利项目，如带薪休假和带薪旅游等则根据一定的标准折算成现值进行定价，再如对带薪休假的衡量，可以用休假期间的工资额和因不工作造成的损失来定价。

第四步，员工选择和购买福利项目。

当确定了员工所享有的福利标准和福利项目的价格之后，员工就可以选择自己所需要的福利项目类型了，可以是单项选择，也可以是多项选择，这取决于员工所享有的福利点数。B公司自助式福利实施程序如下：首先，人力资源部于每年年初向员工公告福利项目及点数，并告知员工其拥有的福利点数；其次，由员工严格按照相关规定选择或购买福利项目；最后，由人力资源部报上级审核并在通过后负责实施，相关部门应予配合。当出现员工储蓄福利点数或者购买力不足的情况时，允许员工进行逐年累积或者在一定范围内透支。

关键术语

报酬、薪酬、薪酬管理、战略薪酬管理、宽带薪酬、全面薪酬管理、基本薪酬、可变薪酬、间接薪酬、薪酬结构、职位薪酬体系、技能薪酬体系、薪酬等级、薪酬级差、职位价值评价、要素分类法、要素计点法、薪酬调查、个体可变薪酬计划、群体可变薪酬计划、员工福利

本章思考题

1. 报酬与薪酬有何异同？
2. 薪酬是由哪几部分构成的？
3. 薪酬管理的内容和原则是什么？
4. 如何选择适合本组织的薪酬模式？
5. 职位价值评价的方法有哪些？请举例说明。
6. 如何进行组织薪酬水平定位？
7. 如何进行薪酬结构设计？
8. 可变薪酬有哪些种类？
9. 如何进行员工福利管理？

本章案例

如何设计 M 公司的薪酬系统？

M 公司是一家合资公司，成立于 1994 年，是中国重要的电子产品生产销售厂商之一。该公司有员工 500 余人，在全国各省市设有办事处 20 个。随着销售额的不断上升和人员规模的不断扩大，现有的企业整体管理显得比较混乱。管理层希望引进国外先进管理经验，并结合公司的实际，使公司管理水平提高一个台阶。

公司的人力资源管理起步较晚，基础比较薄弱，尚未形成科学体系，尤其是薪酬福利方面问题比较突出。在早期，人员较少，单凭领导一双手、一支笔倒还可以分清楚给谁多少工资，但目前人员激增，只靠过去的老办法显然不灵，这样做带有很大的个人色彩，薪酬的公平性、公正性、对外的竞争性就更谈不上。于是他们聘请著名的管理咨询公司 C 公司就其薪酬体系进行系统设计。

C 公司管理顾问经过系统的分析诊断，就 M 公司薪酬管理存在的问题进行了整理，认为该公司在这方面存在的问题主要有：一是在薪酬分配原则上不明晰，内

部不公平。不同职位之间、不同个人之间的薪酬差别，基本上是凭感觉来确定。二是不能准确了解外部特别是同行业的薪酬水平，无法准确定位薪酬整体水平。给谁加薪、加多少，老板和员工心里都没底。三是薪酬结构和福利项目有待进一步合理化。固定工资、浮动工资、奖金的比例应为多少？如何有效地设立保险和福利项目？这些都需要细化。四是没有建立统一的薪酬政策，薪酬的确定和调整还是由领导的一句话决定，薪酬日常管理无章可循。

C公司管理顾问认为：解决薪酬分配问题需要一系列步骤，首先，需要有职位说明书，作为公司人力资源管理的基础。其次，在职位说明书的基础上，对职位所具有的特性进行重要性评价，确定关键岗位，对该公司的职位等级进行评定，最终形成公司职级图。再次，描绘出公司的薪酬曲线。另外，公司应委托专门的薪酬调查公司就同行业、同类别、同性质公司的薪酬水平进行调查，以获得市场上的薪酬数据作为参考，修正公司内部薪酬曲线。依据公司职级图、薪酬调查的数据、公司的业务状况以及实际支付能力，C公司对该公司的薪酬体系进行了设计，此项工作内容包括制定薪酬结构、制定不同人员的薪酬分配方法和薪酬调整办法、测算人力成本等。最后，形成公司可执行、公布的薪酬政策。

经过双方的紧密配合以及C公司管理顾问积极务实的工作方法，M公司领导对最终形成的方案十分满意，因为他们再也不用为每月发多少工资的这件事而头疼了。薪酬分配政策的公平性也消除了员工之间的猜疑，增强了其工作热情。

思考题：

1. 分析M公司薪酬体系存在的问题，谈谈你认为的C管理咨询公司在为M公司设计薪酬系统时采取的各个步骤之间的内在逻辑联系。

2. 你会如何帮助M公司设计薪酬系统？

参考文献

[1] [美]加里·德斯勒，曾湘泉. 人力资源管理（第10版，中国版）. 北京：中国人民大学出版社，2007

[2] 彭剑锋. 人力资源管理概论. 上海：复旦大学出版社，2003

[3] [美]雷蒙德·A·诺伊，等. 人力资源管理：赢得竞争优势（第5版）. 北京：中国人民大学出版社，2005

[4] 赵曙明，[美]罗伯特·马希斯，[美]约翰·杰克逊. 人力资源管理（第11版，中国版）. 北京：电子工业出版社，2008

[5] 董克用. 人力资源管理概论（第2版）. 北京：中国人民大学出版社，2007

[6] 郑晓明. 人力资源管理导论（第2版）. 北京：机械工业出版社，2005

[7] 姚裕群. 人力资源开发与管理概论（第2版）. 北京：高等教育出版社，2005

[8] 廖泉文. 人力资源管理. 北京：高等教育出版社，2006

[9] [美]约翰·M·伊万切维奇，赵曙明. 人力资源管理（原书第9版）. 北京：机械工业出版社，2005

[10] [美]劳伦斯·S·克雷曼. 人力资源管理：获取竞争优势的工具（原书第4版）. 北京：机械工业出版社，2009

[11] 全国高等教育自学考试指导委员会. 人力资源管理（一）：2004年版. 北京：高等教育出版社，2005

[12] 赵曼，陈全明. 人力资源开发与管理（第2版）. 北京：中国劳动社会保障出版社，2007

[13] 陆国泰. 人力资源管理. 北京：高等教育出版社，2000

[14] 于桂兰，魏海燕. 人力资源管理. 北京：清华大学出版社，2005

[15] 郭洪林，吴克禄，王霆. 企业人力资源管理. 北京：清华大学出版社，2004

[16] 张德. 人力资源开发与管理. 北京：清华大学出版社，2001

[17] 朱舟. 人力资源管理教程. 上海：上海财经大学出版社，2001

[18] 萧鸣政. 人力资源管理. 北京：中央广播电视大学出版社，2001

[19] 张爱卿，钱振波. 人力资源管理：理论与实践. 北京：清华大学出版

社，2008
[20] 付亚和. 工作分析（第2版）. 上海：复旦大学出版社，2009
[21] 萧鸣政. 工作分析的方法与技术（第2版）. 北京：中国人民大学出版社，2006
[22] 王丽娟. 员工招聘与配置. 上海：复旦大学出版社，2006
[23] 廖泉文. 招聘与录用. 北京：中国人民大学出版社，2002
[24] 萧鸣政. 人员测评与选拔. 上海：复旦大学出版社，2005
[25] 石金涛. 培训与开发（第2版）. 北京：中国人民大学出版社，2008
[26] 徐芳. 培训与开发理论及技术. 上海：复旦大学出版社，2005
[27] 姚裕群. 职业生涯管理. 大连：东北财经大学出版社，2009
[28] 周文霞. 职业生涯管理. 上海：复旦大学出版社，2004
[29] [英] 耶胡迪·巴鲁. 职业生涯管理教程. 北京：经济管理出版社，2004
[30] 林泽炎. 执行职业生涯管理. 北京：中国发展出版社，2008
[31] [美] 赫尔曼·阿吉斯. 绩效管理. 北京：中国人民大学出版社，2008
[32] 付亚和，许玉林. 绩效管理（第2版）. 上海：复旦大学出版社，2008
[33] 方振邦. 战略性绩效管理（第2版）. 北京：中国人民大学出版社，2007
[34] 武欣. 绩效管理实务手册（第2版）. 北京：机械工业出版社，2005
[35] 魏钧. 绩效指标设计方法. 北京：北京大学出版社，2006
[36] 张晓彤. 绩效管理实务. 北京：北京大学出版社，2004
[37] 刘昕. 薪酬管理（第2版）. 北京：中国人民大学出版社，2007
[38] 张正堂，刘宁. 薪酬管理. 北京：北京大学出版社，2007
[39] 姚凯. 企业薪酬系统设计与制定. 成都：四川人民出版社，2008
[40] 仇雨临. 员工福利管理. 上海：复旦大学出版社，2004

后 记

本书之所以能够顺利付梓，得益于四川大学公共管理学院、四川大学教务处、四川大学出版社的大力支持和鼎力配合，没有他们的支持，本书就不会顺利面世。

在本书的编写过程中，作者大量参阅了国内外相关学者的著作，从中深受启发，但由于篇幅原因不能一一列明，在此我们一并表示敬意和谢意。

虽然编写工作已告一段落，但编写过程中所有参与者对真知的渴望、各种思想碰撞的火花却依然历历在目，这也是一直激励我们不断前进的动力之一，感谢各位参与者对本书付出的时间和精力，在此对他们卓有成效的工作表示感谢。我们将会以更努力的工作回报大家的厚爱和支持。

编　者
2010 年 2 月